共同富裕

多学科视野下的

张忠家 等◎著

人民出版社

目录

CONTENTS

第一章 总论

共同富裕是千百年来我国人民群众的共同夙愿，也是中华人民共和国成立后我们党和政府不懈奋斗的目标。共同富裕旨在生产力不断发展的基础上，按照社会主义公平与正义的原则来共同分享发展的成果，最终实现全体人民的富裕。中国共产党历任领导人都以共同富裕为总目标，在不同历史时期，把马克思主义基本原理与中国实际相结合，提出共同富裕的内涵和思路。党的十八大以来，习近平总书记提出一系列新理念、新观点、新论断，系统解答了“什么是新时代的共同富裕”“新时代如何实现共同富裕”等问题。2020 年 10 月，党的十九届五中全会审议通过的《中共中央关于制定国民经济和社会发展第十四个五年规划和二〇三五年远景目标的建议》首次把全体人民共同富裕取得更为明显的实质性进展作为远景目标，并提出明确的阶段性目标：到 2035 年，人均国内生产总值达到中等发达国家水平，中等收入群体显著扩大，基本公共服务实现均等化，城乡区域发展差距和居民生活水平差距显著缩小；……人民生活更加美好，人的全面发展、全体人民共同富裕取得更为明显的实质性进展；到 2050 年，全体人民共同富裕基本实现，居民收入和实际消费水平差距缩小到合理区间。2022 年 10 月 16 日，习近平总书记在党的二十大报告中指出：“中国式现代化是中国共产党领导的现代化，是人口规模巨大的现代化，是全体人民共同富裕的现代化，是物质文明和精神文明相协调的现代化，是人与自然和谐共生的现代化，是走和平发展道路的现代化。”实现全体人民共同富裕是中国式现代化的重要特征，也是中国式现代化的本质要求。加快推进中国式现代化，要坚持把实现人民对美好生活的向往作为现代化建设的出发点和落脚点，着力维护和促进社会公平正义，扎实推进共同富裕。

第一节 共同富裕具有坚实的多学科理论基础

共同富裕是社会主义的本质要求，更是我们党始终不变的初心和矢志不渝的奋斗目标。在共同富裕的远大目标指引下，经过不懈努力，我国经济实力实现历史性跃升，GDP 总量稳居世界第二，人均国民收入水平超过 10000 美元，为我国扎实推进共同富裕提供了坚实的物质基础条件。

虽然我国已经位居世界第二大经济体，但人均 GDP 水平与发达国家相比还有较大差距，总体上还是属于世界上最大的发展中国家。当前我国贫富差距仍然比较大，经济发达地区、东西部地区经济发展不平衡的矛盾仍然比较突出，城乡收入差距也比较大，这为社会可持续发展带来了不可忽略的风险。党的十九大报告明确提出，“中国特色社会主义进入新时代，我国社会主要矛盾已经转化为人民日益增长的美好生活需要和不平衡不充分的发展之间的矛盾”。这一科学的判断不仅为新时代的经济建设、政治建设、文化建设、社会建设和生态文明建设指明了新的发展方向，也为实现共同富裕提供了方向路径和决策依据。

着力解决我国新的社会主要矛盾，持续缩小贫富差距是实现共同富裕道路上需要长期攻克的难题。实现共同富裕需要进一步发展经济，提高经济发达程度，均衡经济发展维度，完善分配制度，扩大中等收入群体，缩小贫富差距，增强社会保障力度。进入新时代，我们党充分研究社会发展形势，致力于提升国家发展的平衡性、协调性、可持续性和共享性，不断调整深化实现共同富裕的方略方法，从“先富带动后富”到“区域协调发展战略”，再到“脱贫攻坚”“全面推进乡村振兴”“浙江共同富裕示范区”的建设，逐步消除了贫富差距，形成人人享有的合理分配格局，持续推进了全民共富、全面富裕、共建共富和逐步共富的共同富裕。

在新发展阶段，“共同富裕”这四个字具有鲜明的时代特征和中国特色，是新时代下中国特色社会主义制度优越性的集中体现。习近平总书记强调：

“必须把促进全体人民共同富裕摆在更加重要的位置，脚踏实地，久久为功，向着这个目标更加积极有为地进行努力。”① 实现共同富裕就是既要“做大蛋糕”，同时也要“切好蛋糕”，紧扣人民日益增长的美好生活需要和不平衡不充分的发展这个主要矛盾，以缩小城乡区域发展差距和收入分配差距为主攻方向，坚持在发展中保障和改善民生，统筹做好就业、收入分配、教育、社保、医疗、住房、养老、托幼等各方面的民生福祉工作，促进社会公平正义，让发展成果更多更公平地惠及全体人民，使全体人民在共建共享发展中有更多的获得感和幸福感。

综上所述，促进共同富裕是一项综合性的系统工程，研究和探索共同富裕需要具有坚实的政治学、经济学、社会学等多学科理论基础，从而构建系统全面的共同富裕路径。

第二节　当前学术界对实现共同富裕的研究现状

在中国知网总库中，以“共同富裕”为主题词搜索，截止到 2022 年 4 月 15 日，共有 26937 篇学术成果，其中学术期刊论文 19878 篇、学位论文 2027 篇、报纸 3592 篇、图书 51 部，涉及政治学、经济学、哲学、社会学等学科，绝大多数文献为理论研究，极少数是定量研究。

一、文献发表的时间趋势

如图 1−1 所示，研究成果发表数量经历了三个爬坡式增长阶段：在 1975—1993 年，年发表数量在 1—70 篇；1994 年增长到 839 篇，并持续到 2020 年；2021 年陡增到 5343 篇。由于学术论文的发表具有滞后性，因此根据文献发表趋势及重要事件的节点，拟将有关“共同富裕”的研究前史划分为三个阶

① 习近平：《论把握新发展阶段、贯彻新发展理念、构建新发展格局》，中央文献出版社 2021 年版，第 424 页。

段：第一阶段是1992年邓小平同志南方谈话以前，第二阶段是1992年邓小平同志南方谈话以后至党的十九届五中全会之前，第三阶段是党的十九届五中全会之后。

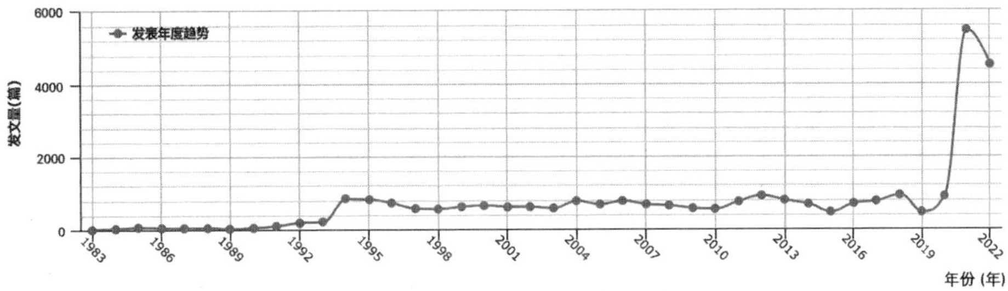

图1—1 文献发表的时间趋势

在第一阶段，学者重点论述了贫富差异。在1992年南方讲话中，邓小平同志首次将共同富裕提升到社会主义本质的高度，将它作为社会主义与资本主义相区别的核心标志。[①] 社会主义不同于资本主义的特点就是共同富裕，不搞两极分化。[②] 1992年邓小平同志南方谈话是一次非常重要的时间节点。在第二阶段，大量学者从社会主义背景出发论述了毛泽东、邓小平、江泽民、胡锦涛、习近平同志的共同富裕思想内涵和历史实践。2020年10月，党的十九届五中全会审议通过的《中共中央关于制定国民经济和社会发展第十四个五年规划和二〇三五年远景目标的建议》，首次提出把全体人民共同富裕取得更为明显的实质性进展作为远景目标。这一目标的提出也预示着共同富裕的研究需要从理论转向现实。在第三阶段，政治学、经济学、社会学等多学科领域学者不仅从不同视角下厘清共同富裕思想的内涵、演进及实现共同富裕的路径，也积极探索构建共同富裕指标体系以评价共同富裕的实施进展。

---

① 唐任伍、孟娜、叶天希：《共同富裕思想演进、现实价值与实现路径》，《改革》2022年第1期。

② 董全瑞：《论邓小平共同富裕思想的内涵、道路和实现机制》，《探索》2014年第4期。

二、已发表文献学科分布

关于共同富裕的研究涉及的学科广泛，其中经济学、政治学是众多学科中研究最多的两大学科。经济学主要包括经济体制改革、农业经济、经济理论史、宏观经济、工业经济等研究方向，政治学主要包括中国政治与国际政治、政党及群众组织等研究方向。马克思主义和党史研究也是重要的研究内容，还有一些研究涉及哲学、社会学、管理学等学科。细分如图 1—2 所示：

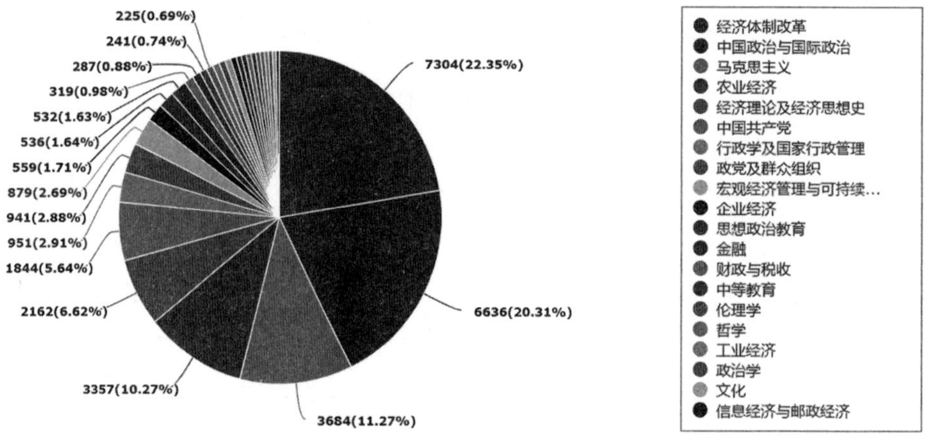

图 1—2　已发表文献的学科分布

三、研究热点及变化趋势

分析共同富裕的研究热点①，可发现主要关键词为共同富裕、社会主义、市场经济、收入分配、改革开放、生产力、按劳分配、公有制、收入差距、精准扶贫、共享发展、新时代、公平正义、乡村振兴等（如图 1—3 展示）。经过关键词聚类分析，可发现这些关键词主要涉及共同富裕、脱贫攻坚、生产力、社会主义、现代化和实践六个方面的研究热点（如图 1—4 展示）。

---

① 此处的研究热点分析是基于 CSSCI 期刊进行的，时间范围为 1998—2022 年，采用的是 CiteSpace 软件。

图 1—3 关键词分布

图 1—4 关键词聚类分析

进一步分析研究热点的变化，在 2000 年以前发表的文献中，关键词主要聚类在生产关系、公有制为主体、毛泽东、邓小平理论、中西部地区、收入分配、社会主义和所有制八个研究热点（如图 1—5 展示）；在 2001—2010 年发表的文献中，关键词主要聚类在邓小平、社会主义、中国共产党、收入差距、中西部地区、生产力和西部大开发七个研究热点（如图 1—6 展示）；在 2011—2020 年发表的文献中，关键词主要聚类在共同富裕、中国共产党、新时代、毛泽东、生产力、中国特色社会主义、改革、马克思主义经济学研究八个

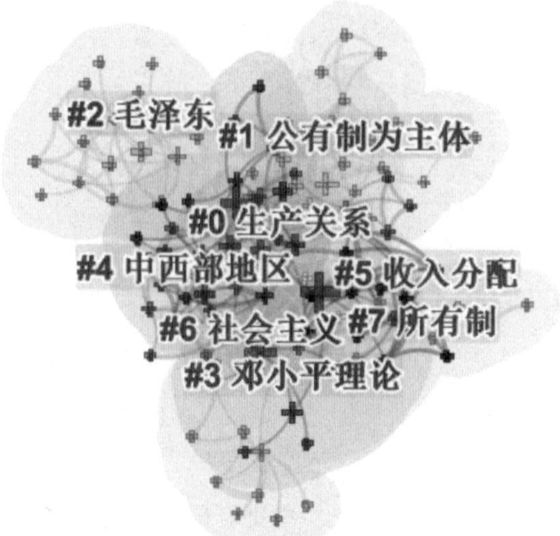

图 1—5　2000 年以前所发表文献中关键词聚类分析

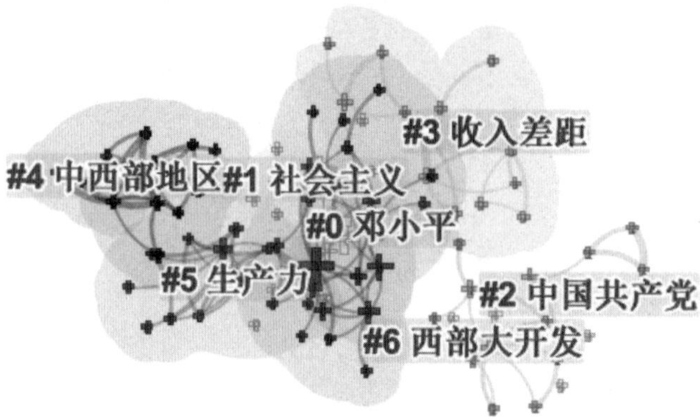

图 1—6　2001—2010 年所发表文献中关键词聚类分析

研究热点（如图 1—7 展示）；2021—2022 年发表的文献中关键词主要聚类在理论逻辑、初次分配、社会政策、相对贫困、新时代、按劳分配、共同富裕、脱贫攻坚、理论创新、方法论十个研究热点（如图 1—8 展示）；图 1—9 详细地展示了近两年学者研究的关键词分布。通过文献研究热点的变化趋势，可以看出共同富裕研究关注的内容紧跟时代课题不断增加，研究视野不断扩展，内涵和外延不断丰富，并且更加重视理论创新和实践方法论。

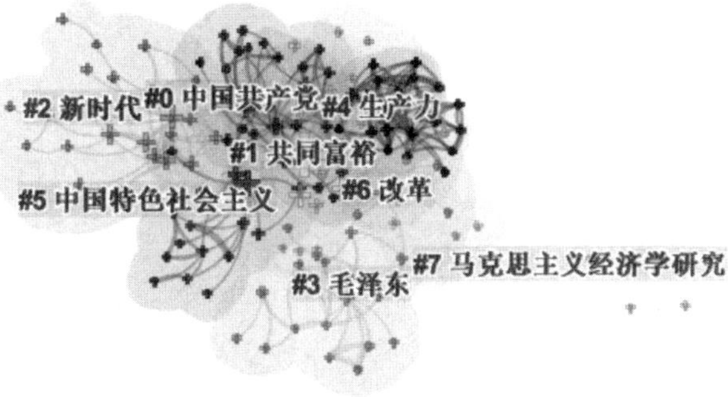

图 1—7　2011—2020 年所发表文献中关键词聚类分析

图 1—8　2021—2022 年所发表文献中关键词聚类分析

图 1—9　2021—2022 年所发表文献中关键词分布

四、内容方面的研究现状

（一）共同富裕的基本内涵

共同富裕是人类社会发展的必然趋势，是社会全面发展的必要基础。实现共同富裕是动态发展的长期过程。自 1949 年以来，中国共产党历任领导人都对共同富裕进行了深入思考和阐释，共同富裕的内涵变得更加丰富且深刻。

政治学学者对党和国家历任领导人的共同富裕思想进行论证：毛泽东同志认识到实现共同富裕必须以社会主义为前提条件；邓小平同志认为共同富裕是社会主义本质的核心，解放和发展生产力、消灭剥削、消除两极分化是基础和前提，最终的共同富裕是目的和结果；江泽民同志提出兼顾效率与公平，强调在社会主义现代化建设的每一个阶段都必须让广大人民群众共享改革发展的成果；胡锦涛同志坚持以人为本、科学发展，更加注重社会公平；习近平同志指出消除贫困、改善民生、实现共同富裕，是中国特色社会主义的本质要求，也是一个长期的历史过程。党的二十大报告擘画了 2035 年我国发展的总目标，为新征程上扎实推动共同富裕指明了方向、提供了遵循。

经济学学者从生产力与生产关系两方面提出共同富裕基本内涵的基础条件。首先，高度发展的社会生产力是共同富裕的经济基础。[①] 一个共同富裕的社会需要大力发展经济来解决人民绝对贫困等问题，生产力不断发展是实现共同富裕的基础。其次，共同富裕是生产力和生产关系的有机统一。[②] 在共同富裕这个概念中同时包含着生产力与生产关系两方面的特质：“富裕”反映了社会对财富的拥有，是社会生产力发展水平的集中体现；“共同”则反映了社会成员对财富的占有方式，是社会生产关系性质的集中体现。[③] 要实现共同富裕，必须在生产力发展的基础上，有相应的社会制度基础上来保障富裕的共

① 刘琪：《实现共同富裕的基本条件有哪些》，《人民论坛》2018 年第 35 期。
② 张建刚：《新的历史条件下共同富裕实现路径研究》，中国社会科学出版社 2018 年版。
③ 彭玮、梁静：《共同富裕问题研究综述》，《社会科学动态》2022 年第 7 期。

建共享性。

哲学学者从辩证的视角提出共同富裕基本内涵的内在要求。一是共同富裕是发展与共享、效率与公平的均衡。“共同”和“富裕”绝非彼此对立或顾此失彼，而是相辅相成，“共同”是为了更可持续的富裕，“富裕”提供了更高层次的共享水平。实现共同富裕需要正确处理发展与共享、效率与公平的关系。在发展过程中将财富和收入分配差距保持在合理范围内，通过补偿和矫正社会制度因素导致的发展不平等，让全体人民有机会、有能力均等地参与高质量经济社会发展，并共享经济社会发展的成果①，这一过程经历了由效率优先到侧重公平的转变②。二是共同富裕是一个动态发展的状态。共同富裕的最终目标是全民富裕，不是平均主义的同等富裕，也不是整齐划一的同步富裕；实现共同富裕是一个逐步富裕过程③，需要将居民间收入和财富差距控制在合理范围内，畅通向上流动的通道，使更多的低收入群体跨入中等收入行列，不断提高中等收入群体的比重，从而实现共同富裕。④

社会学学者认为共同富裕是物质生活与精神生活全方位的富裕。在当前我国社会主要矛盾背景下，实现共同富裕不仅要解决不同地区、城乡、阶层之间收入分配不平衡问题和基本服务、保障不充分问题，也要丰富人民精神生活，促进人的全面发展，满足人民对美好生活的需要。“美好生活的需要”是物质生活与精神生活的需要，是从物质扩展到民主、法治、公平、正义、安全等更多领域的需要，是高质量共同富裕的体现。⑤

基于以上不同学科的研究内容，可以看出我国共同富裕的基本内涵不断明晰、延伸和完善。一是共同富裕基本条件的明晰。实现共同富裕需要高度发达的经济基础和社会制度保障。二是共同富裕对象的延伸。由解决贫困群体的

---

① 郁建兴、任杰：《共同富裕的理论内涵与政策议程》，《政治学研究》2021 年第 3 期。

② 蓝庆新：《共同富裕目标下的公平与效率》，《长安大学学报（社会科学版）》2022 年第 1 期。

③ 张占斌：《共同富裕的科学内涵与实现路径》，《山东经济战略研究》2021 年第 9 期。

④ 钟春平：《共同富裕：特征、成因及应对措施》，《特区实践与理论》2021 年第 6 期。

⑤ 黄祖辉、叶海键、胡伟斌：《推进共同富裕：重点、难点与破解》，《中国人口科学》2021 年第 12 期。

绝对贫困向解决全体人民的经济发展不平衡延伸。三是共同富裕内容的完善。从改革开放初期的物质财富增长向经济繁荣、生活富足、精神富裕方面扩展，涵盖的内容更加多元，更加重视人的全面发展。

（二）共同富裕的实现路径

实现全体人民共同富裕有多种途径，许多学者从政治学、经济学、社会学等学科的不同视角探索了共同富裕的实现路径。

政治学学者提出社会主义制度是我国实现共同富裕道路上的必要条件。马克思主义理论认为，资本主义制度和生产资料私有制只能导致贫富两极分化，背离了公平和正义，而所有人的共同富裕和全面自由发展必须在建立社会主义制度以后才能实现。梳理学者对我国社会主义制度的研究发现，中国共产党在追求共同富裕的道路上经历了波浪式的发展。在改革开放之前，毛泽东同志结合马克思主义理论试图通过实行公有制，走社会主义计划经济道路，实现全体人民的富裕。经过多年社会主义建设探索实践，计划经济在经济恢复时期发挥了迅速整合资源、高效配置资源的作用。随着经济建设的深入，这种平均发展、同步富裕的道路尽管体现了某些方面的公正，但并没有从根本上解决人民富裕问题。[①] 从党的十一届三中全会到党的十九届五中全会，社会主义经济制度改革逐步经历了定向、定型、定位和定准的过程，开启了快速提高生产力的进程。党的十四大正式确立经济改革的目标是建立社会主义市场经济体制。党的十八届三中全会要求要使市场在资源配置中起决定性作用和更好发挥政府作用。党的十九届四中全会指出社会主义市场经济体制属于社会主义基本经济制度。[②] 党的十九届五中全会要求社会主义市场经济体制更加完善，全面建设社会主义现代化国家，并实质性推进共同富裕。习近平总书记反复强调社会主义市场经济体制对于共同富裕的重要意义，坚持基本经济制度是推动共同富裕

---

① 熊晞：《党的三代领导集体对实现共同富裕的探索与创新》，《中国特色社会主义研究》2006 年第 3 期。

② 余金成、李浩：《社会主义市场经济对共同富裕实现模式的创新》，《学习论坛》2021 年第 7 期。

的原则。[①]我国经济体制改革一路前进，社会主义市场经济不断推动生产力的高度发展，使共同富裕的实现成为必然之路。[②]

经济学学者提出优化生产要素、完善收入分配是实现共同富裕的路径。在优化生产要素方面，一是牢牢把握生产力是社会发展的根本动力这一原则，深化市场经济改革，持续推动经济高质量发展。汪彬认为当前我国生产力水平仍处于不发达的阶段，要始终坚持以发展生产力为核心，鼓励各类市场主体进行科技研发、创新创业，深化市场经济改革是扎实推动实现共同富裕的有效路径。[③]二是在发展生产力的同时必须坚持社会主义生产资料公有制主体地位。王秀华认为在"两个一百年"交汇的重要时期，要巩固和发展公有制经济的主导地位，持续推动公有制经济改革，建设社会主义现代化经济体系，最终实现共同富裕的伟大目标。[④]三是需要采取多层次、多渠道促进就业，提高中等收入群体比重。蒋永穆认为解决好就业问题，可以推动经济的可持续发展。[⑤]需要完善就业引导机制，加强劳动技能培训，提升劳动者技能素质，缓解就业结构性矛盾，并鼓励多种就业模式，如创新创业、灵活就业，通过创业解决自己就业、带动他人就业，从而增加人民收入、改善人民生活质量。[⑥]

在完善收入分配方面，由于所处时代不同，我国面临的主要矛盾和重大课题在变化着，不断改革和完善分配体系是实现共同富裕的核心问题，关系到国家长治久安、社会和谐稳定和人民生活幸福。初次分配和再分配的主体和遵循的原则是不同的。在初次分配中主要是发挥市场调节作用，遵循效率原则，

---

① 谢华育：《共同富裕、相对贫困攻坚与国家治理现代化》，《上海经济研究》2021年第11期。

② 王婷：《中国特色社会主义共同富裕理论：演进脉络与发展创新》，《政治经济学评论》2021年第6期。

③ 汪彬：《探索共同富裕的实现路径》，《中国金融》2021年第20期。

④ 王秀华、张道胜：《历史合力论视阈下共同富裕的实现路径》，《中共成都市委党校学报》2021年第2期。

⑤ 蒋永穆、谢强：《扎实推动共同富裕逻辑理路与实现路径》，《经济纵横》2021年第4期。

⑥ 彭玮、梁静：《共同富裕问题研究综述》，《社会科学动态》2022年第7期。

促进劳动致富。高延春从宏观层面提出三个途径，以通过初次分配提高居民收入：一要大力发展生产力，加快经济建设；二要协调区域经济发展，加强宏观调控；三要严格运用法治，贯彻扶贫济困政策。① 孙居涛从微观层面提出通过加快城市化进程，发展中小城市，建立现代农业，从而提高低收入者水平；通过提高国民的受教育程度和从业技能，提升低收入者人力资本竞争能力，来扩大中等收入者比重；另外，必须建立起能够覆盖社会大多数人口的社会保障制度。② 再分配主要是政府遵循公平原则，通过征税、收费等政策制度方式汇集社会财富，然后再通过财政支出、转移支付等方式进行调节，优化不同地区、人群之间的供给。黄新华提出在高质量发展中通过逐步建立健全以税收、社会保障和转移支付为主的再分配财政制度促进共同富裕。③ 姜珍认为依靠国民收入再分配手段对过高收入人群加以调节，并通过各种再分配手段确保困难群体的基本生活，可以促进全民共同富裕。④

历史学学者探索了党的百年历史不同时期如何从收入分配制度上实现共同富裕问题。在新民主主义革命时期（1921—1949 年），中国共产党人对局部地区和人民进行收入分配的探索，在农村实行减租减息运动，在革命根据地和解放区实行供给制，同时探索合理的工资制度。在社会主义革命和建设时期（1949—1978 年），以毛泽东同志为代表的党中央以公有制取得支配地位为前提逐步建立了社会主义按劳分配的制度体系，但在实践中实行“平均主义”的策略，影响了生产力的发展，最终渐渐偏离了共同富裕的目标。⑤ 自改革开放以来（1978—2012 年），邓小平同志基于我国社会主义初级阶段的基本国情，对共同富裕作出新的深刻阐释和目标要求，指出共同富裕不是平均富裕、

---

① 高延春、冯菊香：《论共同富裕实现过程中的收入差距》，《特区经济》2007 年第 2 期。

② 孙居涛：《合理调整分配格局逐步实现共同富裕》，《武汉大学学报（人文科学版）》2005 年第 3 期。

③ 黄新华、韩笑：《在高质量发展中促进共同富裕的实现路径研究》，《海南大学学报（人文社会科学版）》2022 年第 1 期。

④ 姜珍：《市场化分配原则与共同富裕》，《西北师大学报（社会科学版）》2001 年第 3 期。

⑤ 谢地、武晓岚：《以实现共同富裕为目标探索合理的收入分配制度——建党百年收入分配理论演进与实践轨迹》，《学习与探索》2021 年第 10 期。

同时富裕和同步富裕，而是有先后快慢差别的共同富裕；讲按劳分配，无非是多劳多得，少劳少得，不劳不得。[①] 伴随着市场经济体制的确立，以及非公有制经济的发展，我国确立了以按劳分配为主体、多种分配方式并存的基本分配制度，极大地激发了生产力，为共同富裕提供了强有力的制度保障。[②] 随着经济的发展，人民整体生活水平显著提高，与此同时财富两极分化程度越来越加剧。江泽民同志强调初次分配要发挥市场的作用，提高效率；通过政府调节作用，促进公平。胡锦涛同志强调初次分配和再分配都要处理好效率和公平的关系，再分配更加注重公平。[③] 党的十八大以来，我国经济发展进入新常态，在习近平经济思想的指引下，收入分配理论和实践进入一个新的阶段。以习近平同志为核心的党中央在坚持基本分配制度的基础上，持续推进分配方式向更加公平公正的方向发展。在习近平总书记的重要讲话和党的一系列重要文件中，多次提出要以人民为中心，正确处理效率和公平的关系，构建初次分配、再分配、三次分配协调配套的基础性制度安排，努力解决地区差距、城乡差距、收入差距等问题，促进全体人民共同富裕取得更为明显的实质性进展，在高质量发展中促进共同富裕。[④] 梳理我国不同时期收入分配政策轨迹可以发现，虽然收入分配制度经历了波浪式发展，但收入分配制度和体系在理论和实践中逐步改革和完善，不断促进全体人民共同富裕。

社会学学者从社会保障制度、慈善分配制度等角度探索了实现共同富裕的路径。在社会保障制度方面，中国共产党领导下的中国特色治理模式保障了社会保障政策的连续性与动态性，全面构建起覆盖城乡居民的社会保障体系，将“社会保障融入了国家现代化进程和共同富裕大格局之中”[⑤]，有效发挥了兜

---

① 秦刚：《实现共同富裕：中国特色社会主义的实践探索和历史进程》，《人民论坛·学术前沿》2021 年第 4 期。

② 吴海江：《三种分配方式协调联动是实现共同富裕的关键》，《人民论坛》2021 年第 28 期。

③ 王利胜：《论新时代中国特色社会主义政治经济学的实践价值》，《中国浦东干部学院学报》2018 年第 5 期。

④ 徐飞：《公平正义原则下共同富裕的核心要义》，《人民论坛·学术前沿》2022 年第 5 期。

⑤ 郑功成：《面向 2035 年的中国特色社会保障体系建设——基于目标导向的理论思考和政策建议》，《社会保障评论》2021 年第 1 期。

底、保障、惠民的功能；借助社会保障这一杠杆，调节国民收入再分配，为改善民生、全面建设小康社会作出重大贡献，不仅推动了社会公平，使全体人民更多分享发展成果，也促进了经济的可持续增长，从根本上实现了社会保障与共同富裕在发展建设过程中的良性循环与相互促进。有学者提出通过提升制度质量、增进体系质量、优化服务质量、立足发展质量，构建高质量社会保障体系，推进共同富裕的实现。① 如推进基本养老保险和医疗保险改革，健全保险转移接续制度，健全分层分类的社会救助体系，加快弥补社会保障制度短板，加强社会保障管理；② 创新基本公共服务供给方式，优化各类服务资源的配置，发挥法治化、数字化改革引领作用，动态满足群众的基本公共服务需要，真正做到幼有所育、学有所教、劳有所得、病有所医、老有所养、住有所居、弱有所扶。③

慈善分配制度，也就是第三次分配制度，是我国收入分配体系中的特色概念④，是对初次分配和再分配的补充和完善。⑤ 市场与政府本身存在的缺陷导致市场的初次分配与政府的矫正分配在分配正义中存在失灵情况，第三次分配则在对市场初次分配与政府矫正分配过程中的道德正义、财富正义、权利正义等进行再矫正，从而完善分配正义的理论体系。⑥ 学者们提出完善税收优惠，以税收优惠形式引导和激励社会资源流向第三次分配领域⑦，建立社会救助、民间捐赠、慈善事业、志愿者行动等多种形式的制度和机制⑧，对社会财富进

① 金红磊：《高质量社会保障体系推进共同富裕：多维一致性与实现路径》，《社会主义研究》2022 年第 1 期。

② 杨宜勇、韩鑫彤：《社会保障高质量发展的主要方向》，《开放导报》2019 年第 5 期。

③ 李实、杨一心：《面向共同富裕的基本公共服务均等化：行动逻辑与路径选择》，《中国工业经济》2022 年第 1 期。

④ 厉以宁：《论共同富裕的经济发展道路》，《北京大学学报（哲学社会科学版）》1991 年第 5 期。

⑤ 许娓、王思斌、徐道稳等：《社会工作如何在促进共同富裕和三次分配制度中发挥作用》，《中国社会工作》2021 年第 25 期。

⑥ 李水金、赵新峰：《第三次分配的正义基础》，《山东工商学院学报》2021 年第 1 期。

⑦ 李贤、崔博俊：《共同富裕视角下的慈善活动》，《思想战线》2021 年第 6 期。

⑧ 梁季：《税收促进第三次分配与共同富裕的路径选择》，《人民论坛》2021 年第 28 期。

行重新配置。① 也有学者提出要从政策制定、政策执行、完善"市场"等环节畅通第三次分配制度的正反馈路径，促进共同富裕目标的实现。②

（三）指标体系构建

党的十八大以来，如何实质性推进共同富裕，成为当前我国最具前沿性的研究课题。在全面开启推动共同富裕新征程的新阶段，只有准确地测量共同富裕，才能客观地评价共同富裕的进展。有不少学者借鉴西方福利国家发展模式，以及国际组织关于反贫困、人类发展指数、千年发展目标等诸多研究对共同富裕评价指标体系作了探讨，主要分为三类研究。第一类是从物质角度探讨共同富裕指标体系的构建。如陈正伟等从收入分配角度将共同富裕分解为富裕度和共同度，以基于购买力平价的当期收入和人均储蓄及其离散系数对全国31个省市进行了实证分析与比较；③ 万海远等从方法构建的技术框架出发，根据"发展"和"共享"两个维度构建了具有中国特色且能广泛可比的共同富裕量化方法。④ 由于"发展"和"共享"是不完全替代关系，故可采用人均国民收入来衡量"发展"维度，用人均可支配收入基尼系数来衡量"共享"维度。第二类是从多个角度对共同富裕指标体系构建。如陈丽君从共同富裕的发展性、共享性和可持续性三个方面构建了富裕度、群体共同度、区域共同度、教育、医疗健康、社会保障、住房、公共基础设施、数字应用、公共文化、高质量发展等14项二级指标，以及城镇居民人均可支配收入、农村居民人均可支配收入、人均可支配收入占人均GDP比重、劳动报酬占GDP比重、城镇居民人均消费支出、高等教育毛入学率、出生时预期寿命、地级及以上城市PM2.5平均浓度等81项三级指标。⑤ 申云基于全面建成小康社会的视角，以农村居民生活富裕为评价对象，构建了物质和精神两个维度的评价指标体系——物质

---

① 吴海江：《三种分配方式协调联动是实现共同富裕的关键》，《人民论坛》2021年第28期。

② 王杨、邓国胜：《第三次分配的制度化：实现机制与建构路径——基于制度理论视角的分析》，《新疆师范大学学报（哲学社会科学版）》2022年第1期。

③ 陈正伟、张南林：《基于购买力平价下共同富裕测算模型及实证分析》，《重庆工商大学学报（自然科学版）》2013年第6期。

④ 万海远、陈基平：《共同富裕的理论内涵与量化方法》，《财贸经济》2021年第12期。

⑤ 陈丽君、郁建兴、徐铱娜：《共同富裕指数模型的构建》，《治理研究》2021年第4期。

生活状况包括收入水平、生活便利和生活品质，精神生活状况则包括社会保障能力和科、教、文、卫服务。[①] 第三类是从共同富裕的对立面构建贫困的测量指标。如陈宗胜[②]、唐钧[③]等学者构造的贫困测量指标包括获得能够满足最低住房标准的住房、获得保障最低卫生条件的基本服务、获得基本教育及实现最低消费水平的经济能力四大维度。

第三节　本书的研究视域、研究方法和研究主旨

本书将从哲学理论、历史文化、政治学理论、经济学理论、社会学理论等多学科视角，通过定性和定量相结合的研究方法，系统而深入地对共同富裕进行研究和探索。

本书主体部分共有五章（第二章至第六章）。其中，第二章从哲学理论视角研究共同富裕，包括共同富裕的价值根源、价值内核以及共同富裕与全球正义；第三章从历史文化视角研究共同富裕，包括从中国古代史上的共同富裕实践、西方国家关于财富均衡的追求与实践，以及历史文化视角下实现共同富裕的经验与启示；第四章从政治学理论视角研究共同富裕，包括共同富裕的起源和根本遵循、中国共产党推进共同富裕的百年赓续历程与成就，以及中国特色社会主义新时代新征程共同富裕的实践路程探索；第五章从经济学理论视角研究共同富裕，包括马克思主义政治经济学、西方经济学分配理论、中国经济体制变迁及实现途径探索；第六章从社会学理论视角研究共同富裕，包括中等收入群体概念的兴起、当前中等收入群体社会特征及其总体状况及实现共同富裕的途径探索等。

---

① 申云、李京蓉：《我国农村居民生活富裕评价指标体系研究——基于全面建成小康社会的视角》，《调研世界》2020 年第 1 期。

② 陈宗胜、黄云、周云波：《多维贫困理论及测度方法在中国的应用研究与治理实践》，《国外社会科学》2020 年第 6 期。

③ 唐钧：《度量贫困的绝对方法和相对方法》，《中国人力资源社会保障》2021 年第 1 期。

第二章

哲学视角下的共同富裕

本章是从政治哲学的视角来研究共同富裕，亦即探讨共同富裕的正义性问题。中国共产党自成立起，就把实现中国人民的共同富裕、建设更加公平正义的社会作为自己的历史使命。党的十八大以来，中国共产党领导全国各族人民共同奋斗，打赢了人类历史上规模最大、力度最强的脱贫攻坚战，历史性地解决了绝对贫困问题，创造了人类减贫史上的奇迹，为世界贡献了解决贫困问题的中国方案。当前，在更高程度上实现全体人民的共同富裕，让发展成果更多更公平地惠及全体人民，将成为下一阶段的重要奋斗目标。哲学是时代精神的反映，同时也引领着时代的发展，从政治哲学和伦理学的视角观照共同富裕的价值内涵，可以进一步推动中国特色正义体系的完善。

第一节 “两个传统”：共同富裕的价值根源

现代中国文化的形成，有两个最重要的源泉：“一种是中国古代文化，这是在鸦片战争以前的中国前近代社会中发展起来的中国文化，中华优秀传统文化是中国古代文化的精华部分，属于这一类型；另一种是中国近现代文化，这是在鸦片战争后的中国近现代社会中发展起来的中国文化，革命文化和社会主义先进文化作为中国近现代文化的主体内容，属于这一类型。”[①] 从前者来看，中国自古以来就有“不患寡而患不均”的思想，有对“大同社会”的理想追求；从后者来看，作为中国共产党指导思想的马克思主义以消灭剥削、实现所有人的富裕作为共产主义理想社会的重要特征。继承了这两种思想传统，中国共产党自成立之日起，就把消灭剥削、实现人民的共同富裕作为自己的历史使命。

一、“从孔夫子到孙中山”的大同理想

“大同”之说，出自《礼记·礼运》：“大道之行也，天下为公，选贤与能，讲信修睦。故人不独亲其亲，不独子其子，使老有所终，壮有所用，幼有所长，矜、寡、孤、独、废、疾者，皆有所养，男有分，女有归。货恶其弃于地也，不必藏于己；力恶其不出于身也，不必为己。是故谋闭而不兴，盗窃乱贼而不作，故外户而不闭。是谓大同。”学界主流认为，《礼记》是一部先秦至秦汉时期的礼学文献选编，由西汉时期的戴圣所编纂。《礼运》篇对“大同”社会的描绘表现了儒家的社会理想，在这个理想社会中，天下公有，财富共享，各尽其力，没有剥削，社会安定，和谐有序。

理想是对现实的反思与批判。“大同”社会或许有原始公社作为原型，但当它作为一种理想提出来时，针对的却是当时人人为私、社会分化的境况。从

① 李维武：《中国文化的古今变化及其联系——关于中华优秀传统文化、革命文化、社会主义先进文化关系的思考》，《中南民族大学学报（人文社会科学版）》2017 年第 5 期。

春秋至两汉，正值中国从宗法社会向封建社会的过渡时期，随着铁器和牛耕技术的普遍应用，社会生产力取得了很大进步。但是，由于频繁的战争离乱和贵族的横征暴敛，普通民众的贫困状况并未得到根本改善，贫富分化反而更加严重。《墨子·辞过》："富贵者奢侈，孤寡者冻馁。"《孟子·梁惠王上》："庖有肥肉，厩有肥马，民有饥色，野有饿莩。"这些就是当时社会情状的真实写照。先秦诸子认为，这种社会不公现象的产生是统治者放纵自己的欲望与野心，而不能体恤民情之故。《墨子·辞过》中说："古之民未知为宫室时，就陵阜而居，穴而处。下润湿伤民，故圣王作为宫室。为宫室之法，曰：'室高足以辟润湿，边足以圉风寒，上足以待雪霜雨露，宫墙之高，足以别男女之礼。'谨此则止，凡费财劳力，不加利者，不为也。役，修其城郭，则民劳而不伤；以其常正，收其租税，则民费而不病。民所苦者非此也，苦于厚作敛于百姓。是故圣王作为宫室，便于生，不以为观乐也；作为衣服带履，便于身，不以为辟怪也。故节于身，诲于民，是以天下之民可得而治，财用可得而足。当今之主，其为宫室，则与此异矣。必厚作敛于百姓，暴夺民衣食之财，以为宫室，台榭曲直之望、青黄刻镂之饰。为宫室若此，故左右皆法象之。是以其财不足以待凶饥、振孤寡，故国贫而民难治也。"由于"当今之主"在宫室、衣服、饮食、舟车、男女等事上贪求享乐，盘剥民众，因此背离了上古"三代之治"。

在世界各大文明中，贫富分化、阶级对立是普遍的现象，但对统治阶层采取严厉批判的态度却是不多见的。这与中国的"民本"观念密切相关。小邦周战胜大邑商，让周初的统治者意识到，政权的更替不是由于宗教意义上的"天命"，而是取决于民心的向背，正如周武王所说："天矜于民，民之所欲，天必从之"，"天视自我民视，天听自我民听"。既然如此，为了保证政权的稳定，统治集团就必须怀有忧患意识，时刻体察民情。在《尚书·无逸》篇中，周公总结了往圣先贤治国理政的经验，如殷王高宗"治民祗惧，不敢荒宁"、祖甲"能保惠于庶民"、周文王"徽柔懿恭，怀保小民，惠鲜鳏寡。自朝至于日中昃，不遑暇食，用咸和万民"，等等，以此劝诫周成王不要耽于享乐。及至春秋战国时期，民本思想得到进一步发展，成为诸子百家的共识。在儒家，孔子赞扬郑国大夫子产"养民也惠""使民也义"的良政，提出了"庶民""富民”“教民”的治民思想；荀子发扬了孔子的民本思想，将君主与庶民的关系比喻为舟与水，认为“水则载舟，水则覆舟。……君人者，欲安，则莫若平政爱民矣”；孟子更是提出了“民贵君轻”的思想，指出“民为贵，社稷次之，君为轻”，堪称时代最强音。在道家，老子主张“圣人无常心，以百姓心为心”，认为统治者“欲上民必以言下之，欲先民必以身后之”。墨家主张“为明君于天下者，必先万民之身，后为其身”，反对“夺民衣食之财”以供统治者享乐，认为敛于万民的财富应用之于民，“反中民之利”。法家主张“立天子以为天下，非立天下以为天子也；立国君以为国，非立国以为君也”，“尧舜之位天下也，非私天下之利也，为天下位天下也”，强调君主的设置是为国家（包括民众）谋利，君权的合法性来自民意人心。在此后两千余年的文明发展历程中，“以民为本”的思想反复得以阐发，成为中华民族一以贯之的政治理念。

历史经验也屡屡证明了“以民为本”的正确性，比如《左传》中就曾记载了晏婴对齐国民众弃齐公（姜氏）而归心于陈氏的分析，认为：“齐旧四量：豆、区、釜、钟。四升为豆，各自其四，以登于釜，釜十则钟。陈氏三量，皆登一焉，钟乃大矣。以家量贷，而以公量收之。山木如市，弗加于山；鱼盐蜃蛤，弗加于海。民三其力，二入于公，而衣食其一。公聚朽蠹，而三老冻馁。国之诸市，屦贱踊贵。民人痛疾，而或燠休之，其爱之如父母，而归之如流水。欲无获民，将焉辟之？”在晏子看来，姜氏横征暴敛，而陈氏能让利于民，是后者能够收获民心的根本原因。

可见，“大同”之说虽然出自儒家文献，但是它包含了诸子百家共同的社会理想，集中体现了民众对于公正、和谐的美好社会的愿景。近代之后，中国的先进知识分子一方面继承了大同社会的理想，为消除社会的不公而不懈奋斗；另一方面，又根据西方近代政治理念对“大同”社会的理想模型进行了补充与发展。其中，最具代表性的是康有为与孙中山。

1901 至 1902 年间，康有为在印度撰写了《大同书》，系统阐述了他的社会理想。在该书中，康有为继承了传统的“大同”理想，同时杂糅了佛教、基督教以及空想社会主义的某些理念，设想了一个没有国界、没有阶级、没有战争、没有家庭和私有制、种族平等、男女平等、财富公有的理想世界。

“天下为公”“世界大同”也是孙中山的政治理念，“三民主义”就是这两个政治理念的展开。“何谓三民主义呢？简单的说，便是民有、民治、民享。详细的说，便是民族主义、民权主义和民生主义。这三项主义的意思，是要把全国的主权，都放在本族人民手内；一国的政令，都是由人民所出；所得的国家利益，由人民共享。”① 可见，孙中山一方面坚持“大同”社会的理想，另一方面又根据西方近代资产阶级的权利观念、平等观念以及他所接受的社会主义思想，提出了新的理想社会模型。首先，孙中山认为，中国虽然有“大道之行，天下为公”“天视自民视，天听自民听”“民为贵，君为轻”“国以民为本”等言论，但受到根深蒂固的君臣主义的束缚，这些言论“不过一隙之明，终莫挽狂流之势”②，而西方近代以来民智渐开，确立了人人平等的观念，并通过政治革命使民权取代了君权，顺此世界政治进化之潮流，现代中国的方向应当也是将权利归于全体国民。其次，孙中山虽然认同欧美的平等、自由观念，但是对于资本主义社会的贫富分化现象抱着批判的态度，而更认同社会主义。他说：“欧美自政治革命而后，人人有自由平等，各得肆力于工商事业，经济进步，机器发明，而生产之力为之大增。得有土地及资本之优势者，悉成暴富；而无土地及资本之人，则转因之谋食日艰。由是富者愈富，贫者益贫，则贫富之阶级日分，而民生之问题起矣。”③ 孙中山主张中国应对此思患预防，防止少数人对土地和资本的垄断，以免社会革命的爆发。

毛泽东指出：“我们这个民族有数千年的历史，有它的特点，有它的许多珍贵品。对于这些，我们还是小学生。今天的中国是历史的中国的一个发展；我们是马克思主义的历史主义者，我们不应当割断历史。从孔夫子到孙中山，我们应当给以总结，承继这一份珍贵的遗产。这对于指导当前的伟大的运动，是有重要的帮助的。”④ 从孔夫子到孙中山，虽然理想社会模型的具体内容有所变化，但其“大同理想”一脉相承，都反对贫富的过度分化，都主张全体人民

---

① 《孙中山选集》下卷，人民出版社 2011 年版，第 586 页。

② 《孙中山全集》第二卷，人民出版社 2015 年版，第 155 页。

③ 同上书，第 157 页。

④ 《毛泽东选集》第二卷，人民出版社 1991 年版，第 533—534 页。

共享社会财富。这一基本精神至今仍然深深铭刻在中国人民的文化基因和中国共产党的政治基因中，激励着我们为实现共同富裕、建设更加公平正义的社会而奋斗。

二、马克思主义共产主义理想

马克思主义是中国共产党的灵魂和旗帜，是我们立党立国的根本指导思想。马克思主义的最高目标是实现共产主义、实现人的自由而全面的发展。然而，马克思主义并非无源之水，它是在批判地继承和发展人类历史上的优秀成果的基础上创立，并在实践中不断发展、丰富和完善的科学体系。因此，马克思主义的共产主义理想也有其人类文明特别是西方文明的源泉。

从古希腊时期开始，西方思想家就已经注意到了贫富分化及其社会影响。柏拉图认为："无论什么样的国家，都分成相互独立的两个部分，一为穷人的，一为富人的，而且这两个部分各自内部还分成许多个更小的对立部分。"① 为了维护国家的统一和团结，柏拉图设想了一种社会制度：在这种社会里，国家的护卫者（治理者）不得拥有自己的私有财产，由其他公民给他们提供仅能满足生活必需的物品。可见，柏拉图的"理想国"包含了共产主义思想的萌芽。

原始基督教以宗教的形式颠覆了古罗马帝国的富人政治，就像恩格斯指出的："它在穷人、受苦受难的人、奴隶和被排斥的人中寻找信徒，蔑视有钱人、有势力的人和有特权的人，因而也就有蔑视一切尘世享乐和禁止肉欲的规定。"② 恩格斯还指出："原始基督教的历史和现代工人运动有些值得注意的共同点。基督教和后者一样，在产生时也是被压迫者的运动：它最初是奴隶和被释奴隶、穷人和无权者、被罗马征服或驱散的人们的宗教。基督教和工人的社会主义都宣传将来会从奴役和贫困中得救；基督教是在死后的彼岸生活中，在天国里寻求这种得救，而社会主义则是在现世里，在社会改造中寻求。"③ 尽管根据基督教的教义，人们不是通过现实的革命而是在幻想的天国中免除奴役和

① ［古希腊］柏拉图：《理想国》，郭斌、张竹明译，商务印书馆 1986 年版，第 137 页。

② 《马克思恩格斯文集》第三卷，人民出版社 2009 年版，第 593 页。

③ 《马克思恩格斯文集》第四卷，人民出版社 2009 年版，第 475 页。

贫困，但是其中蕴含的人人平等和互相帮助的理念成为空想社会主义者的重要思想资源。如16世纪德国农民领袖闵采尔成立的秘密组织名为“上帝的选民同盟”(又称“基督教同盟”)，起义的目标是建立一个具有基督教色彩的“千载太平天国”；为了实现这个地上的天国，“所有现存的政权，都必须推翻，一切财产都要实行公有和共同分配，人们之间必须实现最完全的平等，一切人有同等的劳动义务，一切官厅都应废除”[①]。17世纪英国的空想社会主义者、掘地派运动的领袖温斯坦莱在《给英国当局和全世界当局的宣言》中，也用基督教的语言说道：“按照造物主的本意，土地被创造出来，是为了成为一切动物的共同财富，而现在却被买卖，被少数人所霸占，这是对伟大的造物主的一个极大侮辱，似乎伟大的造物主崇拜个别的人，似乎他很乐意让少数人过丰衣足食的生活，而对其余的人的饥寒交迫则表示庆幸。”[②]恩格斯在分析闵采尔派时指出：“闵采尔的纲领，与其说是当时平民要求的总汇，不如说是对当时平民中刚刚开始发展的无产阶级因素的解放条件的天才预见。这个纲领要求立即在人间建立天国，建立早已预言的千年王国，其途径是恢复教会的本来面目，并废除同这种似乎是原始基督教会而实际上是崭新的教会相冲突的一切机构。”[③]直至19世纪，仍有一些具有浓厚宗教情结的空想社会主义者从《圣经》中寻找共产主义的根据，认为“共有共享原则”是“纯正的耶稣教义”。[④]

空想社会主义是马克思主义的重要思想来源。在《共产党宣言》等著作中，马克思和恩格斯高度评价了圣西门、傅立叶、欧文等空想社会主义者“关于未来社会的积极的主张，例如消灭城乡对立、消灭家庭、消灭私人营利、消灭雇佣劳动、提倡社会和谐、把国家变成纯粹的生产管理机构”，认为这些思

---

① 李凤鸣:《空想社会主义思想史》，上海人民出版社1980年版，第40页。

② [英]杰腊德·温斯坦莱:《温斯坦莱文选》，任国栋译，商务印书馆1965年版，第6页。

③《马克思恩格斯文集》第二卷，人民出版社2009年版，第248页。

④ [德]威廉·魏特林:《现实的人类和理想的人类·一个贫苦罪人的福音》，胡文建、顾家庆译，商务印书馆1984年版，第136页。

想“提供了启发工人觉悟的极为宝贵的材料”。[①] 同时，马克思和恩格斯也深刻指出了他们的空想性质，也就是说，他们不是通过无产阶级的政治活动，而是希望通过某种天才般的制度设计以及对它的宣传来实现社会的整体变革。他们的局限性是时代的局限性，他们的思想产生于资产阶级生产还不发达的时期，无产阶级和资产阶级的斗争也尚未展开，他们不可能发现无产阶级解放的物质条件。马克思和恩格斯的巨大历史贡献就在于他们将空想社会主义者的天才预想变成了科学，就像恩格斯所指出的：“以往的社会主义固然批判了现存的资本主义生产方式及其后果，但是，它不能说明这个生产方式，因而也就不能对付这个生产方式；它只能简单地把它当做坏东西抛弃掉。它越是激烈地反对同这种生产方式密不可分的对工人阶级的剥削，就越是不能明白指出，这种剥削是怎么回事，它是怎样产生的。”[②] 而由马克思发现的唯物主义历史观和剩余价值理论则一方面说明了“资本主义生产方式的历史联系和它在一定历史时期存在的必然性，从而说明了它灭亡的必然性”，另一方面则揭露了“这种生产方式的一直还隐蔽着的内在性质”，“由于这两个发现，社会主义变成了科学”。[③]

马克思主义理想的共产主义社会建立在社会生产力高度发达的基础之上，它并不是对资本主义的直接否定，而是从资本主义内部产生出来的、对资本主义社会的扬弃。因此，马克思和恩格斯认为，共产主义社会应当经历两个发展阶段：在第一阶段，共产主义社会“是刚刚从资本主义社会中产生出来的，因此它在各方面，在经济、道德和精神方面都还带着它脱胎出来的那个旧社会的痕迹。所以，每一个生产者，在作了各项扣除以后，从社会领回的，正好是他给予社会的。他给予社会的，就是他个人的劳动量”[④]；只有共产主义社会发展到第二阶段，亦即高级阶段，“在迫使个人奴隶般地服从分工的情形已经消失，从而脑力劳动和体力劳动的对立也随之消失之后；在劳动已经不仅仅是谋生

① 《马克思恩格斯文集》第二卷，人民出版社 2009 年版，第 63—64 页。

② 《马克思恩格斯文集》第三卷，人民出版社 2009 年版，第 545 页。

③ 同上书，第 545—546 页。

④ 同上书，第 434 页。

的手段，而且本身成了生活的第一需要之后；在随着个人的全面发展，他们的生产力也增长起来，而集体财富的一切源泉都充分涌流之后，——只有到了那个时候，才能完全超出资产阶级权利的狭隘眼界，社会才能在自己的旗帜上写上：各尽所能，按需分配！”①

三、中国共产党的历史使命

因为继承了上述两种优秀的文化传统，所以中国共产党自成立之日起，就将追求全体人民的共同富裕、实现更加公平正义的社会作为初心使命，烙印在自己的政治基因中。

在新民主主义革命时期，中国共产党的一项重要历史任务，是通过无产阶级革命消灭剥削制度、解放劳工阶级。建党前夕，陈独秀在《谈政治》一文中写道：“……世界各国里面最不平最痛苦的事，不是别的，就是少数游惰的消费的资产阶级，利用国家、政治、法律等机关，把多数勤苦的生产的劳动阶级压在资本势力底下，当做牛马机器还不如。要扫除这种不平这种痛苦，只有被压迫的生产的劳动阶级自己造成新的强力，自己站在国家地位，利用政治、法律等机关，把那压迫的资产阶级完全征服，然后才可望将财产私有、工银劳动等制度废去，将过于不平等的经济状况除去。”② 对此政治主张，应从两个方面来理解。

一方面，无产阶级革命的目标是消灭人压迫人、人剥削人的社会制度，最终实现共产主义。周恩来在回忆加入中国共产党的初衷时说：“因为工人阶级是最先进的，是为人民的，也是为民族的，将来要实现共产主义，使社会达到无阶级的境地。工人阶级的伟大就在于此。资产阶级不可能把所有的人都变成资本家。如果人人都当资本家，谁去做工人呢？如何积累资本呢？我参加共产党，最先就是这一句话说动了我……为什么工人阶级是先进的？因为工人阶级可以使全世界的人都变成劳动者，使脑力劳动和体力劳动统一起来。工人阶

① 《马克思恩格斯文集》第三卷，人民出版社 2009 年版，第 435—436 页。

② 《陈独秀文集》第二卷，人民出版社 2013 年版，第 33 页。

级和共产党最本质的东西，是它能使全世界进到没有阶级、谁也不剥削谁的社会，别的阶级和政党都不能担当这个任务。”① 因此，暴力革命的目的不是消灭剥削阶级的肉体，而是在社会改造的过程中将剥削阶级变成劳动者，在更高的层面上实现人人平等。

另一方面，无产阶级的利益与中华民族的整体利益是一致的。在新民主主义革命时期，从梁启超、张东荪为代表的社会政策派，到以曾琦、李璜、余家菊等人为代表的国家主义派，都片面地理解或故意曲解国家和民族整体利益，试图用“阶级合作”来反对“阶级斗争”。如李璜认为：“国家者全国人之国家，不是几个人或一阶级的人所能私有的。既不应私有，则国家的利益即是全国人的利益。不但当与全国人谋之，且当听全国人谋之。因此，国家主义者的立国政体必须是全民共和，而不是独夫或一阶级专政的。”② 中国共产党同样追求民族复兴、社会和谐，但反对抽象地讨论国家和民族，而是坚持民族革命与无产阶级革命的统一性。陈独秀指出：“在民族争斗中实有阶级争斗之必要。这是因为殖民地半殖民地的经济命脉，大半操诸外国资本帝国主义之手，国内军阀又从而破坏之，在国民革命未有相当的成功以前，只有因缘帝国主义及封建军阀而生存的大商买办阶级和地主阶级，民族的资产阶级在客观上很难发展。因此，在殖民地半殖民地，决不会有欧洲式的资产阶级革命实现出来（这是辛亥革命未能完成之大原因）。因此，殖民地半殖民地的国民革命之成功，当以工农群众的力量之发展与集中为正比例；而工农群众的力量，又只有由其切身利害而从事阶级的组织与争斗，才能够发展与集中。因此，在殖民地半殖民地主张停止阶级争斗，便是破坏民族争斗之主要的力量。”③ 无产阶级革命势力的强大，不仅无害于国民革命，反而会推进国民革命的开展；而那些反对阶级斗争者，都自觉或不自觉地成为资产阶级利益的代言人。

民主革命胜利后，中国进入社会主义革命时期。社会制度从私有制向公

---

① 《周恩来选集》下卷，人民出版社 1984 年版，第 65 页。

② 李璜：《释国家主义》，载少年中国学会编：《国家主义论文集》，中华书局 1925 年版，第 22 页。

③ 《陈独秀文集》第三卷，人民出版社 2013 年版，第 286—287 页。

有制转变，实现共同富裕，是社会主义改造的根本目标。1955 年，以毛泽东同志为代表的中共中央判断：当封建土地关系被消灭后，“农村中存在的是富农的资本主义所有制和个体农民的所有制”，而且“在最近几年时间，农村中的资本主义自发势力一天一天地在发展，新富农已经到处出现，许多富裕中农力求把自己变为富农。许多贫农，则因为生产资料不足，仍然处于贫困地位，有些人欠了债，有些人出卖土地，或者出租土地。这种情况如果让它发展下去，农村中向两极分化的现象必然一天一天地严重起来”。因此，毛泽东提出，应“在逐步地实现社会主义工业化和逐步地实现对于手工业、对于资本主义工商业的社会主义改造的同时，逐步地实现对于整个农业的社会主义的改造，即实行合作化，在农村中消灭富农经济制度和个体经济制度，使全体农村人民共同富裕起来”①。同年，毛泽东在资本主义工商业社会主义改造问题座谈会上更明确指出：“我们还是一个农业国。在农业国的基础上，是谈不上什么强的，也谈不上什么富的。但是，现在我们实行这么一种制度，这么一种计划，是可以一年一年走向更富更强的，一年一年可以看到更富更强些。而这个富，是共同的富，这个强，是共同的强，大家都有份……”② 这里明确地将共同富裕作为社会主义的本质特征提出来。

党的十一届三中全会之后，中国共产党对于什么是社会主义、怎样建设社会主义有了更深刻的认识。1984 年 11 月 9 日，邓小平同志会见意大利共产党领导机构成员、书记处书记贾恩卡洛·巴叶塔，在这次会谈中指出：“我们党已经决定国家和先进地区共同帮助落后地区。在社会主义制度下，可以让一部分地区先富裕起来，然后带动其他地区共同富裕。在这个过程中，可以避免出现两极分化（所谓两极分化就是出现新资产阶级），但这不是要搞平均主义。经济发展起来后，当一部分人很富的时候，国家有能力采取调节分配的措施。”③ 改革开放四十多年来，中国的国家经济实力大幅跃升，已成为世界第二大经济体，

---

① 《毛泽东文集》第六卷，人民出版社 1999 年版，第 437 页。

② 同上书，第 495 页。

③ 中共中央文献研究室编：《邓小平年谱（一九七五——一九九七）》（下），中央文献出版社 2004 年版，第 1014 页。

创造了经济快速发展的奇迹。但与此同时，社会经济发展不充分、不平衡的问题日益突出，已经严重影响了人民群众的获得感、幸福感、安全感。因此，党的十八大以来，中共中央把握发展阶段新变化，把逐步实现全体人民共同富裕摆在更加重要的位置上。党的十八届五中全会首次提出以人民为中心的发展思想，习近平总书记强调："共享理念实质就是坚持以人民为中心的发展思想，体现的是逐步实现共同富裕的要求。"①现在，我们打赢了脱贫攻坚战，全面建成了小康社会，正在向第二个百年奋斗目标迈进。为了更好地满足人民日益增长的美好生活需要，我们必须坚决防止两极分化，扎实推进共同富裕，把促进全体人民共同富裕作为为人民谋幸福的着力点，实现社会的和谐安定。

第二节 平等：共同富裕的价值内核

共同富裕是社会主义的本质要求，是社会公平正义的重要体现。公平正义是人类文明的永恒追求，也是政治哲学与伦理学讨论的重大议题，不同学派对其有不同的理解。恩格斯说："——平等是正义的表现，是完善的政治制度或社会制度的原则……"②由此可见，社会主义所要求的公平正义，应当是以平等为内核的公平正义。

一、何谓平等？

在政治哲学中，"平等"是一个基础性的价值观念，具有非常复杂的内涵。根据侧重点的不同，可以将"平等"的含义做以下分析。

（一）宗教或哲学意义上的"平等"

宗教或哲学上的平等，意为人们共有某种特质，因而具有相同的内在价值。汉语中的"平等"一词本来源自佛教，意味着无差别。方立天认为，平等

① 习近平：《深入理解新发展理念》，《求是》2019 年第 10 期。

② 《马克思恩格斯文集》第九卷，人民出版社 2009 年版，第 352 页。

是指“一切现象均平齐等，无本性、本质，乃至高下、深浅的差别”[①]。佛教的平等观最初是对印度种姓制度的反动，在伦理实践中要求做到众生平等。但是除此之外，佛教还对平等作了哲学上的论证。原始佛教用缘起论为事物的无差别作辩护，这种观点认为，一切事物都是诸多因缘的集合体，因缘而起，缘散而灭，是没有自身的本性的；既然没有自身的本性，那也就无所谓高低贵贱的差别。佛教在发展过程中又产生了“佛性平等”的观念。禅宗六祖惠能认为：“菩提般若之智，世人本自有之。只缘心迷，不能自悟。须假大善知识，示导见性。当知愚人、智人，佛性本无差别。只缘迷、悟不同，所以有愚有智。”[②]那么，世俗中的差别观念，只是因为不识自性；一旦顿悟“自性真空”的道理，就会发现诸法平等，本无高下之分。

先秦典籍中虽然没有“平等”这个语词，但是有类似的“同”“齐”“一”观念。《孟子·告子上》：“口之于味也，有同耆焉；耳之于声也，有同听焉；目之于色也，有同美焉。至于心，独无所同然乎？心之所同然者何也？谓理也，义也。圣人先得我心之所同然耳。故理义之悦我心，犹刍豢之悦我口。”这里所说的“心之所同然”，就是人之所固有的善性。《孟子·告子上》：“恻隐之心，人皆有之；羞恶之心，人皆有之；恭敬之心，人皆有之；是非之心，人皆有之。恻隐之心，仁也；羞恶之心，义也；恭敬之心，礼也；是非之心，智也。仁义礼智，非由外铄我也，我固有之也，弗思耳矣。”这是人与禽兽相区别的本质所在。因为善性是人之所同有，所以只要反省到自己的善性，加以道德修养的工夫，人人皆可为尧、舜。道家则从气化论的宇宙观来认识万物平等。《庄子·知北游》：“万物一也，是其所美者为神奇，其所恶者为臭腐。臭腐复化为神奇，神奇复化为臭腐。故曰：‘通天下一气耳。’圣人故贵一。”一切存在虽然在表面上千差万别、变化不定，但是在根本上都是“一气”所衍生，“气变而有形，形变而有生”。因此，《庄子·齐物论》曰：“天地与我并生，而万物与我为一。”

---

① 方立天：《佛教平等理念对和平与发展的启导意义》，《中国宗教》2004 年第 1 期。

② 丁福保笺注：《坛经》，上海古籍出版社 2011 年版，第 38 页。

（二）财富分配的平均主义

我国很早就产生了财富平均分配的观念。《道德经》："天之道，其犹张弓欤！高者抑之，下者举之，有余者损之，不足者补之。天之道，损有余而补不足。人之道则不然，损不足以奉有余。"其中已蕴含了以"天之道"批判"人之道"的均等观念。《论语·季氏》："有国有家者，不患寡而患不均，不患贫而患不安。盖均无贫，和无寡，安无倾。"孔安国注云："国，诸侯；家，卿大夫。不患土地人民之寡少，患理政之不均平，忧不能安民耳。民安则国富。"[①]虽然孔子此处所指的主要是诸侯、卿大夫等贵族阶层，但是其思想具有一定的普适性，即只有实现财富的公平分配，社会才能长期和谐稳定。

先秦时期的均平思想在此后的农民起义中得到进一步发展。如东汉末年的农民起义领袖张角、张鲁所宣扬的早期道教典籍《太平经》在解释何谓"太平"时说："太者，大也，乃言其积大行如天，凡事大也，无复大于天者也。平者，乃言其治太平均，凡事悉理，无复奸私也；平者，比若地居下，主执平也，地之执平也。"[②]又说："财物乃天地中和所有，以共养人也。此家但遇得其聚处，比若仓中之鼠，常独足食，此大仓之粟，本非独鼠有也；少内之钱财，本非独以给一人也；其有不足者，悉当从其取也。"[③]也就是说，财富是天地所以生养民众的"中和之物"，如果将其据为己有，不能发挥其生养民众的功能，那就违反了天地的"道德仁戒"，就会受到相应的惩罚。以《太平经》为思想指导，张角和张鲁提倡并在一定程度上实施了财富共有的制度。此后，王仙芝、黄巢、方腊等历代农民起义都把"等贵贱""均贫富"作为口号。李自成、太平天国运动提出了均分土地的纲领，表现了农民阶级对平等的向往。

在其他文明的历史中，也有类似要求财富平等分配的起义运动。工业革命之后，西方社会贫富分化问题日益严重，包括空想社会主义者在内的一些思想家再次提出财富平等的思想，并予以理论上的论证。英国政治哲学家威

---

① 刘宝楠：《论语正义》，中华书局 1954 年版，第 352 页。

② 王明编：《太平经合校》上册，中华书局 2014 年版，第 154 页。

③ 同上书，第 255 页。

廉·葛德文（1756—1836）提出："所有权问题是政治正义这一建筑物赖以完成的基石。"① 他尖锐地批判了财富私有制度，认为："压迫精神、奴隶性和欺骗的习气，这都是现存财产制度的直接产物。这一切都一致同智力和道德的发展为敌。妒忌、怨毒和报复等其他恶行是上述精神和风气不可分的伴侣。"他继而指出："在富裕而人人分享自然的恩赐的社会状态下，这类感情必将消失。狭隘的利己主义的原则也会消失。"② 德国的空想社会主义者威廉·魏特林用文学的语言控诉了贫富不均的现实，他说："你们从早到晚，年复一年地劳动，你们从土地上赢得的物品堆满了所有仓库；然而你们中的大多数却缺乏最必需的食物、住宅和衣服，分享物质福利最少的却恰恰是那些汗流浃背地辛勤劳动取得这些物质福利的人们。"他指出："造成这种情况的原因是劳动分配不平等以及由此产生的产品分配不平等。"③ 因此，他要求"对所有人实行平等的劳动分配和平等的生活福利享受"④，并认为这是"整个社会能够无忧无虑地生活在长久幸福中的共同权利"⑤。

（三）政治权利的平等

人人拥有平等的政治权利，这是在近代西方思想启蒙运动时期才确立的观念。为了论证这个观念的合理性，霍布斯、洛克、卢梭等资产阶级思想家假定人类在政府和国家成立之前存在着一种自然状态，在这个自然地存在的状态中，人类是平等的。霍布斯强调自然状态中人类能力的平等，他认为："自然使人在身心两方面的能力都十分相等，以致有时某人的体力虽则显然比另一人强，或是脑力比另一人敏捷；但这一切总加在一起，也不会使人与人之间的差别大到使这人能要求获得人家不能像他一样要求的任何利益。"⑥ 卢梭则认

① ［英］威廉·葛德文：《政治正义论》第二卷，何慕李译，商务印书馆 1980 年版，第 588 页。

② 同上书，第 618 页。

③ ［德］威廉·魏特林：《现实的人类和理想的人类·一个贫苦罪人的福音》，胡文建、顾家庆译，商务印书馆 1984 年版，第 5—6 页。

④ 同上书，第 20 页。

⑤ 同上书，第 11 页。

⑥ ［英］霍布斯：《利维坦》，黎思复、黎廷弼译，商务印书馆 1985 年版，第 92 页。

为，人与人之间的天然的差别可能是存在的，但自然状态下的人类是“漂泊于森林中的野蛮人，没有农工业、没有语言、没有住所、没有战争、彼此间也没有任何联系，他对于同类既无所需求，也无加害意图，甚至也许从来不能辨认他同类中的任何人。这样的野蛮人不会有多少情欲，只过着无求于人的孤独生活，所以他仅有适合于这种状态的感情和知识”①。洛克更明确地指出，自然状态是“一种完备无缺的状态，他们在自然法的范围内，按照他们认为合适的办法，决定他们的行动和处理他们的财产和人身，而无须得到任何人的许可或听命于任何人的意志”，因此，自然状态也是“一种平等的状态，在这种状态中，一切权力和管辖权都是相互的，没有一个人享有多于别人的权力”②。虽然对自然状态的预设不同，但他们都认为自然状态是一种人与人之间相互平等的状态，这为他们批判欧洲的封建等级制度、建立资产阶级的民主社会提供了理论基础。

在启蒙运动之后，权利平等的观念普及开来，成为现代政治的重要价值。然而，仅仅强调权利平等是不够的，建立在抽象的权利平等、程序正义之上的自由竞争，只会造成强者对弱者的剥削，就像马克思所说的：“自由！因为商品例如劳动力的买者和卖者，只取决于自己的自由意志。他们是作为自由的、在法律上平等的人缔结契约的。契约是他们的意志借以得到共同的法律表现的最后结果。平等！因为他们彼此只是作为商品占有者发生关系，用等价物交换等价物。所有权！因为每一个人都只支配自己的东西。边沁！因为双方都只顾自己。使他们连在一起并发生关系的唯一力量，是他们的利己心，是他们的特殊利益，是他们的私人利益。正因为人人只顾自己，谁也不管别人，所以大家都是在事物的前定和谐下，或者说，在全能的神的保佑下，完成着互惠互利、共同有益、全体有利的事业。”③因此，马克思主义批判地继承了自由、民主、平等的观念，并赋予它们实质性的内容。1956 年，毛泽东在谈话中指出：“自

---

① ［法］卢梭：《论人类不平等的起源和基础》，法律出版社 1958 年版，第 107 页。

② ［英］洛克：《政府论》下篇，叶启芳、瞿菊农译，商务印书馆 1964 年版，第 5 页。

③ 《马克思恩格斯选集》第二卷，人民出版社 2012 年版，第 168 页。

由、平等、博爱，是资产阶级的口号，而现在我们反而为它斗争了。”[①] 2019年11月，习近平总书记提出我国的“人民民主是一种全过程的民主”，这一重大论断进一步明确并深化了社会主义人民民主的本质特征。“全过程人民民主实现了过程民主和成果民主、程序民主和实质民主、直接民主和间接民主、人民民主和国家意志相统一，是全链条、全方位、全覆盖的民主，是最广泛、最真实、最管用的社会主义民主。”[②] 不断完善的中国特色社会主义民主制度，最大限度地保障了人民平等的政治权利，全面超越了西方的“选举民主”“形式民主”“金钱民主”。

（四）机会平等

机会平等是现代平等理论的新内容。传统的机会平等理论强调程序公平或规则公平，这一理论在学界面临着两种批评：“第一种批评认为机会平等只是一个形式平等的理想”，它对于人与人之间在种族、性别、阶层等方面的实质性的不平等似乎视而不见；第二种批评认为机会平等“依赖于和夸大了自然的不平等”，这种自然的不平等是由无关乎道德的偶然性决定的。[③]

由于认识到在程序公平的情况下，机会分配其实部分地取决于人们的背景差异，因此一些政治哲学家发展了机会平等理论。比如，美国政治学家萨托利区分了两种机会平等：一种是作为平等利用的机会平等，也就是“在进取和升迁方面没有歧视，为平等的能力（而不是为一切人）提供平等的利用机会”；另一种表现为平等起点的机会平等，即“如何平等地发展个人潜能”。[④] 萨托利认为，这两种机会平等并不矛盾，但同时实现却是一个问题，因为从逻辑上来讲，应当是先有起点的平等，然后才是利用的平等。但在现实中，二者的顺序是颠倒的，原因是实现起点的平等需要再分配，因此其难度比利用的平

① 《毛泽东文集》第七卷，人民出版社1999年版，第127页。

② 习近平：《坚持和完善人民代表大会制度，不断发展全过程人民民主》（2021年10月13日），载习近平：《论坚持人民当家作主》，中央文献出版社2021年版，第336页。

③ ［加］莱斯利·雅各布斯：《寻求平等机会——平等主义正义的理论与实践》，刘宏斌、方秋明译，江苏人民出版社2018年版，第11页。

④ ［美］萨托利：《民主新论》，冯克利、阎克文译，上海人民出版社2009年版，第380页。

等要大得多。

莱斯利·雅各布斯在程序公平和背景公平之外，还提出了风险公平作为机会平等的第三个维度。所谓风险公平，是在程序公平和背景公平的竞争之中，对于竞争结果的调控，“相比简单地让赢家通吃的计划，它要求竞争中风险奖金有更大范围的分配”[①]。比如，奥运会中金、银、铜三种奖牌的设计就是符合风险公平的理念的。风险公平虽然是对竞争结果的调控，但是它并非绝对的结果平等，胜者比败者仍然得到较多的收益。

（五）小结

习近平总书记指出：“我们的方向就是让每个人获得发展自我和奉献社会的机会，共同享有人生出彩的机会，共同享有梦想成真的机会，保证人民平等参与、平等发展权利，维护社会公平正义，使发展成果更多更公平惠及全体人民，朝着共同富裕方向稳步前进。”[②]因此，我国当前推进共同富裕，主要是在机会平等（包括背景平等）、规则平等上着力，以发展成果普惠人民为目标。这一平等观以人的内在价值平等为其哲学基础，以政治平等为其制度保障。

首先，哲学或宗教上的平等虽然不直接地关涉财富分配问题，但是它为批判贫富分化的不公正现象提供了形上维度。马克思主义也认同“人是类存在物”，认为：“人把自身当做现有的、有生命的类来对待，因为人把自身当做普遍的因而也是自由的存在物来对待。”[③]人与人的类本质的异化，是人的异化的重要方面；而克服异化，实现人的全面而自由的发展，是马克思主义的终极目标。其次，政治平等为共同富裕提供了制度保障。总结历史经验，贫富分化之所以损害了人民群众的获得感、幸福感、安全感，很重要的一点就是有些财富的聚集是通过不道德的甚至是不法行为获得的。“法治兴则国兴，法治强则国强”，只有切实贯彻以人民为中心的发展观，坚持依法治国、依法执政、依法

---

① ［加］莱斯利·雅各布斯：《寻求平等机会——平等主义正义的理论与实践》，刘友斌、方秋明译，江苏人民出版社 2018 年版，第 36 页。

② 习近平：《出席第三届核安全峰会并访问欧洲四国和联合国教科文组织总部、欧盟总部时的演讲》，人民出版社 2014 年版，第 25—26 页。

③ 《马克思恩格斯文集》第一卷，人民出版社 2009 年版，第 161 页。

行政，才能有效形成人人共建共享的新局面。

使发展成果更普遍地惠及人民并不是整齐划一的平均主义。早在建党之初，中国的马克思主义者就认识到："共产党的根本主义，是主张用革命的手段改造经济制度，就是用共产主义的生产制度来代替资本主义的生产制度。共产主义的生产制度……就是主张一切生产及交换工具都归公有，不许私人把财产用做生产或交换工具来增加他的私有财产；却不是'平均财富'这类浅陋的主张，也不是'彼此通财'那样普通的习惯。"① 在井冈山时期，在红军中也曾出现过绝对平均的要求，"例如：发给伤兵用费，反对分伤轻伤重，要求平均发给。官长骑马，不认为是工作需要，而认为是不平等制度。分物品要求极端平均，不愿意有特别情形的部分多分去一点。背米不问大人小孩体强体弱，要平均背。住房子要分得一样平，司令部住了一间大点的房子也要骂起来。派勤务要派得一样平，稍微多做一点就不肯。甚至在一副担架两个伤兵的情况下，宁愿大家抬不成，不愿把一个人抬了去"②，毛泽东对这种观点予以尖锐的批评，指出绝对平均主义是手工业和小农经济在物质生活方面的反映。改革开放之后，邓小平同志也多次强调，共同富裕"不是要搞平均主义"③。

二、平等与分配正义

在推进共同富裕的进程中，分配是一个非常重要的问题。习近平总书记多次强调，要"构建初次分配、再分配、三次分配协调配套的基础性制度安排，加大税收、社保、转移支付等调节力度并提高精准性"④。那么，从平等的视角看，什么样的分配制度是正义的呢？或者说，什么是人们所应得的？

---

① 《共产党的根本主义》，载中共中央宣传部办公厅、中央档案馆编研部编：《中国共产党宣传工作文献选编 1915—1937》，学习出版社 1996 年版，第 281—282 页。

② 《毛泽东文集》第一卷，人民出版社 1993 年版，第 83 页。

③ 中共中央文献研究室编：《邓小平年谱（一九七五——一九九七）》（下），中央文献出版社 2004 年版，第 1014 页。

④ 习近平：《扎实推动共同富裕》，《求是》2021 年第 20 期，第 7 页。

（一）初次分配主要由市场机制形成，要坚持多劳多得，也要健全生产要素由市场评价贡献、按贡献决定报酬的机制

按劳分配、多劳多得，是符合道德直觉的分配方式。《墨子·非乐上》："今人固与禽兽、麋鹿、蜚鸟、贞虫异者也，今之禽兽、麋鹿、蜚鸟、贞虫，因其羽毛以为衣裘，因其蹄蚤以为绔屦，因其水草以为饮食。故唯使雄不耕稼树艺，雌亦不纺绩织纴，衣食之财固已具矣。今人与此异者也，赖其力者生，不赖其力者不生。"也就是说，人类与动物根本性的差异，是动物不依靠生产活动就可以生存，而人类只有通过纺织耕种才能获得生存的必需品，否则就无法生存。但当阶级社会出现后，不劳而获的现象比比皆是，甚至不劳者享受着远超劳动者的奢靡。墨家对此持坚决批判的态度，《墨子·天志下》："今有人于此，入人之场园，取人之桃李瓜姜者，上得且罚之，众闻则非之，是何也？曰：不与其劳，获其实，已非其有所取之故。"可见，根据墨家朴素的道德观，"获"是"劳"的应得。

马克思主义政治经济学揭示了劳动与价值之间的关系。在《资本论》中，马克思明确指出："使用价值或财物具有价值，只是因为有劳动对象化或物化在里面。那么，它的价值量是怎样计量的呢？是用它所包含的'形成价值的实体'即劳动的量来计量。劳动本身的量是用劳动的持续时间来计量。"[①]资本家对于工人的剥削，本质就是对工人的剩余价值或剩余劳动的占有。另外，马克思主义否定劳动是财富的唯一来源。在《哥达纲领批判》中，马克思明确指出："劳动不是一切财富的源泉。自然界同劳动一样也是使用价值（而物质财富就是由使用价值构成的！）的源泉，劳动本身不过是一种自然力即人的劳动力的表现。"[②]因此，在市场经济条件下，根据生产要素的投入和贡献而获得相应的回报也符合公平正义的原则。

劳动是否具有客观的价值尺度，是自由主义经济学和马克思主义的重大理论分歧。边际效用理论是自由主义反对马克思主义的理论工具，根据这种理

① 《马克思恩格斯全集》第四十二卷，人民出版社 2016 年版，第 25 页。

② 《马克思恩格斯选集》第三卷，人民出版社 2012 年版，第 357 页。

论，经济是一个相互依存的量组成的系统，“决定物价的最后原因，是消费者的价值判断。物价是人们对各物所作的评值不同而形成的结果”[①]。这样的话，价格就不是根据价值（或社会必要劳动时间）来估量，而是取决于个人的主观价值判断。所以，奥地利学派的米塞斯认为：“边际效用法则不是指的客观使用价值，而是指的主观使用价值。它不涉及某些东西引起一定效果的物理或化学的性能，而只涉及那些东西与一个人自己所认为的福利的相关性。”[②]价格根据供求关系的变化而有一定幅度的波动是客观现实，但如果否定价格是价值的反映，否定价值有客观的尺度，而完全由自由市场来决定价格，最终必然导致生产要素的占有者对劳动者的剥削，因为“一个除自己的劳动力以外没有任何其他财产的人，在任何社会的和文化的状态中，都不得不为另一些已经成了劳动的物质条件的所有者的人做奴隶。他只有得到他们的允许才能劳动，因而只有得到他们的允许才能生存”[③]。

马克思主义的价值理论至今仍有强大的生命力。在新自由主义的影响下，过劳问题、同工不同酬的问题、劳动时间两极分化的问题已成为世界性的问题，是社会不公正的重要表现。在改革开放的过程中，中国也同样未能避免非正规劳动和非正规经济的问题，正如有学者所指出的：“在中国的户籍制度下，农村人进城打工，把长期以来的城乡差别凸显为更加尖锐的等级差别。一方面是城镇正规单位就业的‘职工’，享有中国革命传统和计划经济遗留下来的劳动法规保护和福利；另一方面则是进城打工的农民，作为非正规的临时工和城市的暂住者，他们不享有正规职工所享有的法律保护和福利，也不享有城市居民的权利，尤其是子女接受义务教育的权利。”[④]自党的十八大以来，文中所说的现象已得到很大好转，但非正规劳动的问题仍然没有根本解

---

① ［奥地利］路德维希·冯·米塞斯：《人的行为》，夏道平译，上海社会科学院出版社2015年版，第314—315页。

② 同上书，第121页。

③ 《马克思恩格斯文集》第三卷，人民出版社2009年版，第428页。

④ 黄宗智：《明清以来的乡村社会经济变迁：历史、理论与现实》卷三，法律出版社2014年版，第218页。

决，“996”“007”“内卷”成为近年来的网络热词。因此，在初次分配中体现公平正义，就要贯彻规则平等的原则，坚持按劳分配为主的分配方式。

（二）完善再分配，加大税收、社保、转移支付等的调节力度，强调通过社会保障、公共服务及一些补贴体系等实现收入分配的相互协调

规则平等是实现社会公平正义的重要一环，但却不是推动共同富裕的充足条件。马克思指出：“生产者的权利是同他们提供的劳动成比例的；平等就在于以同一尺度——劳动——来计量。但是，一个人在体力或智力上胜过另一个人，因此在同一时间内提供较多的劳动，或者能够劳动较长的时间；而劳动，要当做尺度来用，就必须按照它的时间或强度来确定，不然它就不成其为尺度了。这种平等的权利，对不同等的劳动来说是不平等的权利。它不承认任何阶级差别，因为每个人都像其他人一样只是劳动者；但是它默认，劳动者的不同等的个人天赋，从而不同等的工作能力，是天然特权。所以就它的内容来讲，它像一切权利一样是一种不平等的权利。”① 在这一段话中，马克思已经考虑到了起点平等的问题。在规则平等的情况下，起点的不平等会在竞争中造成贫富差距；或者是，一部分人只有付出更多的努力才能实现与其他人在结果上的平等。

起点的不平等通常是由于两种原因：一是自然禀赋的不同，二是社会制度的安排。这些是偶然性的，它不取决于个人的选择，也不取决于个人的努力，所以说是运气的不平等。对于这个问题应该分开来看。有些运气的不平等是非道德的，也就是说，它们不能用道德的标准来衡量。天然禀赋的不平等大抵属于此类。此外，还有一种运气的不平等，从表象上属于自然禀赋不同，但也有人为的因素在其中，比如人的个性。罗尔斯认为，一个人的个性“很大程度上依赖于幸运的家庭和环境，而对这些条件他是没有任何权利的”②。然而，还有由制度安排或其他人为因素造成的运气的不平等。有学者在反思改革开放

---

① 《马克思恩格斯文集》第三卷，人民出版社 2009 年版，第 435 页。

② ［美］约翰·罗尔斯：《正义论》，何怀宏、何包钢、廖申白译，中国社会科学出版社 1988 年版，第 104 页。

后期的社会问题时指出:“改革后期的地方政府竞争和非正规经济行为,把不清晰的产权和不成熟的市场改作比较优势,把政府对重点企业的非正规支持变成提高它们的收益而借此招引外来投资的手段,把非正规经济变作招引外资竞争中的比较优势等。同时,也把城乡原有的差别扩大到城镇社会内部的显著不平等。结果是近年来的惊人的 GDP 增长以及十分迫切的社会不公问题。”[①] 这种因为制度安排或者说人为因素造成的不平等,是应当在追求共同富裕的过程中加以矫正的。

即使在规则平等的情况下,起点的不平等也会造成实质上的机会不平等,因而遭到平等主义者的批评。根据这种批评,“没有一个人应得他在自然天赋的分配中所占的优势,正如没有一个人应得他在社会中的最初有利出发点一样”[②]。但是,正如《孟子·滕文公上》中言,“物之不齐,物之情也”。恩格斯也指出:“在国和国、省和省、甚至地方和地方之间总会有生活条件方面的某种不平等存在,这种不平等可以减少到最低限度,但是永远不可能完全消除。阿尔卑斯山的居民和平原上的居民的生活条件总是不同的。”[③] 在起点不可能完全平等的前提下,要矫正由此带来的贫富分化,就需要通过各种方式加强对高收入的规范和调节。规范和调节高收入并不是要求结果平等。马克思主义的最终目标是实现人的全面而自由的发展,财富再分配的根本目的是维护每个人平等的发展权利。因此,习近平总书记强调,要“为人民提高受教育程度、增强发展能力创造更加普惠公平的条件”,并同时强调“政府不能什么都包,重点是加强基础性、普惠性、兜底性民生保障建设。即使将来发展水平更高、财力更雄厚了,也不能提过高的目标,搞过头的保障”[④]。强制性地要求结果平等,只会落入“福利主义”养懒汉的陷阱,或者抑制民众谋求发展的积极性,最终

---

① 黄宗智:《中国发展经验的理论与实用含义——非正规经济实践》,《开放时代》2020 年第 10 期。

② [美]约翰·罗尔斯:《正义论》,何怀宏、何包钢、廖申白译,中国社会科学出版社 1988 年版,第 104 页。

③ 《马克思恩格斯选集》第三卷,人民出版社 2012 年版,第 349 页。

④ 习近平:《扎实推动共同富裕》,《求是》2021 年第 20 期,第 5、6 页。

导致“贫穷的平等”。

（三）倡导第三次分配，支持有意愿有能力的企业和社会群体积极参与公益慈善事业，以募集、捐赠和资助等慈善公益方式对社会资源和社会财富进行分配，不断缩小社会差距

第三次分配，是基于自愿的慈善行为。因此，鼓励第三次分配，应当发挥价值观的文化引导功能，形成和谐、友爱的社会氛围。

第一，要弘扬中华优秀传统文化的仁爱观念。早在春秋时期，墨家就提出：“有力者疾以助人，有财者勉以分人，有道者劝以教人。若此则饥者得食，寒者得衣，乱者得治。若饥则得食，寒则得衣，乱则得治，此安生生。”“有力者”“有财者”之所以能够“疾以助人”“勉以分人”，是基于对同类——无论强弱、贫富——的认可，以及由此而产生的仁爱之心。儒家认为，仁爱是从血缘关系中自然产生的情感，这种情感应随着社会关系的扩大而层层推广，“老吾老，以及人之老；幼吾幼，以及人之幼”，最终可以“兼善天下”。墨家主张“兼爱”。“兼”与“别”相对。所谓“别”，就是区别对待自己与他人、自己的家与他人的家、自己的国家与他人的国家，这就必然导致“处大国则攻小国，处大家则乱小家，强劫弱，众暴寡，诈谋愚，贵傲贱”的后果。墨子认为，要从根本上消除这种交相攻伐的乱象，最好的办法就是“兼以易别”，即“视人之国若视其国，视人之家若视其家，视人之身若视其身”。只要每个人都可以“爱人利人”，就可以实现天下的安定和谐。“仁爱”是中国传统文化的重要观念，弘扬仁爱思想，培养道德情感，是促进慈善事业的重要精神力量。

第二，倡导义利相兼、义重于利的价值观，倡导在共同体的发展中实现个体价值的人生观。孔子曾感叹：“鸟兽不可与同群，吾非斯人之徒与而谁与？”（《论语·微子》）亚里士多德也认为：“人天生是一种政治动物。由于自己的本性而非偶然因素脱离城邦的人，要么是一位可怜的人，要么是一位超人。”① 人是社会性的动物，也只有在社会活动中才能够实现人生的价值，所以儒家主张：“己欲立而立人，己欲达而达人。”（《论语·雍也》）亚里士多德也

---

① ［古希腊］亚里士多德：《政治学》，高书文译，中国社会科学出版社 2009 年版，第 6 页。

主张城邦的幸福与个人的幸福相同。[①] 但在工业革命之后，封建制度被瓦解，人与土地的依附关系被打散。社会关系的变化反映在思想中，就是作为主体的个体观念树立了起来，每个人都成为原子化的个体。在如何处理现代社会中个人利益与集体利益的问题上，西方政治哲学有两种不同的思路：自由主义认为个人权利至高无上，政治社会只是保护个人基本权利的工具；社群主义则试图恢复亚里士多德的哲学传统，强调人与社会、历史、文化传统之间的联系。在这一点上，马克思主义与社群主义的立场是相同的。在《论犹太人问题》中，马克思深刻指出了“人权”与“公民权”的不同：“自由这一人权不是建立在人与人相结合的基础上，而是相反，建立在人与人相分隔的基础上。这一权利就是这种分隔的权利，是狭隘的、局限于自身的个人的权利。”[②] “任何一种所谓的人权都没有超出利己的人，没有超出作为市民社会成员的人，即没有超出封闭于自身、封闭于自己的私人利益和自己的私人任意行为、脱离共同体的个体。在这些权利中，人绝对不是类存在物，相反，类生活本身，即社会，显现为诸个体的外部框架，显现为他们原有的独立性的限制。把他们连接起来的唯一纽带是自然的必然性，是需要和私人利益，是对他们的财产和他们的利己的人身的保护。”[③] 马克思认为，“政治的解放”，也就是平等的自由人权的实现，所承认的不过是人的利己的自由，这不仅没有让人作为类存在与其他人相联结，反而使人与人相区隔，成为原子化的个人。这并不是真正意义上的“人的解放”。笔者认为，应当以马克思主义这一思想为指导，融合中西文化中的社群主义思想资源，建构具有中国特色的现代化的义利观，为互惠互利的理念提供理论基础。

三、平等与效率

平等与效率的关系是现代社会的一个重大问题。一般认为，平等与效率是一对矛盾的概念，追求平等就会影响发展效率，而强调效率势必造成贫富分

---

① ［古希腊］亚里士多德：《政治学》，高书文译，中国社会科学出版社 2009 年版，第 283 页。

② 《马克思恩格斯文集》第一卷，人民出版社 2009 年版，第 41 页。

③ 同上书，第 42 页。

化，因此，学界才有公平优先、效率优先以及公平与效率兼顾等不同观点。笔者认为，如果我们破除平等就是绝对的结果平等这种误解，将共同富裕理解为起点平等、规则平等、权利平等的实质综合，承认平等原则与差异原则的辩证统一，那么平等应当可以成为发展的重要助推力。

（一）平等是社会主义市场经济的内在要求

有一种观点认为，我国在改革开放之前的计划经济时代以平等为原则，所以社会发展的效率较低。这种观点是不符合历史事实的。一方面，在计划经济时代，我国社会是各群体界限十分明确的身份社会，“从全国来讲，全体公民被户籍制度严格地划分为城市和农村两个群体，他们对社会资源的占有权和使用权以及收益的分配权存在巨大的差异。即使城市公民又被区分为干部和一般群众”；另一方面，“计划经济体制里收入分配领域也不是绝对的平均主义。干部群体里有等级薪水制（21 级干部制），企业里存在等级工资制（8 级工资制），农村存在等级工分制，社会上干部的收入和群众的收入也存在很大的差别”。① 可见，计划经济并不能与平等画等号；相反，只有通过社会主义市场经济，才能破除身份社会的禁锢，推动实现人们在起点、机会和财富分配等方面的平等。

党的十一届三中全会之后，邓小平同志提出了“社会主义也可以搞市场经济”的思想；中共十四大提出“要使市场在社会主义国家宏观调控下对资源配置起基础性作用”；十八届三中全会提出“市场在资源配置中起决定性作用，更好发挥政府作用”，对市场的作用做了全新的定位。相比较于计划经济，市场经济要求让生产要素更加自由地流动，提高资源特别是稀缺资源的配置效率。机会平等和规则平等则是完善的市场经济体制的内在要求。在 2022 年世界经济论坛视频会议上，习近平总书记强调：“中国将建设统一开放、竞争有序的市场体系，确保所有企业在法律面前地位平等、在市场面前机会平等。”② 当前，我国的社会主义市场经济体制还存在不少问题，“仍然存在不少束缚市

---

① 孟祥仲：《平等与效率思想发展研究——经济思想史视角》，山东人民出版社 2009 年版，第 193 页。

② 习近平：《坚定信心　勇毅前行　共创后疫情时代美好世界——在 2022 年世界经济论坛视频会议的演讲》（2022 年 1 月 17 日），《人民日报》2022 年 1 月 18 日。

场主体活力、阻碍市场和价值规律充分发挥作用的弊端”①，解决这些问题和弊端，就是要正确处理好市场和政府的关系，在市场上更加贯彻好机会平等、规则平等的原则。

（二）平等是贯彻新发展理念、实现高质量发展的内在要求

当前正值百年未有之大变局，国内外环境都在发生着广泛而深刻的变化，我国的发展面临着一系列的矛盾和挑战。为了解决发展路上的突出问题，党的十八大以来，以习近平同志为核心的党中央科学判断经济形势，提出以“创新、协调、绿色、开放、共享”为主要内容的新发展理念。一方面，全体人民共享发展成果是新发展理念的重要内容，是经济发展的根本目的。另一方面，平等是贯彻新发展理念、实现高质量发展的必要条件。首先，为发展提供稳定的社会环境。习近平总书记指出：“一些国家贫富分化，中产阶层塌陷，导致社会撕裂、政治极化、民粹主义泛滥，教训十分深刻！”②只有防止两极分化，促进共同富裕，才能实现社会长期和谐稳定。其次，为市场提供公平的竞争环境。在市场经济中，贯彻平等原则就是确定保护产权、维护契约、统一市场、平等交换、公平竞争的基本导向，建立统一开放、竞争有序的市场体系，消除束缚市场活力的非经济、非市场的因素。最后，为发展提供高质量的人才。人才是实现民族振兴、赢得国际竞争主动的战略资源。习近平总书记指出：“高质量发展需要高素质劳动者，只有促进共同富裕，提高城乡居民收入，提升人力资本，才能提高全要素生产率，夯实高质量发展的动力基础。”③培养人才，关键要靠教育。当前，我国城乡区域发展上的差距、居民收入之间的差距以及教育、医疗、住房等公共资源配置上的不均，是限制人才发展的重要原因。因此，要促进公共资源分配的均等化，为人人皆可成才、人人尽展其才创造平等机会。

（三）正确认识政府与市场的关系

习近平总书记强调：“政府和市场的关系是我国经济体制改革的核心问

---

① 习近平：《“看不见的手”和“看得见的手”都要用好》（2014 年 5 月 26 日），载习近平：《论坚持全面深化改革》，中央文献出版社 2018 年版，第 105 页。

② 习近平：《扎实推动共同富裕》，《求是》2021 年第 20 期，第 4 页。

③ 同上。

题。……我们要坚持社会主义市场经济改革方向，从广度和深度上推进市场化改革，减少政府对资源的直接配置，减少政府对微观经济活动的直接干预，加快建设统一开放、竞争有序的市场体系，建立公平开放透明的市场规则，把市场机制能有效调节的经济活动交给市场，把政府不该管的事交给市场，让市场在所有能够发挥作用的领域都充分发挥作用，推动资源配置实现效益最大化和效率最优化，让企业和个人有更多活力和更大空间去发展经济、创造财富。”① 这充分肯定了市场在资源配置中的决定性作用。

然而，肯定市场在资源配置中的决定性作用并不是要否定政府的作用，统一开放、公平竞争的市场秩序是不能从市场中自然地产生的，它本身就是政府提供的公共服务的一部分。西方自由主义经济学没有搞明白这个道理，他们向往着一个不受束缚的市场的世界，在这个世界里，“每个人都自由生活、自由工作”，“生产手段私有这个原则完全实现，资本、劳动和货物的流动没有任何障碍，法律、法庭和行政官吏都不歧视任何个体或团体”，他们视政府为“必要的恶”，要求政府尽可能地压缩权力，“只限于保护个人的生命、健康和财产，以免暴力或诈欺的侵害”。② 但事实上，我国正在通过自我革命的方式，加强市场活动监管、完善宏观调控体系、加强和优化公共服务，建设一个更加公平、透明的市场环境。反倒是奉自由主义经济学为圭臬的西方国家，将与中国企业的竞争政治化，为市场竞争设置一些非经济、非市场的“弹簧门”“玻璃门”。因此，政府不在于“大”“小”，而在于是否以人民为中心，是否有为、善治。

第三节 共同富裕与全球正义

贫困和贫富分化是世界性难题。根据统计数据，2015 年，超过 7.36 亿人

① 习近平：《“看不见的手”和“看得见的手”都要用好》，载习近平：《论坚持全面深化改革》，中央文献出版社 2018 年版，第 105—106 页。

② ［奥地利］路德维希·冯·米塞斯：《人的行为》，夏道平译，上海社会科学院出版社 2015 年版，第 629 页。

生活在国际贫困线以下。在新冠肺炎疫情大暴发前，大约 10% 的世界人口生活在极端贫困中，医疗、教育、用水和卫生设施等最基本的需求无法得到满足。基线预测表明，到 2030 年，6% 的全球人口仍将生活在极端贫困中，无法达成消除贫困的目标。而新冠肺炎疫情的全球流行，可能会使全球贫困人口增加 5 亿人，占全球总人口的 8%。这些长期贫困（包括极端贫困）的人口主要分布在非洲、最不发达国家、小岛屿发展中国家、一些中等收入国家以及冲突中和冲突后国家。① 与严重的全球贫困问题相伴随的，是触目惊心的贫富差距。根据瑞士信贷《2021 年全球财富报告》，处于全球财富底层的 50% 人群拥有财富占比不足 1%；全球最富有的 10% 人群拥有全球 82% 的财富，其中，最富有的 1% 人群就拥有近一半（45%）的财富。缓解和消除贫富分化，让世界上所有国家、所有民族都享有平等的发展机会和权利，是实现全球正义的必然要求。

一、以人权为基础的全球正义

所谓人权，就是人之作为人所应当拥有的权利。“在探讨全球正义问题的时候，人权的概念是一个基本概念。简单地说，按照世界主义的道德观念，不管一个人生活在什么国家，属于什么种族，具有什么文化背景，有什么宗教信仰，他都应该得到同等的道德关怀。如果人权的概念旨在保护一个人作为一个人类个体而具有的那种资格，那么从世界主义的观点来看，每一个人的基本人权都应该得到尊重和保护。”② 问题在于，人的基本权利是什么？我们认为，人权不是抽象理论的演绎，它是历史的、具体的、现实的，其基本内涵是平等的生存权与发展权。

（一）人权的历史性

习近平总书记强调：“人权是人类文明进步的标志。”③ 人权并不是“天

① 《消除贫困》，2022 年 7 月 20 日，见联合国官网 https://www.un.org/zh/global-issues/ending-poverty。

② 徐向东编：《全球正义》，浙江大学出版社 2010 年版，编者导言，第 6 页。

③ 《习近平向 2021 · 南南人权论坛致贺信》，《人民日报》2021 年 12 月 9 日。

赋”，而是在历史中生成、在文明发展的进程中不断扩大的。恩格斯指出：“平等的观念，无论以资产阶级的形式出现，还是以无产阶级的形式出现，本身都是一种历史的产物，这一观念的形成，需要一定的历史条件，而这种历史条件本身又以长期的以往的历史为前提。”[①] 恩格斯以西方历史证明了这一论断，他指出：“在自然形成的公社中，平等是不存在的，或者只是非常有限地、对个别公社中掌握全权的成员来说才是存在的，而且是与奴隶制交织在一起的。在古希腊罗马的民主政体中也是如此。一切人——希腊人、罗马人和野蛮人，自由民和奴隶，本国人和外国人，公民和被保护民等等——的平等，在古希腊罗马人看来，不仅是发疯的，而且是犯罪的，它的萌芽在基督教中始终一贯地受到迫害。”[②] 到罗马帝国时期，除自由民和奴隶外的其他差别才逐渐消失，但只要奴隶制依然存在，奴隶就是作为奴隶主的附属物而不是作为人被看待，人的权利平等就不会真正实现。资产阶级革命的爆发摧毁了历史上的一切封建特权和政治垄断权，实现了人与人之间法权上的平等。相较于封建主义，资产阶级的自由民主运动是历史的巨大进步，但西方式的“民主”“自由”并不是历史的终结。首先，在资本主义社会中，封建特权被金钱特权所取代，法律上的平等掩盖了事实上的不平等。就像列宁所指出的，资本主义的民主制度“实质上始终是少数人的即只是有产阶级的、只是富人的民主制度。资本主义社会的自由始终与古希腊共和国的自由即奴隶主的自由大致相同。由于资本主义剥削制度的条件，现代的雇佣奴隶被贫困压得喘不过气，结果都‘无暇过问民主’，‘无暇过问政治’，大多数居民在通常的平静的局势下都被排斥在社会政治生活之外”[③]。对照当今欧美国家的“民主选举”，列宁的论断依然有着鲜活的生命力。其次，资产阶级革命完成后，奴隶制和封建制的残余在资本主义国家依然存在，比如美国的奴隶制直到1864年才在法律上宣告终结。然而，尽管在宪法中奴隶制被取消，但美国对少数族裔的不平等对待依然长期存在。时至今日，白人至上、种族歧视在以美国为代表的西方发达国家中仍然是重要的社会

① 《马克思恩格斯文集》第九卷，人民出版社2009年版，第113页。

② 同上书，第352—353页。

③ 《列宁选集》第三卷，人民出版社2012年版，第189页。

问题。最后，在国际上，西方发达国家利用他们所主导的国际秩序，对第三世界国家进行系统性的剥削，这是当今世界贫困问题和贫富差距问题无法解决的重要原因。而在中国共产党的领导下，中国政府始终坚定不渝地为人民谋幸福，保证人民当家作主，坚持平等共享人权，推进各类人权全面发展，不断实现好、维护好、发展好最广大人民根本利益；在国际事务上，我们弘扬全人类共同价值，践行真正的多边主义，积极参与包括人权在内的全球治理体系改革和建设，推动构建人类命运共同体。这是对资本主义狭隘人权的超越，顺应了人类文明的发展潮流。由此可见，人权是历史的产物，并在历史的发展和文明的进步中不断扩大。

（二）人权的具体性、现实性

马克思主义认为，人不是抽象的，而是现实的、活生生的、特殊的个人。首先，人具有自然性。马克思指出："在实践上，人的普遍性正是表现为这样的普遍性，它把整个自然界——首先作为人的直接的生活资料，其次作为人的生命活动的对象（材料）和工具——变成人的无机的身体。自然界，就它自身不是人的身体而言，是人的无机的身体。人靠自然界生活。这就是说，自然界是人为了不致死亡而必须与之处于持续不断的交互作用过程的、人的身体。所谓人的肉体生活和精神生活同自然界相联系，不外是说自然界同自身相联系，因为人是自然界的一部分。"[①] 受自然规律的制约，人首先要满足衣食住行等基本物质需求才能够生存。因此，人权的最基本的要求就是让人们能够获取基本的生活资料。其次，人具有社会性。马克思指出："人不是抽象的蛰居于世界之外的存在物。人就是人的世界，就是国家，社会。"[②] 人的本质就是社会关系的总和。但是，人的社会性和自然性并不矛盾，相反地，"自然界的人的本质只有对社会的人来说才是存在的；因为只有在社会中，自然界对人来说才是人与人联系的纽带，才是他为别人的存在和别人为他的存在，只有在社会中，自然界才是人自己的合乎人性的存在的基础，才是人的现实的生活要素。只有在

① 《马克思恩格斯文集》第一卷，人民出版社 2009 年版，第 161 页。

② 《马克思恩格斯选集》第一卷，人民出版社 2012 年版，第 1 页。

社会中，人的自然的存在对他来说才是人的合乎人性的存在，并且自然界对他来说才成为人”[①]。因此，人不仅受自然规律的制约，也受社会发展规律的制约。人权是在历史中发生、发展的，生产力和生产关系的相互作用和矛盾运动，形成了历史发展的源动力。所以说，人权不是空洞的口号，而是要通过发展生产力和构建与生产力相适应的生产关系来实现的。在马克思主义的指导下，我国贯彻以人民为中心的发展思想，打赢了脱贫攻坚战，历史性地解决了绝对贫困问题。当前，我国正在扎实推进共同富裕，推动社会向更加公平正义的方向发展。这也是对人类人权事业的巨大贡献。反观某些西方发达国家，以“自由”“人权”为口号，不断发动战争，制造贫困，其实是在践踏人权。

在当今之世界，人权已成为人类的共同价值。但我们必须将共同价值的普遍性与具体性统一起来，认识到人权的具体内涵和现实内容，认识到生存和发展才是最基本的人权。这是消灭全球贫困问题和贫富差距问题的道德依据。

二、殖民地理论视角下的全球贫困问题

一个国家、一个民族的贫困问题是如何产生的？是完全由自身决定，还是应当将其与其他国家、民族的关系也纳入考量？西方著名的自由主义政治哲学家约翰·罗尔斯认为：“一个民族富裕的原因及其所采取的形式，就在于他们的政治文化以及他们用来支持其政治制度和社会制度的宗教、哲学和道德传统，就在于其成员的辛勤劳动和合作才能，而所有这一切都得到了他们的政治美德的支持……一个负担沉重的社会之所以负担沉重，政治文化因素非常重要，[此外]这个国家的人口政策也至关重要。”[②]也就是说，一个国家和民族，无论是富裕还是贫穷，最重要的原因都在它们自身。因此，比较富裕的国家并没有义务援助其他贫穷国家。事实真的如此吗？贫穷的第三世界国家固然应当

① 《马克思恩格斯文集》第一卷，人民出版社 2009 年版，第 187 页。

② 转引自徐向东编：《全球正义》，浙江大学出版社 2010 年版，编者导言，第 16 页。

制定合适的经济政策来保证自身的发展，但发达国家对此就毫无责任吗？并非如此！马克思主义殖民地理论深刻地揭示了强国利用其自身优势系统性地剥削弱国的机制。

在马克思以前，亚当·斯密、李嘉图、韦克菲尔德等资产阶级经济学家就已对殖民地问题展开了研究。但是，他们研究的出发点是如何更有利于宗主国。马克思批判性地吸取了古典政治经济学的合理因素，提出了自己的殖民地理论。马克思根据当时的实际情况，将殖民地分为两种：第一种殖民地是“本来意义的殖民地，例如美国、澳大利亚等地的殖民地”①。在《资本论》中，马克思称之为“自由殖民地”，它们的特征是：“大量土地仍然是人民的财产，因此每个移民都能够把一部分土地转化为自己的私有财产和个人的生产资料，而又不妨碍后来的移民这样做。”②因此，在这种殖民地中，劳动者并没有像已经完成工业革命的国家里那样成为无产的雇佣工人，他们通过劳动为自己增加财富，而不是为资本家增加财富。第二种殖民地则是种植园殖民地。在这里“资本家和土地所有者是同一个人”，资本家使用暴力的手段掠夺原住民的土地，并奴役原住民和买卖的黑人奴隶进行种植园的生产，而这种生产“一开始就是为了商业投机，为了世界市场而生产”。③殖民的过程是非常血腥而残忍的，就像马克思在《资本论》中所说：“在像西印度那样专营出口贸易的种植殖民地，以及在像墨西哥和东印度那样任人宰割的资源丰富人口稠密的国家里，土著居民所受的待遇当然是最可怕的。但是，即使在真正的殖民地，原始积累的基督教性质也是无可否认的。那些节俭的新教大师，清教徒，1703 年在他们的立法会议上决定，每剥一张印第安人的头盖皮和每俘获一个红种人都给赏金 40 镑；1720 年，每张头盖皮的赏金提高到 100 镑；1744 年马萨诸塞湾的一个部落被宣布为叛匪以后，规定了这样的赏格：每剥一个 12 岁以上男子的头盖皮得新币 100 镑，每俘获一个男子得 105 镑，每俘获一个妇女或儿童得 55 镑，

① 《马克思恩格斯全集》第三十四卷，人民出版社 2008 年版，第 335 页。
② 《马克思恩格斯全集》第四十二卷，人民出版社 2016 年版，第 787 页。
③ 《马克思恩格斯全集》第三十四卷，人民出版社 2008 年版，第 336 页。

每剥一个妇女或儿童的头盖皮得 50 镑！数十年后，殖民制度对这些虔诚的清教徒前辈移民的叛逆的子孙进行了报复。在英国人的唆使和收买下，他们被人用短战斧砍死了。英国议会曾宣布，用警犬捕杀和剥头盖皮是'上帝和自然赋予它的手段'。"① 通过对原住民财富的直接掠夺、鸦片贸易，以及"处在有利条件下的国家，在交换中以较少的劳动换回较多的劳动"② 的不公平贸易，宗主国大大缩短了资本原始积累的时间。

当资本主义发展到帝国主义阶段后，殖民活动出现了许多新的现象。列宁、罗莎·卢森堡等根据马克思的相关理论，对殖民地理论作了更加深入的研究。

马克思已经意识到，通过殖民活动，资本主义国家人为地制定了宗主国和殖民地的国际分工：前者是工业国，而后者是为工业国提供农产品的农业国。罗莎·卢森堡发展了马克思的世界分工理论，进一步分析了资本主义和非资本主义社会的结构性关系。罗莎·卢森堡认为："马克思特别着重强调欧洲资本对殖民地国家的掠夺。但是，这一切都只是从所谓'原始积累'的角度来分析的。……当马克思进入资本生产和流通过程的分析时，他又重新申述了他的前提，即资本主义生产占普遍而唯一的统治地位。"③ 她认为，马克思没有意识到在资本积累的过程中资本主义对非资本主义的依赖关系。一方面，非资本主义社会为资本积累提供了增大不变资本和可变资本的物质要素的条件："资本……为得要使积累运动顺利进展，必需要地球上一切地带的自然财富及劳动力。绝大部分的资源和劳动力，事实上还存在于前资本主义生产形态的范围内，——这是资本积累的历史环境——因此，资本就必须热烈要求统治这些领土和社会组织。"④ 另一方面，"剩余价值的非资本主义的购买者之存在，乃是资本及其积累的直接的生存条件。而且，在这个限度内，又是资本积累问题的

---

① 《马克思恩格斯全集》第四十二卷，人民出版社 2016 年版，第 771—772 页。

② 《马克思恩格斯文集》第七卷，人民出版社 2009 年版，第 265 页。

③ ［德］罗莎·卢森堡：《资本积累论》，彭尘舜、吴纪先译，生活·读书·新知三联书店 1959 年版，第 287—288 页。

④ 同上书，第 288—289 页。

决定性力量"[①]。总而言之，资本积累在一切方面都依存于非资本主义的社会阶层及社会结构形态。正是因为资本积累对非资本主义的依存关系，所以在资本主义国家高速发展的过程中，对殖民地的抢夺也愈发激烈，资本主义因而进入帝国主义阶段。罗莎·卢森堡认为："帝国主义是一个政治名词，用来表达在争夺尚未被侵占的非资本主义环境的竞争中所进行的资本积累的。"[②]她认为，资本主义在这里存在着本质性的内在矛盾：一方面，非资本主义是资本主义的立足之地；另一方面，资本主义在扩张的过程中不断地将前资本主义同化。因此，帝国主义是资本主义的最后阶段，它必然在扩张的过程中走向灭亡。尽管罗莎·卢森堡的资本积累理论曾受到布哈林、列宁等其他马克思主义者的批评，其理论的积极因素和错误成分还需要进一步讨论，但她的思想包含着十分深刻的洞见。

列宁的殖民地理论与帝国主义理论紧密相关。列宁认为，在20世纪，资本主义发生了一个重大的转变，这个转变就是"从旧资本主义到新资本主义，从一般资本统治到金融资本统治的转折"[③]。金融资本的统治，是帝国主义的重要特征。在《帝国主义是资本主义的最高阶段》中，列宁深刻地阐述了这个转变的过程。他指出："帝国主义是作为一般资本主义基本特性的发展和直接继续而生长起来的。……在这一过程中，经济上的基本事实，就是资本主义的自由竞争为资本主义的垄断所代替。自由竞争是资本主义和一般商品生产的基本特性；垄断是自由竞争的直接对立面，但是我们眼看着自由竞争开始转化为垄断：自由竞争造成大生产，排挤小生产，又用更大的生产来代替大生产，使生产和资本的集中达到这样的程度，以致从中产生了并且还在继续产生着垄断，即卡特尔、辛迪加、托拉斯以及同他们相融合的十来家支配着几十亿资金的银行的资本。"[④]在帝国主义阶段，占据了垄断地位的少数发达国家更加渴望殖民

---

① ［德］罗莎·卢森堡：《资本积累论》，彭尘舜、吴纪光译，生活·读书·新知三联书店1959年版，第289页。

② 同上书，第359页。

③ 《列宁全集》第二十七卷，人民出版社2017年版，第361页。

④ 同上书，第400页。

地，这出自两个原因：一是为了独自霸占原料产地。列宁指出："最新资本主义的基本特点是最大企业家的垄断同盟的统治。当这种垄断组织独自霸占了所有原料产地的时候，它们就巩固无比了。"[①] 另一个原因是为了输出资本。发达国家积累了大量的"过剩的资本"，由于资本主义国家的本性，这些资本不会用来改善人民的生活水平，而是会"输出国外，输出到落后的国家去，以提高利润。在这些落后国家里，利润通常都是很高的，因为那里资本少，地价比较贱，工资低，原料也便宜"[②]。贷款是资本输出的另一种形式，通过借贷，金融资本不仅可以获取高额的利息，而且同一笔贷款还被用来购买本国的产品。列宁辛辣地讽刺这是"要从一头牛身上剥下两张皮来"[③]。总而言之："帝国主义的趋势之一，即形成为'食利国'、高利贷国的趋势愈来愈显著，这种国家的资产阶级愈来愈依靠输出资本和'剪息票'为生。"[④] 对于金融资本通过资本输出的方式剥削殖民地的分析，是列宁对马克思主义殖民理论的发展和深化。

在当今世界，原来的殖民地国家已经获得政治上的独立，但西方发达国家依然在利用金融资本、科技垄断、军事霸权、文化话语等方式维护自己对原殖民国家的控制与剥削。因此，为了消除贫困问题，实现全球正义，西方国家应当放弃"本国优先"的立场，担负起应有的国际责任。

三、实现世界共同富裕的中国智慧

消灭全球贫困问题，需要新的理念指引。1956 年，中国和印度、缅甸共同倡导了互相尊重主权和领土完整、互不侵犯、互不干涉内政、平等互利、和平共处五项原则，为推动建立更加公正合理的国际政治经济秩序发挥了积极作用。党的十八大以来，中国始终高举和平、发展、合作、共赢的旗帜，反对单边主义、霸权主义。2013 年 3 月 23 日，习近平总书记在莫斯科国际关系学院发表演讲，指出："各国和各国人民应该共同享受发展成果。每个国家在谋求

① 《列宁全集》第二十七卷，人民出版社 2017 年版，第 395 页。

② 同上书，第 377 页。

③ 同上书，第 428 页。

④ 同上书，第 436 页。

自身发展的同时，要积极促进其他各国共同发展。世界长期发展不可能建立在一批国家越来越富裕而另一批国家却长期贫穷落后的基础之上。只有各国共同发展了，世界才能更好发展。那种以邻为壑、转嫁危机、损人利己的做法既不道德，也难以持久。”[①] 只有坚持互相尊重、互利共赢的原则，才有可能在全球范围内实现共同富裕。

（一）和平、发展、合作、共赢的理念，是中国传统智慧的现代体现

中国自古以来就有“和而不同”的思想传统，从现有的文献记载来看，至少在西周末年就已经有了“和同之辨”。据《国语·郑语》记载，周太史史伯说：“以他平他谓之和，故能丰长而物归之；若以同裨同，尽乃弃矣。”“和”，就是不同事物的和谐共生；“同”，则是同质事物的数量堆砌。“和实生物，同则不继。”只有坚持多元性、多样性、差异性，万物才能繁荣滋长。中国文化传统向来主张去同取和。孔子说：“君子和而不同，小人同而不和。”就如烹饪须得五味相济，音乐须得五声和谐，否则，“以水济水，谁能食之？若琴瑟之专一，谁能听之？”只有容许差异，世界才能丰富多彩。因此，在处理国际问题时，中国更加崇尚“以和为贵”“睦邻友邦”“协和万邦”“天下大同”等理念，求同存异，互惠互利。2018 年 11 月 30 日，习近平同志在会见联合国秘书长古特雷斯时强调：“中方始终相信，多边主义是最符合各国人民利益的必由之路。面对层出不穷的全球性挑战，各国除了加强多边合作，没有更好的选择。我提出构建人类命运共同体，倡议共建‘一带一路’，就是在反复思考世界各国应如何在千差万别的利益和诉求中实现共商共享、和而不同、合作共赢。”[②] 这一理念突破了殖民主义、霸权主义的思维方式，为创造人类文明新形态贡献了中国智慧。

（二）和平、发展、合作、共赢的理念，是对中国近代屈辱史的深沉反思

在很长一段历史时期中，中国的物质文明和精神文明都处于世界前列。但鸦片战争后，中国备受西方列强的欺凌与侮辱，经过百年奋斗，才终于建

---

① 《习近平谈治国理政》，外文出版社 2014 年版，第 273 页。

② 《习近平会见联合国秘书长古特雷斯》，《光明日报》2018 年 12 月 2 日。

立了由人民当家作主的新中国。“己所不欲，勿施于人”，基于对历史的惨痛感知，中国始终不渝地走和平发展道路，坚定不移地维护世界和平。1953 年，毛泽东与周恩来明确提出了和平共处五项原则，成为中国处理与其他各国关系的基本原则。1954 年 12 月 11 日，毛泽东同志在同缅甸总理吴努的谈话中强调：“国家不应该分大小。我们反对大国有特别的权利，因为这样就把大国和小国放在不平等的地位。大国高一级，小国低一级，这是帝国主义的理论。一个国家不论多么小，即使它的人口只有几十万或者甚至几万，它同另外一个有几万万人口的国家，也应该是完全平等的。这是一个基本原则，不是空话。既然说平等，大国就不应该损害小国，不应该在经济上剥削小国，在政治上压迫小国，不应该把自己的意志、政策和思想强加在小国身上。既然说平等，互相就要有礼貌，大国不能像封建家庭里的家长，把其他国家看成是它的子弟。不论大国小国，互相之间都应该是平等的、民主的、友好的和互助互利的关系，而不是不平等的和互相损害的关系。”① 这是我国一直奉行不渝的根本原则。在纪念中国人民抗日战争暨世界反法西斯战争胜利 70 周年大会上的讲话中，习近平总书记再次强调：“中华民族历来爱好和平。无论发展到哪一步，中国都永远不称霸、永远不搞扩张，永远不会把自身曾经经历过的悲惨遭遇强加给其他民族。”② 这是中国对世界的庄严承诺。

（三）和平、发展、合作、共赢的理念，是符合世界发展大势的正确道路

科学判断形势，是作出正确决策的前提。早在 2004 年，时任浙江省委书记的习近平同志就深刻指出：“随着经济全球化不断加深，各国在政治、经济、文化、社会生活等方面的相互依赖、相互影响、相互制约日益加强。任何国家、地区的发展，必然是在开放的环境中，在相互竞争和合作中实现的。由于全球范围内自然资源分布的不均衡性、存量的有限性以及开发利用的共享性，需要世界各国、各地区进一步强化全球意识，共同面对和解决全球性问题。”③

---

① 《毛泽东年谱（一九四九——一九七六）》第二卷，中央文献出版社 2013 年版，第 322 页。

② 《习近平谈治国理政》第二卷，外文出版社 2017 年版，第 446—447 页。

③ 习近平：《干在实处　走在前列——推进浙江新发展的思考与实践》，中共中央党校出版社 2006 年版，第 20 页。

当前，由西方发达国家主导的全球化暴露出越来越多的问题，民粹主义、保守主义的呼声高涨，国际社会对经济全球化前景有不少担忧。特别是新冠肺炎疫情暴发后，世界经济深度衰退，经济全球化遭遇倒流逆风，各国面临的不稳定不确定因素增多，风险挑战加剧。一些国家乘机鼓吹“脱钩论”，宣扬供应链国有化、本土化、区域化。只有正确认识世界发展的大势，才能坚定继续全面对外开放、推动世界各国合作共赢。在德国科尔伯基金会的演讲中，习近平总书记强调：“什么是当今世界的潮流？答案只有一个，那就是和平、发展、合作、共赢。中国不认同‘国强必霸’的陈旧逻辑。当今世界，殖民主义、霸权主义的老路还能走得通吗？答案是否定的。不仅走不通，而且一定会碰得头破血流。只有和平发展道路可以走得通。”[①] 因此，我们所要反对的不是全球化，而是要反对建立在殖民文化和霸权主义之上的全球化，是要依循更加公平正义的全球治理规则，推动各国共同繁荣发展。

① 《习近平谈治国理政》，外文出版社 2014 年版，第 266 页。

第三章 历史文化视角下的共同富裕

从历史上看，共同富裕的基本理念是东西方文明的共同追求。遗憾的是，限于历史条件，共同富裕在人类文明史上尚未完全实现过。重新梳理和回顾东西方国家和人民为实现共同富裕的理想而作出的艰苦努力和大胆尝试，有助于我们总结历史经验，吸取历史教训，规避实践风险，使新时代中国特色的共同富裕之路走得更加行稳致远。

第一节 中国古代史上的共同富裕实践

纵观中国历史发展的全过程可以发现，中国的历代政府出于维护自身统治的客观需要，都曾采取过一些抑制贫富差距的措施，颁布过一些在客观上有利于实现共同富裕的政策。当然，广大人民群众为了满足基本的生存需求，也向着共同富裕的目标付出了艰苦的努力。本节拟从政府行为和民众应对两方面阐述中国古代政府和民众追寻共同富裕的基本历程。

一、中国古代政府关于共同富裕的举措

自古以来，中国主要是一个农业大国，农业的发展状况被视为国民经济发展的基础。因此，中国古代政府对共同富裕的追求与实践主要表现在国家对土地的分配、税制的拟定及对新生产工具与生产技术的推广等方面。

先秦时期，据说中原地区曾实行“井田制”。在此制度之下，贵族将土地平均分配给农民耕种，农民无兼并之患，亦无贫富之分。①

秦朝建立后，秦始皇下令“使黔首自实田”，即由民众自主上报所拥有的土地。这标志着私有土地的合法性得到承认，土地可以自由买卖。此后，社会阶层的分化日益明显。据《汉书・食货志》记载，“庶人之富者累巨万，而贫者食糟糠”②，可见当时贫富差距之巨。

刘邦建立西汉后，吸取秦朝速亡的历史教训，采用黄老之学，注重休养生息。《汉书・食货志》云：“天下既定，民亡盖臧……上于是约法省禁，轻田租，什五而税一。”③ 至汉文帝时期，更将田税减为三十税一，有效减轻了农民负担，增加了社会财富。

① 钱穆讲述、叶龙记录整理：《中国经济史》，北京联合出版公司 2013 年版，第 14 页。

② （汉）班固：《汉书》卷 24 上《食货志》，中华书局 1962 年版，第 1126 页。

③ 同上书，第 1127 页。

到汉武帝时期，汉朝的经济发展水平已达到较高水准。汉武帝采取了众多经济手段来促进经济的发展。其中，董仲舒提出了“限民名田”的主张，意图恢复井田之法，较平均地使农民拥有土地，以缩小贫富差距。同时，为调节市场用度、平抑物价，汉武帝实行了平准、均输二法。所谓“平准法”，即发挥政府调节物价的职能，“贵即卖之，贱则买之”，使“富商大贾无所牟大利”，从而保持物价相对稳定。[①]而“均输法”则是将政府原来自商贾手中购买的货物改作贡赋输送到京师。其中，部分朝廷不需要的货物，则由均输官运到卖价高的地方出售，将钱交回国库，以避免商贾从中渔利，增加国库收入。除此之外，武帝亦行算缗、告缗之法，抑制大商人囤积财富，恶意提高物价。汉武帝所采取的系列经济政策，虽然目的主要是抑制商贾，增强国力，但在客观上为农民的生产生活提供了相对有利的发展环境。

西汉末年，王莽专权。他意图通过行均田、废奴婢等手段缓和社会矛盾，缩小贫富差距，从而巩固自身统治。虽然王莽的举措未能收到他所期望的效果，但对后世度田、诏免奴婢等措施的出台产生了深远影响。

东汉初年，汉光武帝效仿汉高祖，重新推行黄老之道。就其具体措施而言，自建武二年（26年）至十四年（38年），光武帝六次下诏令释放奴婢。针对西汉末年遗留的土地问题，建武十五年（39年），光武帝下令“度田”，命各州郡清查人民占有田地数量和户口、年岁，以期限制豪强兼并土地和畜养奴婢的人数。对于“度田不实”的河南尹张伋等诸郡守十余人“皆下狱死”。[②]光武帝的系列措施虽然最后由于豪族的反抗未能收取全功，但也有一定的进步意义。

东汉末年，由于战乱频仍，饥荒连年，缺粮成为最大的社会问题。曹操认为，“夫定国之术，在于强兵足食，秦人以急农兼天下，孝武以屯田定西域，此先代之良式也”[③]。于是，他在州郡遍置田官，推行屯田制。他将收降的黄巾士卒、家属及大量流民加以编组，扩大屯田事业，鼓励民众从事农业生产，使

---

① （汉）司马迁：《史记》卷30《平准书》，中华书局1959年版，第1441页。

② （南朝宋）范晔：《后汉书》卷1《光武帝纪》，中华书局1965年版，第66页。

③ （晋）陈寿：《三国志》卷1《武帝纪》，中华书局1959年版，第14页。

得“仓廪皆满”，为曹魏实力的壮大奠定了经济基础。[1] 当然，屯田制的推行虽然使得百姓安定，但却带有战时性质。百姓并未因为获得土地而安居乐业，反而受到严重的剥削。屯田制将屯田客变为国家的农奴，不仅为百姓带来沉重的劳作负担，更使“客”的身份进一步卑微化，人身自由进一步被束缚。[2]

两晋时期，政府推行占田制，即规定对土地占有的数量。《晋书》记载：

> 男子一人占田七十亩，女子三十亩……其官品第一至于第九，各以贵贱占田，品第一者占五十顷，第二品四十五顷，……而又各以品之高卑荫其亲属，多者及九族，少者三世。[3]

占田制若能切实施行，一定程度上似乎有利于实现相对平等，但实际执行情况往往不尽如人意。自耕农不一定能获得制度规定的受田数，却要承担足额的赋税；官员占田数普遍远高于诏令规定。同时，由于荫客的合法化，无力缴税的自耕农大量沦落为佃户，人身依附关系加强，地位接近于农奴，由此造成国家财政收入不足，大量钱财集中于士族门阀之手。占田制贯穿于整个东晋南朝，与门阀士族制相表里，始终未曾改变社会贫富差距极大的局面。

北魏以来，最主要的土地制度是均田制。北魏政权面对人民流散、豪右兼并、财政枯竭的局面，萌生了推行“均田”的想法。朝廷首先致力于整理户籍，将豪族荫蔽的人口纳入国家户籍，承担国家赋役。随后按照“诸男夫年十五以上，受露田四十亩，妇人二十亩，奴婢依良”，“诸初受田者，男夫一人给田二十亩，课莳余，种桑五十树，枣五株，榆三根。奴各依良”的条文进行授田。其中，“露田”在本人死后应归还国家进行再次分配，而桑田则作为世业不再归还。[4] 北魏之所以推行均田制，其实质并不在于平均分配土地，而是要将门第社会中之豪强荫户纳入国家税收体系，希望改变原有的依靠强宗大族所形成的政策。就均田制的实行来看，田产分配并不平均，百姓仍然受到相当

---

① 钱穆讲述、叶龙记录整理：《中国经济史》，北京联合出版公司 2013 年版，第 115 页。

② 关于“客的卑微化”，参唐长孺：《魏晋南北朝隋唐史三论》，武汉大学出版社 2013 年版，第 25—31 页。

③ （唐）房玄龄等：《晋书》卷 26《食货志》，中华书局 1974 年版，第 790 页。

④ （北齐）魏收：《魏书》卷 110《食货志》，中华书局 1974 年版，第 2250 页。

程度的剥削。但均田制试图将百姓从豪右手中解放出来，并给予其自立的资本，以求百姓生活无虞，从而稳固国家统治，客观上有利于实现共同富裕的理想。也正是由于自北魏开始执行的均田制对于安定社会、富国强兵颇有成效，因此为北齐、北周乃至隋唐王朝所沿用。

隋朝国祚虽短，但经济发达，人口繁盛。这与隋文帝注重轻徭薄赋、藏富于民有很大关系。人口的繁衍带来的问题是人民无法足额受田。文帝初期，太常卿苏威曾“欲减功臣之地以给民”，却被大司徒王谊以“百官者，历世勋贤，方蒙爵土，一旦削之，未见其可”为由反驳，可见减田难度之大。①

唐初，面对天下初定、土地荒芜的现实，改革均田制，每丁给田80亩，每家100亩，给予了人民最低限度的生活保障，在一定程度上促进了平均地权的实现。② 这种重视人民生活最低保障的思想带有原始的共产主义色彩。盛唐时代，普通民众的生活相对安定舒适。杜甫有诗曰：“忆昔开元全盛日，小邑犹藏万家室。稻米流脂粟米白，公私仓廪俱丰实。”③

宋代政府“均贫富”的系列举措主要体现在设置常平仓，推行“青苗法”，完善社会保障和社会救济制度等方面。

“均贫富”是宋代处理土地问题的主旋律。为此，宋代多次实行了“括田”和“限田”，其中较典型的如宋真宗咸平三年（1000年）的“均畿内田税”④、宋仁宗景祐时郭谘实行的“千步方田法”⑤、神宗时王安石推行的“方田均税法”⑥、徽宗时蔡京施行的“方田法”⑦、杨戬施行的“公田法”⑧、高宗时李

---

① （唐）魏征、令狐德棻：《隋书》卷40《王谊传》，中华书局1973年版，第1169页。

② 钱穆讲述、叶龙记录整理：《中国经济史》，北京联合出版公司2013年版，第192页。

③ （唐）杜甫：《忆昔二首》，（清）彭定求等编：《全唐诗》卷220《杜甫五》，中华书局1999年版，第2328—2329页。

④ （元）脱脱等：《宋史》卷6，《真宗一》，中华书局1977年版，第113页。

⑤ （元）脱脱等：《宋史》卷174，《食货上二》，中华书局1977年版，第4207页。

⑥ （元）脱脱等：《宋史》卷15《神宗二》，中华书局1977年版，第282页。

⑦ （宋）马端临：《文献通考》卷5《田赋考五》，中华书局2011年版，第123页。

⑧ （宋）马端临：《文献通考》卷7《田赋考七》，中华书局2011年版，第167页。

椿年施行的“经界法”[①]、理宗时贾似道施行的“公田法”[②]等。此外，宋廷还针对品官多次实施了“限田法”。这些措施在保证国家的赋税收入的同时，对土地兼并加以适当限制，避免了土地高度集中，保持财富相对均衡。利用上述举措，宋廷得以部分解决因土地兼并、财富不均所引发的社会动荡风险。

宋代的常平仓制度也是政府控制贫富差距的一种手段。有学者认为，宋代的常平仓在调节谷价、赈济灾民时，不向农民收取利息等费用，因此更容易受到农民的欢迎，在抑制大地主、大商人囤积居奇、贱买贵卖、操纵粮价、坑害农民方面发挥了一定的作用。[③]相较于前代，宋代的常平仓除平籴平粜外，还增加了兴修水利、修筑城寨、镇压夷变、上供国库、救济流民、消盗贼、助育儿、贷粮种、养乞丐、设政区、赈降人、援旁郡等诸多济世惠民的新职能。这在一定程度上反映了宋代政府有意识地通过贷款赈济等方式救助穷苦百姓，以弥补贫富不均带来的不利影响。

在王安石变法中，“青苗法”的施行可谓意义深远，其中蕴含的经济思想值得肯定。[④]“青苗法”创立的目的主要可以概括为以下四个方面：一是运用货币借贷，适时调节粮价，弥补常平仓和广惠仓的不足，切实保护农户利益；二是在青黄不接时，通过向农户发放一定数额的贷款，使农户度过困境；三是抑制地主豪强兼并贫苦农民土地的行为，同时打击高利贷者，避免农民再次背上高利贷的负担；四是平抑粮食价格，使国家得以有效掌控粮食市场的价格走势。[⑤]从立法意图上来看，“青苗法”考虑到了解决贫苦农户疾苦、国家宏观调控经济、抑制土地兼并的问题。可以说，从立法目的上看，“青苗法”是一部有利于人民缓解贫困，助力生产生活，促进农业持续发展的良法。[⑥]

---

① （宋）马端临：《文献通考》卷5《田赋考五》，中华书局2011年版，第118页。

② （元）脱脱等：《宋史》卷173《食货上一》，中华书局1977年版，第4194页。

③ 方宝璋：《略论宋代青苗法的弊端》，《江西财经大学学报》2008年第5期，第94页。

④ 江剑：《北宋青苗法研究》，山东大学硕士学位论文，2011年，第31页。

⑤ 王曙光：《农村信贷机制设计与风险防范：以王安石青苗法为核心》，《长白学刊》2009年第1期。

⑥ 江剑：《北宋青苗法研究》，山东大学硕士学位论文，2011年，第3—6页。

“不抑兼并”是宋代土地政策的基本方向，但这并不意味着“放任兼并”或者可以任意买卖土地。具体来说，政府为防止那些“兼并之徒”侵占、兼并贫民土地，尽量使用多种法律手段控制土地交易的规模和频次。因此，“不抑兼并”的政策从一开始就是一种在“均贫富”的基础上实行的大土地所有制。[①] 土地由此成为合法商品，避免了大肆兼并，在一定程度上对维护中下层农民的利益起到了积极作用，从根本上推动了宋代商品经济的快速发展。

宋朝的社会保障涉及面比较广泛，主要包括以下三大人群：一是自然灾害造成的灾民、饥民和流民。据李华瑞统计，北宋各类自然灾害共发生 1113 次，南宋发生 825 次，合计 1938 次。灾荒年间饥民和流民人数众多，从数千、数万至数十万乃至上百万，有统计的峰值达 250 余万人。[②] 二是弱势群体，即无人供养的鳏寡孤独者。三是贫困不能自存者和乞丐。

宋代的社会保障机构主要包括以下几方面。一是官府经营的仓储救助机构。如在京诸仓，诸州都仓、县仓，转般仓（大军仓），隶属中央官府的常平、义仓，以及地方临时设置的平粜、平籴、州储、均籴、州济等仓。二是官民互济的社仓。由朱熹创立的社仓制度与“青苗法”“耕敛补助，裒多补寡而抑民豪夺之意也”的主旨颇为相近，也有“摧抑兼并”的意味。三是社会救济福利制度及机构。如养老济贫的居养院、医疗救助机构安济坊、助葬机构漏泽园等。通过这些制度和机构，宋代建立起较为完善的社会保障体系，对贫苦百姓进行相对全面的保障。上述举措对于改善贫富不均，提高人民生活水平无疑具有积极意义。

元代自忽必烈立国中原起，承袭了历代中原王朝以“农桑为急务”的思想，颁布《农桑辑要》，大力发展农业生产。[③] 元代在各行省或路府派官吏负责地方省仓、常平仓。社或村乡担任各乡社经营义仓的掌管者，致力于防御灾荒，维持农业生产的顺利开展。在赈济和救荒方面，元代的各级政府部门如中

---

① 姜密：《论宋代“不抑兼并”的土地政策与均贫富》，《唐山师范学院学报》2020 年第 1 期，第 61 页。

② 李华瑞：《宋代救荒史稿》，天津古籍出版社 2014 年版。

③ 汤标中：《元代忽必烈的商业政策》，《北京商学院学报》1997 年第 1 期，第 56 页。

书省及其所属户部、大司农司，以及行中书省、路、府、州、县及属于监察系统的御史台、行台、肃政廉访司等都负有赈灾之责。这些举措有利于农业生产的持续发展，直接影响社会安定和经济进步。

明朝中期正处于中国封建社会走向衰落的时期，土地兼并随着封建土地私有制的发展而加剧。占人口少数的地主阶级占有绝大多数的土地，占人口绝大多数的农民阶级则仅占有极少数量的土地，社会两极分化严重，阶级矛盾极为尖锐，许多农民被迫成为流民。为缓解贫富差距过大的严重社会问题，"一条鞭法"应运而生。

张居正提出的"一条鞭法"对当时的社会发展起到了积极推动作用。首先，"一条鞭法"的实行以清丈土地和户丁为基础。一大批被大地主隐瞒的土地被清查出来，有效扩大了赋税的负担面，在一定程度上减轻了贫苦农民的负担，进而使尖锐的社会矛盾有所缓和，扭转了"私家日富，公室日贫"，政府财政困窘的危急局面，使社会趋于稳定。同时，"一条鞭法"通过简化赋税的名目和征收手续，有效减少了各级官吏巧立名目、敲诈勒索的机会，客观上减轻了贫苦农民的负担。"一条鞭法"较好地缓和了社会矛盾，增加了明朝的财政收入，在一定程度上挽救了明朝的统治，促进了资本主义萌芽的兴起和发展。①

清代的"摊丁入亩"是中国古代史上最后一次相对广泛、彻底的经济制度改革。此次改革带有浓烈的"恤民"思想，对于减轻农民负担，控制地主特权，缓和社会矛盾具有积极意义。

"摊丁入亩"制度废除了延续千年的人头税，将土地占有量作为赋税征收的依据，改变了我国长期以来因丁、地分征而出现的赋税不均状况，减轻了无地和少地农民的税收负担，同时取消了官绅阶层免缴丁银的特权，在一定程度上起到了均衡税负、减轻农民负担的作用。因而，"摊丁入亩"之制"实与贫民有益"而"有力之家非所乐"。② 同时，"摊丁入亩"制度以康熙五十年

① 袁晨凯：《论张居正改革及对现实社会的启示——以"一条鞭法"为例》，《文化创新比较研究》2017 年第 7 期，第 125 页。

② 戴舒菴：《天台治略》（康熙六十年刊本），台湾成文出版社 1970 年版，第 538 页。

（1711年）的丁册为常额，采用固定全国丁税总额的方法，巧妙地分割了赋税问题与人口问题，不仅稳定了税收收入，也对地主转嫁丁银、苛剥百姓的行为作出了限制。①

“摊丁入亩”制度实施后，无地农民不再需要承担苛重的丁银，可以离开原籍，自谋生路，自主选择从事手工业或商业。这进一步促进了人口的自由流动，客观上为工商业发展提供了有利条件，史称“自后丁徭和地赋合而为一，民纳地丁之外，别无徭役矣”②。富民群体虽“拥赀千万，食指千人”，但只要“不服田亩，即公家一丝一粟无与焉”③。这一状态极大地促进了清代商品经济的发展。

“摊丁入亩”既是对明代“一条鞭法”的继承和发展，也是顺应经济社会发展趋势的必然结果。这次改革进一步减轻了广大中下层劳动人民的税收负担，相对科学地简化了税制，有效缓和了社会矛盾和劳动人民的切实需要，适应了商品经济发展的客观要求。

二、中国古代民众对于共同富裕的追求

中国古代民众对于共同富裕的追求，集中体现在历次农民战争中。纵观中国古代的农民战争，其发生的根本原因是民众最基本的生产生活需要受到严重威胁，得不到应有的保障。在此情形下，百姓被迫采取最激烈的反抗方式，形成所谓的“农民起义”。

秦末农民起义是我国历史上第一次大规模的农民起义。秦二世即位后，大兴土木，导致“百姓愁苦，同心而患秦”④。陈胜、吴广因大雨“失期”，罪责当死，因此揭竿而起，揭开了秦末农民起义的序幕。⑤陈胜、吴广领导的农民起义军，兵锋直指秦王朝的各级政权，解救“苦秦久矣”的人民于水深火热

① 黄天华:《中国税收制度史》，华东师范大学出版社2007年版，第568页。
② （清）赵尔巽:《清史稿》卷121《食货二》，中华书局1976年版，第3546页。
③ （清）王庆云:《石渠余纪》，北京古籍出版社1985年版，第77页。
④ （汉）桓宽:《盐铁论校注》卷4《褒贤》，王利器校注，中华书局1992年版，第242页。
⑤ （汉）司马迁:《史记》卷48《陈涉世家》，中华书局1959年版，第1949页。

之中。全国各地区、社会各阶层纷纷响应，反秦势力如燎原之火，动摇了秦王朝的统治。但是，其所建立的“张楚”政权作为我国历史上第一个农民革命政权，并未提出完整的革命纲领，对百姓急需的生存生活问题未进行详尽部署，领导阶级自身意志也不够坚定，因此迅速走向失败。

西汉初年，实行郡国并行制，分封了一大批具有特权的诸侯王。汉武帝行“推恩令”，虽然消除了诸侯王的政治威胁，但是他们在经济方面仍然享有“衣食租税”的特权并且世代相袭，成为“豪强并兼之家”。特权阶层疯狂兼并自耕农的土地，使自耕农大量破产，或逃亡，或沦为“奴客”。直至王莽施行新政，进一步加剧了社会危机，引发了大规模的农民起义。此时的农民起义仍同大泽乡起义一样，处于农民战争史的幼年阶段，阶级关系发展不充分，斗争水平也只停留在劫夺豪强粮食以求生的水平上，而“无攻城徇地之计”。①如果将西汉末农民起义与秦末农民起义相比较，那么相同之处在于都提出了如“杀人者死，伤人者刑”或“杀人者死，伤人者偿创”等口号，表现出了早期农民起义反对人身奴役、争取生存权利的平等、平均思想。②

东汉末年，巨鹿人张角领导了黄巾起义。张角自称“天公将军”，其弟张宝、张梁称“地公将军”“人公将军”。黄巾军主张财产公有、追求共同富裕的诉求浮出表面。其所利用的《太平清领书》，反映了农民对于平均、平等的渴望和要求，提倡在经济上“此财物乃天地中和所有，以共养人也”，即财富本是用以养活天下人的，富人有“周穷救急”的义务。③在政治上，他们提出“天地施化得均，尊卑大小皆如一，乃无争讼者”，即只有实现平等、平均的原则，社会才能无争讼、无冤枉。④

魏晋南北朝时期，农民起义更为频繁。东晋末年的孙恩、卢循起义就是其中的代表。晋隆安三年（399年）十月，孙恩率百余人“攻上虞，杀县令”。

---

① 谢天佑、简修炜：《中国农民战争简史》，上海人民出版社1981年版，第89页。

② 刘清阳：《论中国古代农民起义中的平等平均思想》，《西北大学学报（哲学社会科学版）》1995年第2期。

③ 王明编：《太平经合校》卷67《六罪十治诀》，中华书局2014年版，第255页。

④ 王明编：《太平经合校》卷119《道祐三人诀》，中华书局2014年版，第701页。

十一月，袭会稽。孙恩的行动迅速引燃了江东八郡的革命烈火。广大佃客、奴婢、部曲、破产流亡农民、被征发充兵役的“免奴为客”者和一些自耕农都大量涌进起义队伍。起义军占据广州后，“分饷未周遍，文武则不食也。其仁如此”。[①]农民起义军将共同富裕的愿望和理论付诸实践，把矛头指向封建制度，力图从行动上体现“均贫富，等贵贱”的口号，这是非常难能可贵的。[②]

隋初，国家重归一统，国库充盈，人口繁盛，社会呈现欣欣向荣的景象。然而，隋炀帝即位后，滥用民力，穷兵黩武，让原本富足的百姓生活受到沉重徭役的威胁，随之而来的就是隋末农民战争。大业十三年（617年），河南地区遇到春荒，百姓家中粮食颗粒不剩，饥馑使人民面临死亡。可是，隋王朝在河南的官仓里屯粮堆积如山，却不肯赈济饥民。在这种形势下，瓦岗军决定攻取兴洛仓，一方面解决军粮问题，另一方面可以开仓济民，扩大队伍。瓦岗军夺取兴洛仓后，立即开仓分粮，让远近百姓领取粮食。一时之间，奔往兴洛仓的群众，“老弱襁负，道路不绝，众至数十万”[③]。夺取粮仓虽然还不是解决军粮和救济贫民的长久之计，但是在一定时间内，确实起到了鼓舞广大群众革命热情的作用。[④]

隋末农民起义不仅摧毁了隋王朝，而且比两晋南北朝时期的农民起义以更宏大的规模、更深刻的程度，进一步扫荡了世家豪族及其赖以生存的庄园经济和门阀制度。起义军“得隋官及士族子弟，皆杀之”，故世家豪族望风而逃。[⑤]作为世家豪族主要力量的“关东魏、齐旧姓”“皆沦替”，而“燕赵右姓”“多失衣冠之绪”。[⑥]在隋末农民起义之后，世家大族“名虽著于州闾，身未免于贫贱”，社会政治影响大大下降。[⑦]被世家豪族控制的奴婢附户，都一时冲破了羁绊，部曲、佃客、荫户之类的人身依附关系松弛了。世家豪族作为

① （宋）李昉等：《太平御览》卷280《兵部》，中华书局2000年版，第1730页。

② 张景贤：《中国封建社会农民思想初探》，《河北学刊》1982年第6期。

③ （后晋）刘昫：《旧唐书》卷53《李密传》，中华书局1975年版，第2211页。

④ 谢天佑、简修炜：《中国农民战争简史》，第140—141页。

⑤ （宋）司马光：《资治通鉴》卷183《隋纪》，中华书局1956年版，第5715页。

⑥ （后晋）刘昫：《旧唐书》卷82《李义府传》，中华书局1975年版，第2769页。

⑦ （宋）王溥：《唐会要》卷83《嫁娶》，中华书局1960年版，第1528页。

当时封建生产关系中最顽固、最腐朽、最反动的势力，遭到了致命的打击，造成魏晋南北朝以来分裂局面的经济基础和政治势力被基本上摧垮了。

唐乾符元年（874 年），濮州人王仙芝领导农民起义；次年，冤句人黄巢聚众应之。王仙芝自称“天补平均大将军兼海内诸豪都统”，黄巢称“冲天大将军”。二人以此为号，表明社会上普遍的不平均、不平等是其主要斗争对象。农民起义军的主要目的正是“补”平均。① 这些称号直接表明了唐末农民起义的目的就是打破和铲除地主阶级的剥削压迫所造成的不平等。② 起义军曾发布檄文，“言吏贪沓，赋重，赏罚不平”③。这表明唐末农民起义中平等、平均思想又发展到一个新水平，已由要求减轻人身依附关系开始深入土地所有制这个核心问题，即调整土地占有情况。比之前代，他们对“均平富”的追求更加明确。④

唐末农民起义如此强调“平”，其目标实指均税。⑤ 中唐以后，均田制被破坏，税收不均，以至于“人小乏则取息利，大乏则鬻田庐。敛获始毕，执契行贷，饥岁室家相弃，乞为奴仆，犹莫之售，或缢死道途”⑥。士大夫阶层多次提出的“均平”主张都直指均税。虽然正史对唐末农民起义的记载多有污蔑，但仍能寻找出和“均平”相关的举措。其一，抢夺浮财，烧庐杀富。如庞勋起义“掠诸道贡献及商人货”，“乃敛富室及商旅财，什取其七八，坐匿财夷宗者数百家”⑦。黄巢“广侵田宅，滥渎货财”⑧。其二，唐末起义军曾多次施金分粮，

① 刘清阳：《论中国古代农民起义中的平等平均思想》，《西北大学学报（哲学社会科学版）》，1995 年第 2 期。

② 郑昌淦：《中国古代农民在革命战争中所建立的政权的性质问题》，《历史研究》1962 年第 2 期。

③ （宋）欧阳修、宋祁：《新唐书》卷 225《黄巢传》，中华书局 1975 年版，第 6451 页。

④ 孟祥才：《重新审视中国封建社会的农民、农民起义和农民战争》，《山东大学学报（哲学社会科学版）》2003 年第 6 期。

⑤ 王大华：《论均平在唐末农民战争中的经济内容》，《陕西师大学报（哲学社会科学版）》1982 年。

⑥ （宋）欧阳修、宋祁：《新唐书》卷 52《食货志》，中华书局 1975 年版，第 1357 页。

⑦ （宋）司马光：《资治通鉴》卷 251《唐纪》，中华书局 1976 年版，第 8120、8137 页。

⑧ （清）董诰等：《全唐文》卷 767《讨巢贼檄》，中华书局 1983 年版，第 7981 页。

赈济饥贫。如黄巢起义“累年为盗，行伍不胜其富，遇穷民于路，争行施遗”[①]，“贼见穷民，抵金帛与之”[②]，“见贫者，往往施与之”[③]。唐末农民起义是一场前所未有的均平运动，农民军劫富济贫，锄强扶弱，表现出非同一般的斗争性。

宋代民众对于共同富裕的追求首先体现为农民阶层的抗税斗争，如抗租抗粮、谎报产量、假报灾荒等。南宋嘉泰年间，嘉兴府德化乡的钮七“常恃顽抵赖主家租米”。其弟钮十二则“藏谷于家”，并假装歉收，以逃避交租。[④]宋理宗景定四年（1263年），“租入之时，佃不乐输，民有逃去”[⑤]。当然，也有部分佃农为争取与其生存直接相关的利益，会采取公开对抗的暴力方式，如宋初中小工商业者王小波、李顺之变，北宋末方腊起义，以及南宋茶商赖文政起义等。他们对朝廷的反抗，表达了当时广大工商业从业人员渴望相对自由地发展商品经济的朴素愿望。这些起义虽然以失败告终，但使官府在某项政策，特别是在某地某种商品专卖政策上作出了些许让步。淳化四年（993年），王小波、李顺起义提出“吾疾贫富不均，今为汝辈均之”[⑥]；建炎四年（1130年），钟相、杨么明确提出要“等贵贱、均贫富”[⑦]。可见，两宋时期的民众反抗斗争，主要是围绕着经济政治上的“均贫富”而展开的。

元朝统治时期，人民反抗统治阶级剥削压迫，争取合理权益的斗争始终没有停止过。其中，元末刘福通领导的红巾军起义具有一定代表性。1355年，刘福通拥号称是宋徽宗之后的韩林儿登基于亳州。实际上，元末社会对于赵宋王朝并不具有广泛而强烈的怀旧感和复兴热情。所谓“复宋”口号不过是为争取自身利益、反对元朝统治的借口。

表面上遵从宋政权而实际上自治的朱元璋就先后打出了“拨乱救民安天下”和“驱逐胡虏，恢复中华，立纲陈纪，救济斯民”的政治旗号。当然，朱

---

① （后晋）刘昫：《旧唐书》卷200《黄巢传》，中华书局1975年版，第5393页。

② （宋）欧阳修、宋祁：《新唐书》卷225《黄巢传》，中华书局1975年版，第6458页。

③ （宋）司马光：《资治通鉴》卷254《唐纪》，中华书局1976年版，第8240页。

④ （宋）鲁应龙：《闲窗括异志》，上海古籍出版社1995年版，第81页。

⑤ （元）俞希鲁：《至顺镇江志》，江苏古籍出版社1999年版，第523页。

⑥ （元）脱脱等：《宋史》卷276《樊知古传》，中华书局1971年版，第9396页。

⑦ （宋）李心传：《建炎以来系年要录》卷276，中华书局2013年版，第9396页。

元璋的吴政权也实行过一系列打击地主经济的政策，以缩小贫富差距。如浙东人民在起义军到来之前就奋勇起义，夺取了当地一些大地主的财产，使他们家中“肖然四壁”。朱元璋带领起义军到来后，继续支持了当地民众的自发行为，从经济和政治上惩治了一些大地主。朱元璋登基后，首先，下令“各处人民，先因兵燹遗下田土，他人开垦成熟者，听为已业”①。这体现了朱明政权对战争时期民众自行占有的地主土地给予正式的承认和保护。其次，朱元璋推行了无偿征用地主土地的政策。朱元璋建立吴国后，设立了营田司，命诸将于龙江等处屯田。军士屯种的土地主要是官荒地，但也有部分是地主的土地。如总制处州军民事务的王恺就曾因荒田不敷使用而征用地主土地。军士无偿征用地主土地进行屯田，乃是朱元璋实施的一项争取农民权利，缩小贫富差距的政策。再次，朱元璋还实行了开仓赈贫、发放贷粮的经济措施。总之，朱元璋的系列政策举措是对原有的地主土地所有制的一种积极破坏，在一定程度上反映和接纳了民众追求共同富裕的根本愿望。②

明末，政治腐败、经济衰退、战乱频仍等多重因素相互交织，最终催生了明末农民大起义。在明末众多起义队伍中，李自成部一开始只是闯王高迎祥部下的一个分支。李自成之所以能够在十数年间迅速脱颖而出，成为起义军中的佼佼者，并最终建立大顺政权，攻占北京，自有其成功的必然性。我们认为，其中的核心因素是李自成成功获得了民心的归附。针对民众对于明廷沉重的“三饷”负担的不满情绪，他提出了“闯王来了不纳粮”的口号，迅速获得普通民众的广泛拥护，史称“远近饥民，荷旗而往应之者如流水，日夜不绝。一呼百万，而其势燎原不可扑”③。李自成为进一步赢得民心，又大肆宣传所到之地“三年免征”，进一步赢得了民众支持。④此时，李自成军起义军俨然已

① （明）申时行等:《大明会典》卷 17《户部·田土》,《续修四库全书》，上海古籍出版社 2002 年版，第 290 页。

② 冯尔康:《论朱元璋农民政权的“给民户由”》,《历史研究》1978 年第 10 期，第 92—93 页。

③ 郑廉:《豫变纪略》卷 3，浙江古籍出版社 1984 年版，第 73 页。

④ 计六奇:《明季北略》卷 17《彭琯奏》，中华书局 1984 年版，第 423 页。

经成为一支“专为救民”的正义队伍。崇祯十三年（1640年）以后，李自成起义军主要靠攻打大城市，没收明朝官府、藩王及城内官员、富户的财产来补充军需。李自成起义军的没收政策在相当长的一段时间内延缓了内部人口与资源矛盾的爆发，赢得了人民的支持。

清代，传统的平均主义思想在太平天国起义爆发后达到了顶峰。太平天国在其颁布的纲领性文件《天朝田亩制度》中明确提出，要建立一个“处处平均”的人间天国，提倡“凡天下田，天下人同耕”。在财富分配方面，要实行“人人不受私、物物归上主”的圣库制度。这些举措无不蕴含着深厚的平均主义思想。[①] 在太平天国政权的政策支持下，许多农民或是自发占有逃亡地主的土地，或是拒绝再向地主交租，甚至公开逼迫地主减租减息。如澧县、松滋等县的农民“勒典减息，勒田主减租，勒增雇工工价”。江苏许多州县的农民抗交租谷，殴打收租逼债的人员，火烧地主房屋。广西永淳十三屯在杨隆盛、黄可经领导下掀起抗租运动，“攻杀业主”，使其纷纷“挈家逃亡”。[②] 石达开回师广西时，玉林、宜山等地的地主大批逃亡，农民纷纷起来“收割本方田禾”。[③] 所有这些农民的反抗活动对封建土地所有制产生了猛烈冲击，严重地破坏了统治秩序，充分体现了广大民众对经济平等的不懈追求。

近代以来，在中国共产党的坚强领导下，中华民族朝着共同富裕的目标迈出了更为坚实的步伐。相关论述详见本书第四章，兹不赘述。

第二节　西方国家关于财富均衡的追求与实践

对“共同富裕”的追求，不仅植根于中华文化的基底之中，也能够在西

① 赵东星：《论〈天朝田亩制度〉中土地分配方面的平均主义思想》，《农村农业农民》2020年第8B期，第51页。

② 《太平天国革命时期广西农民起义资料》编辑组：《太平天国革命时期广西农民起义资料》下册，中华书局1978年版，第307页。

③ 饶任坤：《如何评议〈天朝田亩制度〉中的平均主义》，《史学月刊》1985年第5期。

方文明发展史上寻得某些类似的文化因子。从历史上看，西方国家的学者和政客都曾提出过一些类似“扶贫济困”“社会公平”“财富均衡”的口号、理论和机制。这些思考和举措对于促进社会发展进步，改善民众生活状况，缩小贫富差距都曾发挥过一定的积极作用，代表了西方文明对于“共同富裕”理念的独特理解和不懈追寻。

一、西方文化视角下“共同富裕”的历史渊源

“共同富裕”虽然是中国共产党人在马克思主义的科学指导下提出来的创新理论与实践成果，但在西方文化传统中早就存在关于财产所有制、分配与再分配、社会福利等问题的研究与讨论。

“经济”（economy）一词，最早出现在古希腊，只是其具体含义与现在尚有很大区别。① 虽然此时经济学还未形成专门的学科体系，但古希腊思想家们对于经济学理论的思考已不鲜见。柏拉图在其著作《理想国》与《法律篇》中系统阐述了其对共同富裕的看法。在所有制上，柏拉图对财产私有持抵制态度，希望建立一个对统治阶级实行财产公有、对生产者实行财产私有的混合财产所有制。② 这个所有制的设计目的是避免由于财富分配不均而导致的争夺和战乱。正如柏拉图所说，“世俗的金银是罪恶之源，心灵深处的金银是纯洁无瑕的至宝”③，较大的贫富差距是导致社会不稳定与人民幸福感下降的罪魁祸首。为了使公有财产制度能够从理念变为现实，柏拉图设计出推行公有财产制度的具体措施，要求对护卫者进行“正确教育”，培养他们优良品质，创造精神财富，这种将物质财富与精神财富共同纳入财富观的观点无疑十分具有前瞻性。在《法律篇》中，柏拉图将财富分为三等，即物质财富、身体的健康和精神财富。他认为，在这三种财富中最重要的是精神财富。④ 他指出，“财富不

① 侯典芹：《希腊古风古典经济思想研究》，山东大学博士学位论文，2007 年，第 68 页。
② 张超：《柏拉图经济思想研究》，深圳大学博士学位论文，2020 年，第 102 页。
③ ［古希腊］柏拉图：《理想国》，郭斌和、张竹明译，商务印书馆 2015 年版，第 131 页。
④ 侯典芹：《希腊古风古典经济思想研究》，山东大学博士学位论文，2007 年，第 80 页。

是‘盲目’的……因为财富是智慧的仆从”①。在坚信财产公有的同时，柏拉图也注意到平均主义带来的弊端。因此，他主张对生产者如农人、商人、手工业者等实行财产私有，以增强他们的生产积极性，从而增加整个社会的财富积累。

面对财产占有不均的事实，柏拉图并未盲目乐观，而是认为政府应该担负起再分配的职责。其实早在希腊的古风时代，庇西特拉图作为雅典僭主就曾将向富人征收的财产税中的一部分提供给贫穷公民作为资金援助。除维持城邦正常运转的资金外，当时政府处理财政盈余的方式常表现为修建非经济性的事业或在公民中平分这些钱。② 这无疑是统治阶级试图通过均衡利益来维持社会稳定的重要手段。具体到柏拉图的经济思想体系，他既认为公有制是“正义”，又认识到难以阻拦现实中私有财产的发展，便选取折中之道，即由政府承担维持社会公平的再分配职能，尽量维护共同利益，减少城邦冲突。③

公益福利事业也是柏拉图极具开创性的贡献。诸如医疗、养老、娱乐等花费昂贵的公共活动在希腊语中被称作“公益资助”（leitourgia）。在古希腊城邦中，公益资助是强制性和荣誉性的。通过这一机制，政府把花费和实施的责任直接分配给了富有的个人。④ 这是解决一个城邦共同体中穷人和富人之间经济不平等问题的重要手段。柏拉图对具体问题提出了具体解决方法，如针对养老问题，柏拉图提出要为老年人提供可能需要的财产，同时在精神上为老人提供帮助；对公民进行公共教育，降低公民受教育成本，提高公民整体素质等。⑤

柏拉图曾试图建立一个正义、共和的理想城邦，包括在经济上实行财产公有、政治上实行共治和社会福利的共享。⑥ 这种奴隶制下的共产主义带有强

---

① ［古希腊］柏拉图：《柏拉图全集》第三卷，王晓朝译，人民出版社 2003 年版，第 374 页。

② 侯典芹：《希腊古风古典经济思想研究》，山东大学博士学位论文，2007 年，第 77 页。

③ 张超：《柏拉图经济思想研究》，深圳大学博士学位论文，2020 年，第 104 页。

④ ［英］M. I. 芬利：《古代经济》，黄洋译，商务印书馆 2020 年版，第 157 页。

⑤ 张超：《柏拉图经济思想研究》，深圳大学博士学位论文，2020 年，第 142 页。

⑥ 马涛、邵俊：《〈理想国〉与〈礼记〉社会经济思想的比较》，《复旦学报（社会科学版）》2017 年第 1 期。

烈的空想色彩，很多观点在今天看来并不成熟。但他的思想至少说明了一点，即共同富裕是人类的“理想国”，是全人类共同追逐的目标。

欧洲的中世纪被称作“黑暗时代”，基督教会几乎笼罩了一切，神性凌驾于人性之上。在财富观上，基于《圣经》的宗教道德约束要求富人履行接济穷人的义务，将私有财产用作公用。同时，以托马斯·阿奎那为代表的经院哲学家也对社会问题进行了理性的思考，提出了“财产正义”的理论。

当然，《圣经》从来不仅是一部宗教经典，也是一部道德律法文献。《圣经》中有谴责偷盗、诈骗等侵害私有财产的内容，并将“不可偷盗”列入摩西十诫。这实际上是肯定了私人财产的合法性。[①] 但《圣经》财产观具有双重性：一方面承认个人财产，另一方面则认为私有财产权是有条件的，并倡导财产应共同使用和分享。[②] 这是因为《圣经》认为，上帝才是一切财产的终极所有者，世人归根而言一无所有。同时，世人都是上帝的子民，故人人有权使用上帝的财产。《旧约》谴责贪婪，认为是否占有财产并不重要，重要的是要“轻看”财富，将“济贫”视作资产者应尽的义务，通过无息借债的形式，进行“以义为利”的宗教行为。[③] 而《新约》中则这样表述：“我原不是要别人轻省，你们受累，乃要均平，就是要你们富裕，现在可以补他们的不足，使他们富余，将来也可以补你们的不足，这就均平了。”[④]《新约》不仅将济贫看作一种宗教行为，更将其视为消除贫困差距、实现社会均平的重要手段。这无疑是对《旧约》济贫理论的升华。

中世纪基督教对《圣经》进行了扬弃，在承认财产私有合法的前提下，提出了“私有公用”的财富分配方式，即“财产所有权要服从来自人的平等和兄弟关系的那种人类的崇高义务”。[⑤] 可见，基督教认为财产所有权属于私人，

---

① 侯建新：《思想和话语的积淀：近代以前西欧财产观的嬗变》，《世界历史》2016 年第 1 期。

② 同上。

③ 刘茜茜：《西欧中世纪基督教经济思想》，山东大学硕士学位论文，2012 年，第 16 页。

④ 同上书，第 17 页。

⑤ ［爱］奥布莱恩：《欧洲中世纪关于财产权利和商品交换的思想》，见巫宝三：《欧洲中世纪经济思想资料选辑》，商务印书馆 1998 年版，第 335 页。

使用权则属于公众；财富应该担当一定的社会责任，提倡在使用财富时要兼顾穷人，维护公共利益。[①] 基督教认为，财产占有者应承担济贫的义务，而穷人则拥有使用富人剩余财产的权利。具体而言，庄园应照料自己领域内的弱者，教会随时帮助困难的家庭，修道院对穷人进行日常救济。[②]

纵观整个中世纪，由宗教道德约束而来的救世济贫、平均共产、公平正义、禁贪欲等观念，创立伊始并不是为了解决经济问题，而主要是为了实现人神、人人之间和谐相处。[③] 然而，中世纪思想家对于共同富裕的追求上承古希腊、古罗马时代对分配公平、社会稳定、人民幸福的美好愿望，为近代以来的社会主义实践提供了思想根源，具有一定的进步意义。

14—17 世纪，一场由意大利开端、进而席卷整个欧洲大陆的思想解放运动浪潮兴起，一扫中世纪以来的阴霾，为西欧带来了自由的空气。在这场被称作“文艺复兴”的思想解放运动中，古希腊、古罗马时代对于人性的重视和对美好的追求又重现人间，而这种对传统文化的复古中又暗示着资本主义时代即将到来。在以财产私人占有、利润为经济行为的目标、资本家支配经济政治领域等为表现的新时代来临前夜，有人反其道行之，力图构建一个柏拉图理想国式的新世界，他们就是托马斯·莫尔和托马斯·康帕内拉。

托马斯·莫尔在其著作《乌托邦》中对理想世界进行了详尽的描绘。[④] 他认为，现实世界里一切苦难的根源在于私有制和商品经济。通过逆向思维审视当时社会环境下的价值观，莫尔将“乌托邦”完美社会描述为“各个地区并不是商品生产者，他们的商品也不和其他地方交换，各个地区都为整个民族进行

---

① 刘茜茜：《西欧中世纪基督教经济思想》，山东大学硕士学位论文，2012 年，第 51 页。

② 同上书，第 53 页。

③ 同上书，第 17 页。

④ 莫尔所著《乌托邦》全名为《关于最完美的国家制度和乌托邦新岛的既有益又有趣的全书》。关于“乌托邦”一词的具体含义，不同时代有不同的思考。马克思主义诞生后，乌托邦常与空想社会主义同义，变成了“虚构的、空想的、不科学的”的代名词，与科学社会主义对立。参见陈岸瑛：《关于“乌托邦”内涵及概念演变的考证》，《北京大学学报（哲学社会科学版）》2000 年第 1 期；马海波：《对乌托邦主义的再考察》，《文艺理论与批评》2018 年第 6 期；［美］杰姆逊：《马克思主义与乌托邦思想》，曾艳兵译，《东方论坛》2004 年第 4 期。

生产，整个民族才是生产资料的所有者，尤其是土地的所有者”①。莫尔的设想是以基督教社团为原型的，同时参考了柏拉图的《理想国》和耶稣的福音和训诫，不仅反映出当时人们对于公平世界的追求，更是为社会主义者构建理想世界提供了范本，即消灭私有制和商品经济。②

此后，托马斯·康帕内拉则对理想世界提出了更为具体的措施。康帕内拉在其著作《太阳城》中，对私有制进行了批判，认为只有实行共有的社会制度才能使太阳城消除贫困对立，并且使人们不是“为一切东西服务，而是一切东西为他们服务”③，从而获得真正的自由。除此之外，康帕内拉特别注重教育的作用，指出真正的富裕是物质和精神都要富裕，德智体美全面发展才是和谐发展的人。为了实现这个目的，他初步提出了教育与生产劳动相结合的思路，指出国家有责任对全民实行义务教育，且要终身学习；劳动时间应控制在每日四小时内，其余时间均拿来愉快地研究科学，长此以往就可以消除脑力劳动和体力劳动间的差别，获得自由。④除此之外，他在书中提出的就业保障、共享医疗、弱势群体的福利待遇等都体现了以人为本、为民造福的社会福利思想。⑤正如恩格斯所说，康帕内拉思想是一种“共产主义思想的微光”，虽然仍只是一种美好的幻想，却成为西方社会福利思想体系的重要来源。

“乌托邦”和“太阳城”一样，总是被冠以“空想”的名号。纵然这种理想状态在当时并不具备实现的条件，但为马克思主义和各类社会主义思潮提供了思想来源和理论基础。

---

① ［德］考茨基：《莫尔及其乌托邦》，关其侗译、王志涵校，生活·读书·新知三联书店 1963 年版，第 229 页。

② 李丹：《乌托邦思想研究：理论探微·发展脉络·殊异甄析》，吉林大学博士学位论文，2012 年，第 40 页。

③ 陈雷：《解读康帕内拉〈太阳城〉的和谐社会福利思想——对我国构建适度普惠型社会福利制度的启示》，《中国青年科技》2008 年第 12 期。

④ 汪四清：《康帕内拉〈太阳城〉中的空想社会主义教育思想》，《安徽师范大学学报（哲学社会科学版）》1987 年第 1 期。

⑤ 陈雷：《解读康帕内拉〈太阳城〉的和谐社会福利思想——对我国构建适度普惠型社会福利制度的启示》，《中国青年科技》2008 年第 12 期。

二、近代西方国家对共同富裕的追求与实践

随着15、16世纪地理大发现和文艺复兴的开展，资本主义制度在西方也经历了一个从幼稚到成熟的发展历程。与之相适应，各种政治经济学说层出不穷。这些学说或多或少都含有对共同富裕的思考和追求，并在一定程度上影响了各国政治经济政策的制定。

工业革命后，西方各国的生产力得到迅速提升，资产阶级的力量不断壮大。与此同时，无产阶级队伍也越发壮大。随着劳资矛盾的不断加深，欧洲爆发了三大工人运动，并在1871年建立了第一个无产阶级政权——巴黎公社。三大工人运动和巴黎公社的伟大实践充分体现了西方无产阶级对共同富裕的持续追寻。

（一）西方政治经济学说对待共同富裕的不同态度

1. 古典政治经济学关于共同富裕的思考

古典政治经济学在17世纪中叶产生。这一术语由马克思最早提出。他指出："古典政治经济学在英国从威廉·配第开始，到李嘉图结束，在法国从布阿吉尔贝尔开始，到西斯蒙第结束。"[①] 马克思认为，古典政治经济学的主要功绩是奠定了劳动价值论的基础，研究了剩余价值的各种形式，并对社会资本的再生产和流通做了初步分析。[②] 马克思主义政治经济学也是在批判吸收古典政治经济学家亚当·斯密和大卫·李嘉图劳动价值论的基础上建立的。

古典政治经济学对劳动价值论和剩余价值的研究，体现了古典政治经济学家对劳动和分配的重视，不同程度地反映了古典政治经济学对共同富裕的追求。

威廉·配第第一次较为系统地讨论了政治经济学问题，将政治经济学从其他学科中独立出来，撰写了《赋税论》《政治算术》《货币略论》等经济学著作。马克思称其为政治经济学的创始人。[③]

---

① 《马克思恩格斯选集》第三卷，人民出版社2012年版，第609页。

② 姚开建主编:《经济学说史（第2版）》，中国人民大学出版社2011年版，第45页。

③ 金季:《威廉·配第——政治经济学创始人》,《中国财政》2008年第14期。

在价值理论上，配第首次有意识地把商品价值的源泉归功于劳动，并为劳动价值论的产生奠定了基础。[①]对于配第的价值理论，马克思评价道："他实际上用商品中包含的劳动的比较量来确定商品的价值。同时，他明确指出，劳动种类的差别在这里是毫无意义的，一切取决于劳动时间。"[②]配第的价值理论认可了劳动创造价值，肯定了劳动人民在商品创造过程中发挥的作用。

在分配理论上，配第提出工资是维持工人生活所必需的生活资料，意识到资本家剥削工人创造了剩余价值。同时，配第在《赋税论》中指出了税收征收的公平原则和效率原则，意图通过合理征税，在做大蛋糕的同时分好蛋糕，促进共同富裕。[③]

18 世纪 50 年代，法国推行牺牲农民利益的重商主义政策，农民不断破产，农业长期萧条。在反对重商主义的呼声中，重农学派产生。他们强调重视农业生产、保护农民利益，代表人物是被马克思称为"现代政治经济学的真正鼻祖"的魁奈和杜尔哥。[④]

魁奈是重农学派的创始人，《经济表》是其最重要的著作。他提出以交换等价性为原则的"纯产品"学说，认为只有在生产领域才能产生财富，进而将社会阶级划分为生产阶级和非生产阶级。[⑤]杜尔哥曾担任法王路易十六的财政大臣。他在"纯产品"学说的基础上，把全体社会成员划分为三大阶级，从中区分出了资本家和雇佣工人，并从全社会的角度来看待资本家和雇佣劳动者的对立。[⑥]马克思认为："重农学派的重大功绩在于他们在资产阶级视野以内对资本进行了分析。"[⑦]重农学派对社会阶级的划分，明确了劳动者和资本家的界限，认可了劳动者特别是农民在生产领域的价值，肯定劳动在价值创造中的唯

---

① ［英］威廉·配第：《配第经济著作选集》，陈冬野、马清槐、周锦如译，商务印书馆 1981 年版，第 66 页。

② 《马克思恩格斯全集（第 1 版）》第 26 卷第 1 册，人民出版社 1972 年版，第 380、382 页。

③ 罗鸣令：《从〈赋税论〉看威廉·配第的税收思想》，《铜陵学院学报》2009 年第 3 期。

④ 姚开建主编：《经济学说史（第 2 版）》，中国人民大学出版社 2011 年版，第 76—77 页。

⑤ 张晶：《重农主义经济思想述评》，《现代商贸工业》2008 年第 8 期。

⑥ 李靖华：《杜尔哥的经济思想》，《西北大学学报（哲学社会科学版）》1986 年第 3 期。

⑦ 《马克思恩格斯全集（第 1 版）》第 26 卷第 1 册，人民出版社 1972 年版，第 15 页。

一性，同时尊重劳动者权益，鼓励社会成员通过劳动致富，指明了共同富裕的可能路径。

亚当·斯密是西方政治经济学史上的奠基人，他的论著内容宏博、创见颇多，是对政治经济学理论体系的系统阐述。斯密因此被誉为“经济学的百科全书”①。《国富论》是亚当·斯密最重要的经济学著作。他在书中指出，政治经济学的主要目标是：“第一，给人民提供充足的收入或生计；第二，给国家或社会提供充分的收入。总之在于富国裕民。”② 斯密认为，国家富裕不是某一阶级富裕，也不是君主收入或税收富足，而是全体人民普遍的富足。③ 这种将国家富裕的实质视为全体人民普遍富足的观点与我们所追求的共同富裕具有相似的内涵，表达了其对共同富裕的追求。

古典经济学发展到顶峰之后，开始带有庸俗化倾向，并影响了后来的经济学家。④ 这种为资产阶级利益服务的庸俗化倾向，逐渐偏离了其对共同富裕的追求。

2. 庸俗政治经济学对共同富裕的漠视

19 世纪 30 年代是古典政治经济学和庸俗政治经济学的分水岭。马克思把 19 世纪 30 年代之后的西方经济学称为庸俗经济学。庸俗经济学是对斯密和李嘉图理论庸俗成分的拓展，是为资产阶级利益辩护的理论。⑤

让·巴蒂斯特·萨伊是法国资产阶级庸俗政治经济学的创始人，也是庸俗政治经济学的典型代表。他将斯密经济学说中的庸俗成分分离出来，将财富分配定义为生产要素所有者各按其生产要素对生产所作贡献获取报酬，提出

① 吕盈盈：《简论亚当·斯密的经济自由思想》，北京工业大学硕士学位论文，2005 年，第 58 页。

② ［英］亚当·斯密：《国民财富的性质和原因的研究》（上），郭大力、王亚南译，商务印书馆 2010 年版，第 1 页。

③ 戴庆苏：《国富与民富——亚当·斯密〈国富论〉研究》，南京师范大学硕士学位论文，2013 年，第 5 页。

④ 赵万里：《从威廉·配第到大卫·李嘉图的经济伦理：劳动创造价值》，《重庆科技学院学报（社会科学版）》2014 年第 6 期。

⑤ 杨玉生：《马克思对资产阶级庸俗经济学的批判及其启示》，《当代经济研究》2008 年第 12 期。

“劳动——工资”“资本——利息”“土地——地租”“三位一体”的分配公式。“三位一体”公式掩盖了资本主义剥削关系，断言工资就是工人劳动的全部报酬，认为工人未受到剥削，割断了各种收入同劳动的联系。[①] 萨伊的经济理论是对劳动价值论和剩余价值论的反对，体现出了对劳动创造价值和先富带动后富的共同富裕精神的漠视。

庸俗政治经济学的主要特征是具有“辩护性”和“庸俗性”。一方面，庸俗经济学是完全为资产阶级辩护的学说；另一方面，庸俗经济学的理论分析只停留在表面，未能看到或选择忽视了隐藏在背后的剩余价值。[②] 庸俗经济学的思想体系与共同富裕的精神相违背，反映了工业革命后资产阶级为主导的西方主流意识对共同富裕理念的漠视。

（二）西方社会主义者对共同富裕的追寻

空想社会主义产生于16世纪，源于托马斯·莫尔的《乌托邦》。随着资产阶级革命和工业革命的开展，资本主义生产方式最终在西方得以确立，西方社会的阶级矛盾逐渐激化，贫富差距逐渐被拉大，追求“公有制”的空想社会主义在19世纪发展到顶峰。

空想社会主义的代表人物为圣西门、傅立叶、欧文。圣西门认为，资本主义制度必须进行彻底改造，应当按才能和贡献参与分配，并提出实业制度理论。傅立叶设计了“和谐社会”的最初方案，提出消灭体力劳动与脑力劳动的差别、消除城市与农村的对立。[③] 欧文是“英国共产主义的代表”，他亲自实践了空想社会主义的理论，在英国汉普郡“和谐大厦”进行了为期五年的共产主义实验，实践了“用劳动时间来交换劳动产品”的理想。[④]

19世纪的空想社会主义者既重视发展社会生产力，也重视分配问题；既

① 鲁明学：《评萨伊的“三位一体”论》，《高校理论战线》2002年第7期。

② 张楠：《马克思对庸俗经济学价值理论的批判及其启示》，《经济论坛》2010年第2期。

③ 杜红娟、余涛：《空想社会主义的产生、发展、贡献与局限再论》，《湖北社会科学》2020年第3期。

④ 唐轶爽：《简评空想社会主义的理论及实践》，《新乡学院学报（社会科学版）》2011年第1期。

反对平均主义，也反对贫富差距过大，强调公平分配。同时，他们为工人创造了更好的工作环境，改善了工人子女的教育，满足了工人在精神生活上的需要。空想社会主义者重视生产发展、强调分配公平、追求精神富裕的理念与共同富裕的内涵基本一致。

18 世纪中期开始的工业革命深刻改变了西方社会，造成无产阶级和资产阶级的严重对立。[①] 在这个对立中，工人处于不利地位。一方面，工厂主努力压低工资，工人物质生活水平低下；另一方面，由于工厂工作单调、缺乏创造性，工人的精神生活十分匮乏。

面对资产阶级的剥削和压迫，工人阶级被迫起来斗争。英国爆发了破坏机器的“卢德运动”，法国里昂、德国西里西亚出现了武装起义。影响比较深远的则是英国的宪章运动。英国宪章运动从 1838 年“伦敦工人协会”颁布《人民宪章》开始，历经了 1839、1842、1848 三次斗争高潮。[②] 工人阶级在《人民宪章》中明确提出了自己的政治诉求，即要求实行男子普选权，取消议员候选人的财产资格限制，发放议员薪金等。[③] 这些诉求集中反映了工人阶级想要突破参政的经济限制，试图通过获得政治权利来实现社会地位提升，从而更好地实现物质财富创造和精神生活满足的基本愿望。

1870 年，普法战争爆发。法皇拿破仑三世于色当战败被俘，法国金融资产阶级趁机发动政变，建立了法兰西第三共和国。但资产阶级临时政府对外出卖民族利益，对内镇压巴黎人民起义，最终爆发蒙马特尔事件，国民自卫军宣布接管巴黎，并进行民主选举。1871 年 3 月 28 日，人类第一个无产阶级政权——巴黎公社宣告成立。[④]

巴黎公社实行普选制度，公社的每个成员都拥有平等的选举权和被选举

---

① 郭春生：《试述近代欧洲工人运动特点的变化》，《廊坊师专学报》1995 年第 2 期。

② 吴于廑、齐世荣主编：《世界史：近代史编》下卷，高等教育出版社 2011 年版，第 27—28 页。

③ ［澳］保罗·皮克林：《被遗忘的过去：英国宪章运动》，朱静怡译，《英国研究》2016 年第 7 辑。

④ 陈之骅：《巴黎公社与马克思的〈法兰西内战〉——纪念巴黎公社革命 150 周年》，《世界社会主义研究》2021 年第 10 期。

权。最高权力机关巴黎公社委员会由选举产生，实行集体领导制。公社取消高薪制，公职人员只能取得同劳动工人相当的工资。公社还十分重视法制建设，力求做到依法执政。[①] 巴黎公社的政治架构预防了国家公职人员腐化变质，确保了国家权力属于人民，为共同富裕提供了制度保障。

在经济制度上，巴黎公社建立了具有社会主义性质的公有制经济体制，反动政府及其走狗的一切财产收归国有，依法征用逃亡资本家的工厂，促进工人生产合作社的发展，开启了工人自主管理企业的实践。公社还改革了劳动报酬制度，提高工人的最低工资，制定每日八小时工作制，并开始探索如何实行按劳分配。巴黎公社的伟大实践既保证了公有制经济的主导作用，又充分发挥了私人资本的积极作用，第一次塑造了社会主义市场经济的雏形。[②] 巴黎公社的经济制度既充分激发了经济发展动力，又努力将收入差距保持在合理范围内，体现了共同富裕的基本原则。

三、战后西方国家关于共同富裕的再尝试

“二战”结束后，西方国家面临突出的贫困、失业、社会不平等问题。因此，部分思想家提出应该由国家出面，积极承担社会责任，推行增进社会福利的政策，福利国家由此逐渐形成。严格来说，福利国家并不是指某个国家或某种制度，而是现代国家所特有的一种国家形态，即政府通过实施一整套广泛的社会福利制度和政策来强化政府在福利供给中的主要责任。具体来说，就是在国家资本主义和私人资本主义共同作用的“混合经济”影响下，国家通过关注社会福利，对社会经济生活进行干预，解决社会中存在的失业、收入分配差距过大以及贫困等社会问题，以调节和缓和经济矛盾，为公民提供全面而有效的保障，保证社会秩序和经济生活的正常运行。[③] 福利国家可以看

---

① 张爱军、孙贵勇：《重新审视巴黎公社的民主原则》，《马克思主义研究》2006 年第 3 期。

② 高放：《第一个工人阶级政权巴黎公社崭新创举》，《中国延安干部学院学报》2014 年第 3 期。

③ 解静：《福利国家模式变迁的历史比较研究》，辽宁大学博士学位论文，2013 年，第 13 页。

作西方世界在近代社会主义运动和工人运动影响下，为调节阶级矛盾而作出的一种新的尝试。

欧洲的福利国家有着不同的类型，且同一国家在不同时期的具体实践和发展也大不相同。但若聚焦于欧洲社会历史的变迁，其福利国家制度在基本特征或主要内容方面仍然存在许多共通性。① 欧洲福利国家制度以混合经济为基础，一方面保证了国家利益最大化，另一方面重视市场的作用。它既注重发展成果的分配公平，又注重社会福利的合理配置。为迅速恢复"二战"后遗留的经济创伤，充分就业成为欧洲福利国家制度的主要目标之一。大范围的就业保障体系被视为政府的首要责任。"充分就业"成为判断一个福利国家的明确特征。② 虽然欧洲国家的福利制度以维护资本主义体制和资产阶级利益为最终目的，但其在财产分配、社会平等、环境保护、公民福利等方面追求相对公平，亦具有一定的进步意义。③

20 世纪 70 年代以来，全球化和大规模移民运动对欧洲国家造成了极大的冲击，福利国家制度逐渐陷入危机，诸多专家学者都尝试对福利国家的危机进行解释。考斯塔・埃斯平 – 安德森认为，欧洲福利国家面临内外两种危机：内生危机是福利国家已有制度安排与不断变迁的经济社会结构不适应，外生危机是全球化深入和风险社会到来。④ 总体上看，资本主义福利国家的危机主要表现为"各种结构性原则的运作既彼此依赖，又相互抵触"⑤。如何合理分配福利支出结构，以使经济领域与社会维度相协调是近年来讨论的重点。⑥

---

① 赵浩华：《欧洲福利国家制度变迁研究》，黑龙江大学博士学位论文，2018 年，第 25 页。

② ［加］R. 米什拉：《资本主义社会的福利国家》，郑秉文译，法律出版社 2003 年版，第 128 页。

③ 赵浩华：《欧洲福利国家制度变迁研究》，黑龙江大学博士学位论文，2018 年，第 27 页。

④ ［丹麦］考斯塔・埃斯平 – 安德森：《转型中的福利国家——全球经济中的国家调整》，杨刚译，商务印书馆 2010 年版，第 9—13 页。

⑤ ［英］安东尼・吉登斯：《社会的构成——结构化理论纲要》，李康、李猛译，中国人民大学出版社 2016 年版，第 182 页。

⑥ 房莉杰：《平等与繁荣能否共存——从福利国家变迁看社会政策的工具性作用》，《社会学研究》2019 年 9 月。

实际上，想要真正理解福利国家的危机，关键在于认识资本主义的根本矛盾。福利国家作为劳资双方妥协的产物，诚然有其进步的一面，但本质上仍只是一种利益妥协，并未从根本上实现工人阶级的解放。这就使其充满了矛盾和危机。[①] 国家在分配福利时，难以对社会资本进行有效控制，往往只考虑了总量的均衡却忽略了结构的均衡，所以无法摆脱周期性经济危机的怪圈。

纵观福利国家的发展历史，其效果与经济危机紧密联系。当资本主义经济相对繁荣时，福利国家发展势头就相对较好。而当经济危机来临时，现行的福利政策就必然会受到影响。[②] 如果西方国家不能正确认识资本主义社会的根本矛盾，那么所谓福利政策只能流于表面，而无法真正实现共同富裕。

第三节　历史文化视角下实现共同富裕的经验与启示

综合观察东西方历史上与共同富裕有关的诸多理论与实践可以发现，对共同富裕的追求贯穿人类文明发展的始终。新时代，我们所要努力实现的共同富裕绝不能等同于历史上的“均贫富”，但其发展道路又不能不深受中华优秀传统文化的影响。在新时代进一步推动实现共同富裕，可以从如下三个方面吸取有益的历史经验。

一、弘扬大同思想的宝贵价值

从历史上看，源于中华文明“轴心时代”[③]（Axial Age）的大同思想是中华优秀传统文化的重要组成部分，对中华文明的发展产生了深远影响。

大同思想的直接来源，首先体现在《礼记·礼运》篇中。其中的名言警

---

① 刘慧、李文见：《欧洲福利国家危机的政治经济学分析》，《政治经济学评论》2022 年 1 月。

② 石玉昌：《马克思“国家—社会”关系理论视域下的“福利国家”问题研究》，《西安财经大学学报》2021 年 8 月。

③［德］卡尔·雅斯贝尔斯：《历史的起源与目标》，魏楚雄、俞新天译，华夏出版社 1989 年版。

句早已为社会大众所熟知，即：

> 大道之行也，天下为公。选贤与能，讲信修睦，故人不独亲其亲，不独子其子，使老有所终，壮有所用，少有所长，鳏寡孤独废疾者，皆有所养。男有分，女有归。货恶其弃于地也，不必藏于己；力恶其不出于身也，不必为己。是故谋闭而不兴，盗窃乱贼而不作，故外户而不闭，是谓大同。①

由先秦儒家所提出的大同理想，在中国历史上产生了深远影响。及至清末，著名思想家、教育家康有为以公羊学为基础，结合《礼记·礼运》篇中的描述，撰写了著名的《大同书》，具体描写了一个“天下为公，无有阶级，一切平等”的大同世界。当然，正如毛泽东同志指出的那样，康有为的大同理想终究只是空想。他虽然写了《大同书》，但他没有也不可能找到一条到达大同的路。②在康有为等人的基础上，中国近代革命的先行者孙中山先生也进一步发扬了大同思想。他认为，真正的民生主义，就是孔子所希望之大同世界。他所提出的“三民主义”的最终目标，与所谓的孔子的大同世界理想相一致，就是在中国建设一个“大同社会”，进而实现全人类的大同。③

总结儒家的大同思想，可以发现其大约具有以下几方面的特征。其一，大同理想的广泛适应性。大同理想所要实施的地域范围是“天下”，而非具体的某一地区或国家。其二，大同理想的实现有赖于良性的社会治理体系。想要实现大同理想，在政治层面，需要制定“选贤与能”的政治制度；在社会层面，需要形成“讲信修睦”的道德追求。其三，大同理想体现了先贤对社会安定的深刻期盼。只有实现“谋闭而不兴，盗窃乱贼而不作”，社会安全、稳定，秩序井然，各种犯罪不再发生，才能称得上大同社会。

综合来看，大同思想对于我们持续推进共同富裕，具有以下三点宝贵价值。

其一，中国的先贤们很早就认识到，要实现共同富裕的大同社会，必须

---

① 孔颖达：《礼记正义》卷21，阮元校刻：《十三经注疏》，中华书局1980年版，第1414页。

② 毛泽东：《论人民民主专政》，《毛泽东选集》第四卷，人民出版社1991年版，第1471页。

③ 张恒俊：《论孙中山的世界大同思想与三民主义理论的关系》，《传承》2011年第21期，第72页。

突破地域和种族的局限性。他们关注的不再是一城一地、一族一姓的兴亡得失，而是始终着眼于“天下”的福祉。这种超越时空的气度使得大同思想成为一剂有效的黏合剂，为中华民族的形成和发展奠定了共同的文化根基。

其二，维护社会稳定是实现共同富裕的前提。历史经验告诉我们，一个动荡的社会是无法实现共同富裕的。面对世界百年未有之大变局，我们需要统筹发展与安全两件大事，有效抵御各种风险挑战，确保中国社会长期稳定，为推进和实现共同富裕提供安全保障。

其三，对于共同富裕的追求是全人类共同的事业。2012 年，习近平总书记在党的十八大报告中首次提出要倡导“人类命运共同体意识”。2021 年 12 月 5 日，习近平在“2021 从都国际论坛”开幕式上发表视频致辞。他指出，中国共产党百年奋斗的一条重要历史经验就是坚持胸怀天下，始终关注人类前途命运。中国支持多边主义的决心不会改变，将坚定维护多边主义的核心价值和基本原则，坚持互利共赢，坚持求同存异，坚持公平正义，坚持合作发展，为人类文明进步贡献智慧和力量。2019 年末，新冠肺炎疫情突袭全球。此次世纪疫情更使我们看清，全球必须团结一致，致力于追求全人类的共同利益，才有可能最终战胜这场世纪疫情。作为一个负责任的大国，中国人民应秉持更广阔的视野，不仅致力于在中国实现共同富裕，也应为实现全人类的解放和共同富裕作出力所能及的贡献。

二、充分认识平均主义的不可实现性

前文已经提到，不论是在东方还是西方，平均主义理想都具有悠久的历史渊源。然而，从历史上看，平均主义更多的是一种理念和空想，从未得以有效实现。五百年前英国思想家莫尔所设想的财产公有、人人平等、按需分配的“乌托邦”至今也只是一种空想，从未真实出现过。中国历史上历次农民起义军所采取的平均主义做法，则不仅未能带来共同富裕，反而造成贫穷、混乱和失败。

2021 年 8 月 17 日，习近平总书记在中央财经委员会第十次会议上发表重要讲话。他强调，共同富裕是社会主义的本质要求，是中国式现代化的重要特征，要坚持以人民为中心的发展思想，在高质量发展中促进共同富裕。习近平总书记的这一论断为我们持续推进和最终实现共同富裕指明了前进方向，即必须在高质量发展中求富裕，力求在“做大蛋糕”的基础上“分好蛋糕”，而绝不能搞劫富济贫式的平均分配。此次会议还提出，共同富裕是全体人民的富裕，是人民群众物质生活和精神生活都富裕，不是少数人的富裕，也不是整齐划一的平均主义，要分阶段促进共同富裕。这表明党中央已经充分认识到实现共同富裕是一项长期任务，不可能一蹴而就。推进实现共同富裕需要全社会的共同参与。共同富裕不是要消灭差别，更不是要消灭富人，而是要尽可能地使穷人获得提升自己的机会，努力扩大中等收入群体。在新的历史条件下推进共同富裕，既不能走平均主义的老路，也不能走劫富济贫的歪路，而必须走高质量发展的新路。

三、充分重视和发挥文化力量的助推作用

习近平总书记强调，我们说的共同富裕是“人民群众物质生活和精神生活都富裕”。党的十九大报告也明确指出：“中国特色社会主义进入新时代，我国社会主要矛盾已经转化为人民日益增长的美好生活需要和不平衡不充分的发展之间的矛盾。”人民对美好生活的需要包括物质与精神两方面。在追求人的全面发展，实现共同富裕的伟大征程上，我们尤其不能忽视精神文化因素的重要助推作用。

历史经验告诉我们，文化兴则国运兴，文化强则民族强。兴文化，对于推动实现共同富裕至少具有如下三方面的重要价值。

第一，有助于全社会坚定实现共同富裕的决心和信心。文化是一个民族的根和魂。文化自信是更基础、更广泛、更深厚的自信。坚定中国特色社会主义道路自信、理论自信、制度自信，说到底是要坚定文化自信。牢固树立文化自信，有助于凝聚起推动实现共同富裕的强大精神动力。

第二，有利于发掘和阐释中国特色共同富裕道路的独特价值。共同富裕是古往今来中西方文明的共同追求之一。但中国特色共同富裕道路是建立在传承、弘扬中华优秀传统文化的价值理念和理想追求之上的，具有深厚的中华文

化底蕴。[①]保护、传承、发扬好中华优秀传统文化、革命文化和社会主义先进文化，有利于阐明新时代中国特色共同富裕道路的合理性和创造性，提升中国文化软实力，推动构建人类命运共同体。

第三，有助于满足人民群众的精神文化需求，实现精神生活的共同富裕。发展和生产丰富的优秀文化成果是实现人民精神生活共同富裕的必然要求。优秀文化成果最能反映一个民族的风貌，最能引领一个时代的风气，最能展现一个国家的文化创造力和文化软实力的发展水平。发展好文化事业和文化产业是保障人民文化权益的基本途径。实现好、维护好、发展好人民的文化权益，是社会主义文化建设的根本目的之一，也是推动我国文化发展的出发点和落脚点。只有不断推动中华优秀传统文化创造性转化、创新性发展，继承革命文化，发展社会主义先进文化，不断满足人民群众多样化、多层次、多方面的精神文化需求，真正推动实现精神生活的共同富裕。

在推进实现共同富裕的伟大征途中，文化力量可以从如下三个方面发挥重要助推作用。

（一）坚持正确的文化发展方向

方向决定道路，道路决定成败。只有把牢马克思主义伟大旗帜，坚定社会主义意识形态，才能扎牢真正实现共同富裕的思想文化根基。

具体来说，在推进人民精神生活共同富裕的伟大实践中，首先要坚定不移地用习近平新时代中国特色社会主义思想武装头脑、指导实践、推动工作，促进全体人民在思想上精神上团结一致。要牢牢把握社会主义先进文化的前进方向，坚定不移走中国特色社会主义文化发展道路，为促进人民精神生活共同富裕提供强大凝聚力和有效引领力。

其次，要充分发挥社会主义核心价值观的引领作用，努力提高社会文明程度。核心价值观是文化软实力的灵魂和建设的重点，是决定文化性质和方向的深层次要素。一个国家的文化软实力，从根本上说，取决于其核心价值观的生命力、凝聚力、感召力。党的十八大报告创造性地提出了“富强、民主、文

① 张占斌：《共同富裕是中国式现代化的重要特征》，《人民日报》2021年10月12日。

明、和谐，自由、平等、公正、法治，爱国、敬业、诚信、友善”的社会主义核心价值观。社会主义核心价值观是我党作出的重大理论创新，是社会主义核心价值体系的高度凝练和集中表达，体现了社会主义核心价值体系的丰富内涵和实践要求。党的十八大以来，党中央高度重视培育和践行社会主义核心价值观。中共中央办公厅印发的《关于培育和践行社会主义核心价值观的意见》提出，要大力宣传先进典型，评选表彰道德模范，形成学习先进、争当先进的浓厚风气。中央宣传部、中央文明办印发的《培育和践行社会主义核心价值观行动方案》则在加强法规导向、深化推广普及、注重典型示范等方面提出了明确要求。人民有信仰，国家有力量，民族有希望。只有努力宣传和培育社会主义核心价值观，有效提高人民的思想觉悟、道德水准、文明素养，提高全社会文明程度，才能够为实现共同富裕提供思想文化保障。

（二）促进全社会形成有利于实现共同富裕的文化氛围

2021 年 7 月 1 日，习近平总书记在庆祝中国共产党成立 100 周年大会上的重要讲话中庄严宣告：“经过全党全国各族人民持续奋斗，我们实现了第一个百年奋斗目标，在中华大地上全面建成了小康社会，历史性地解决了绝对贫困问题，正在意气风发向着全面建成社会主义现代化强国的第二个百年奋斗目标迈进。”全面建成小康社会，是我们党向人民、向历史作出的庄严承诺，是几代中国共产党人不懈奋斗取得的伟大成就。但同时也要认识到，在取得脱贫攻坚战的全面胜利、全面消除绝对贫困后，我国还将长期面临返贫风险和相对贫困的挑战。因此，要实现乡村振兴和共同富裕，必然需要从精神文化层面找原因、想办法。

首先，要着力化解所谓“贫困文化”。“贫困文化”的概念最早由美国人类学家奥斯卡·刘易斯（Oscar Lewis）提出。他认为，贫困文化是一种比较固定的、持久不变的、代代相传的生活方式。穷人之所以贫困，与其所拥有的文化有关。从社会角度看，贫困文化是穷人的一种自我保护机制，是穷人对自己低下的社会地位的反映，即穷人意识到按照社会上所推崇的标准去获得成功已不可能，于是索性放弃这种努力而信奉一种不求进取的价值观念。从社区层面上看，贫困文化主要体现为一种贫民窟的特殊文化现象，使其与城市其他社区的人在情感上区别开来。从家庭层面上看，贫困文化体现在特定的家庭关系结构方面，如未婚同居的比例较高、家庭结构较松散、家庭中常有暴力行为、抛弃妻子子女的现象屡屡发生等。从个人层面上看，作为贫困文化典型代表的个人通常知识贫乏、眼界狭窄，只关心眼前的利益和个人事情，生活无计划，有及时行乐的倾向，相信“宿命论”，有自暴自弃的倾向。[①] 概言之，所谓“贫困文化”，即在持续的贫困的生存境遇下产生了“躺平”思维，不愿为改善自身生活状况而努力奋斗。要消除“贫困文化”，一是要加强思想政治工作，坚决摒弃“等靠要”的消极思想，树立依靠勤劳走向共同富裕的思想意识；二是要努力矫正自我认知，提高自信，努力突破“贫困文化”的束缚；三是要加强职业技能培训，通过学习文化知识，寻求合适的工作机会，用相对较高的稳定收入来打破贫困的代际循环。

其次，要引导人民群众正确看待富裕阶层。习近平总书记深刻指出：“改革开放是决定当代中国命运的关键一招，也是决定实现‘两个一百年’奋斗目标、实现中华民族伟大复兴的关键一招。”通过改革开放，我国成功实现了“让一部分人先富起来”的目标。在先富群体中，大部分人是敢于拼搏、吃苦耐劳、遵纪守法的。这些人的成功，既是个人努力奋斗的结果，也是改革开放的政策环境造就的。他们通过艰苦创业，扩大了就业岗位，为实现共同富裕提供了更多机会。因此，一方面，先富群体要主动承担起相应的社会责任，在物质条件相对充裕的条件下，通过实践公益行动、发展慈善事业等方式践行“第三次分配”，主动帮助弱势群体发展。同时要提高自我道德修养，追求精神文化层面的真正富裕。另一方面，广大人民群众要努力克服不健康的仇富心理，正确认识富裕阶层的社会作用。虽然过去有一小部分人在致富的道路上曾经采取过不正当的竞争手段，但是他们并不是先富群体的主流。因此，我们切不可将所有富裕群体都视作为富不仁的典型加以嘲讽和批判。要达成以合法致富为荣的社会共识，营造对相对贫困者和先富群体双友好的社会环境，使中国特色

① 李登好：《贫困文化的表现、影响及反贫困文化的对策——以皖西岳西县为例》，《皖西学院学报》2007 年第 3 期，第 40 页。

社会主义制度更具感召力和凝聚力。[①]

最后，要加强宣传引导和政策解读，为推动实现共同富裕创造良好舆论环境，在全社会形成追求共同富裕的浓厚氛围。一方面，要把实现共同富裕贯穿到日常宣传、热点引导和舆论监督之中。强化新闻媒体发挥传播推动共同富裕的主渠道作用，加强对在推动共同富裕实践中涌现的典型案例、改革成效的总结推广和宣传，加强推动共同富裕政策的解读，积极主动回应群众关切。另一方面，要通过主动树立、宣传和表彰一批推动实现共同富裕的先进典型，激发全社会争当共同富裕先进模范的动力。要加强对新型文化业态，尤其是网络文化的引导，充分运用网络传播规律，把推动共同富裕的理念渗入到网络宣传、网络文化发展和网络文化服务之中，使互联网成为宣传共同富裕举措的生动载体。

（三）努力实现文化事业和文化产业的高质量发展，为实现人民精神生活共同富裕提供丰富的精神食粮

首先，要促进文化事业高质量发展，全面提升公共文化服务的质量和效能。在全国范围内，要全面落实区县级公共图书馆、文化馆（站）、美术馆的免费开放政策，确保“三馆一站”能够顺利开展基本的公共文化服务。对于特殊群体，要加强公共文化服务的保障力度，特别是丰富少年儿童、老年人、残障群体的精神文化生活，打造多样化的文化服务体系。同时，要积极鼓励和引导社会力量参与博物馆的展览、教育和文创产品开发。

其次，要促进文化产业高质量发展，持续扩大高质量文化产品的供给。要推动文化产业创新发展，打造具有核心竞争力的文化内容、原创产品的开发与推广，支持中小微文化企业走专业化、特色化、创新型的发展道路。完善文化市场监管机制，做好财政、金融、产业等政策的有机衔接，形成促进文化企业做大做强的体制机制。要积极促进文化消费，推动形成文化消费集群。要持续做好海外优秀文化产品的翻译和引进工作。要助力文化与旅游融合发展，以

---

① 朱力：《正确认识精神生活共同富裕的时代内涵》，《国家治理》2021 年第 45 期，第 20—21 页。

文塑旅，以旅彰文，打造国家文化公园等新型旅游景点，丰富经典旅游线路的文化内涵。

再次，要大力支持文化下乡，助力乡村文化振兴。要积极保护传承、开发利用乡村优秀传统文化资源，更新乡村文化生态。创新实施文化惠民工程，引导优质文化资源和文化服务更多地向农村倾斜。积极开展流动文化服务，通过流动电影院、流动图书馆、流动大戏台等形式，把高质量的文化产品输送到田间地头。

最后，要促进城市文化提档升级。要围绕城市文化的经典特质，凝练城市的文化标识和主题口号，扩大城市文化影响力，提升城市美誉度。要将文化创意融入城市发展规划之中，争取将特色文化元素嵌入社区生活。推动将文化设施建设纳入城市更新计划，结合老旧小区、厂区、城中村改造，打造一批具有城市文化特色的新型公共文化空间。

总之，要实现人的全面发展和社会的全面进步，实现人民精神生活的共同富裕，文化力量的参与是决定性因素之一，理应发挥更为重要的根基性影响。

第四章

政治学理论视角下的共同富裕

无论是开展理论研究，还是进行实践探索，共同富裕都将是一个体系性、系统性的宏大工程，强调政治、经济、文化、社会、生态等各方面、各领域的体系融合和系统耦合。就政治学学科而言，通常可细分为政治学理论、政治学与行政学、国际政治、外交学、国际事务与国际关系、国际组织与全球治理等专业，所包含的专业方向则不胜枚举。就政治学的不同专业及不同专业研究方向探讨共同富裕的有关议题，应当从不同的研究切口入手，突出不同的研究侧重点和聚焦内容。鉴于此，本章基于政治学理论的视角，从政党与政治这个专业方向出发，选择共同富裕与中国共产党百年奋进这一研究话题，重点探讨共同富裕在中国共产党探索中国特色社会主义的百年历程中的起源、价值、地位、意义，以及不同历史时期的发展、变迁历程，进而探讨中国特色社会主义现代化建设新时代新征程中推动共同富裕的实践方向与路径。诚然，局限于政治学视角下的某一个方向，就某一个小的研究话题浅谈共同富裕的研究议题，探讨推进共同富裕的实践路径，难免管中窥豹，也不可避免会有缺失或偏颇，唯求一份学术自觉的态度，但愿能够为相关研究提供方向性的点滴启发或参考。

“要善于从政治上看问题。”① 政治方向是党生存发展第一位的问题，事关党的前途命运和事业兴衰成败。习近平总书记指出，“共同富裕是社会主义的本质要求，是中国式现代化的重要特征。适应我国社会主要矛盾的变化，更好满足人民日益增长的美好生活需要，必须把促进全体人民共同富裕作为为人民谋幸福的着力点，不断夯实党长期执政基础”②。在向第二个百年奋斗目标迈进，奋力开拓中国特色社会主义现代化新征程的历史关头，习近平总书记作出了中国特色社会主义进入新时代新征程的重大决断，向全党作出了中国共产党团结带领全国各族人民全面建成社会主义现代化强国、实现第二个百年奋斗目标，以中国式现代化全面推进中华民族伟大复兴的重大指示。③

---

① 习近平：《全党必须完整、准确、全面贯彻新发展理念》，《求是》2022 年第 16 期。

② 习近平：《扎实推动共同富裕》，《求是》2021 年第 20 期。

③ 习近平：《高举中国特色社会主义伟大旗帜　为全面建设社会主义现代化国家而团结奋斗——在中国共产党第二十次全国代表大会上的报告》（2022 年 10 月 16 日），人民出版社 2022 年版。

如何深刻认识、准确把握习近平总书记这一重大决断、重大指示，准确把握推动共同富裕的政治方向，是亟待思考并学深悟透的重大理论与现实问题。我们需要将其放在更深邃的历史维度和更宽广的发展格局中去思索。理应深刻领会其历史的分量和战略的价值，明辨新时代新征程推动共同富裕对于中国共产党和中国特色社会主义的过去、现在和未来意味着什么，代表着什么。厘清推动共同富裕之于中国共产党的百年发展，中国特色社会主义的百年跨越处在什么地位、彰显什么价值，以及这其中内在的逻辑关系。

第一节　共同富裕的起源和根本遵循

党的十九届五中全会审议通过了《中共中央关于制定国民经济和社会发展第十四个五年规划和二〇三五年远景目标的建议》，习近平总书记在会上作了重要说明，强调“建议稿在到 2035 年基本实现社会主义现代化远景目标中提出‘全体人民共同富裕取得更为明显的实质性进展’，在改善人民生活品质部分突出强调了‘扎实推进共同富裕’，提出了一些重要要求和重大举措”[①]。党的二十大报告向全世界宣告，“从现在起，中国共产党的中心任务就是团结带领全国各族人民全面建成社会主义现代化强国、实现第二个百年奋斗目标，以中国式现代化全面推进中华民族伟大复兴”，并明确指出“中国式现代化的本质要求是：坚持中国共产党领导，坚持中国特色社会主义，实现高质量发展，发展全过程人民民主，丰富人民精神世界，实现全体人民共同富裕，促进人与自然和谐共生，推动构建人类命运共同体，创造人类文明新形态”。[②] 这标志着中国特色社会主义新时代新征程，中国共产党带领全体人民扎实推进共同富裕将开启新篇章。

在这一历史跨越的伟大时期，新时代新征程，提出共同富裕的伟大目标，深含历史的根本起源、现实的广大期盼和未来的前进方向，彰显的是中国共产党与中国特色社会主义的鲜明底色、中国共产党领导中国特色社会主义伟大事业的百年初心和中国共产党百年赓续奋进的一贯遵循。

---

① 习近平：《关于〈中共中央关于制定国民经济和社会发展十四个五年规划和 2035 年远景目标的建议〉的说明》，《人民日报》2020 年 11 月 4 日。

② 习近平：《高举中国特色社会主义伟大旗帜　为全面建设社会主义现代化国家而团结奋斗——在中国共产党第二十次全国代表大会上的报告》（2022 年 10 月 16 日），人民出版社 2022 年版，第 21、23—24 页。

一、中国共产党与中国特色社会主义的鲜明底色

（一）共同富裕关乎中国共产党与中国特色社会主义存在与发展之根本，关乎中国共产党是一个什么样的党和要继续发展成为一个什么样的党的根本问题

《中国共产党章程》明确了中国共产党的性质与根本指导思想，向全世界宣告：中国共产党是一个全心全意为人民服务，来自人民、依靠人民、为了人民的政党，是一个为实现理想不懈奋斗，具有强大领导力和执政力，始终保持旺盛生机和活力，为人类和平与发展贡献力量的政党。

作为一个伟大的政党，中国共产党一经诞生就把为中国人民谋幸福，为中华民族谋复兴确立为自己的初心与使命。中国共产党在任何时候都把群众利益放在第一位，同群众同甘共苦，保持最密切的联系，坚持权为民所用、情为民所系、利为民所谋。从星星之火到如今发展成为一个对世界政治格局有深远影响的伟大政党，中国共产党伟大的根本在于从成立之初就来自人民、依靠人民、为了人民的特性和致力于解放人民，消灭私有制，消灭剥削与压迫，消灭贫穷与落后的建党真理。从人民得解放，私有制被废除，从独立自主站起来，到解决温饱，并进一步消灭绝对贫困，中国共产党的伟大在于，百年来的一个又一个的历史发展关口，带领广大人民完成了一个又一个看似不可能完成，却最终都圆满完成的使命与担当。

共同富裕是人民的期盼、人民的呼唤，是人民根本利益的体现。伟大的建党与发展过程，归结起来是共同富裕的点滴探索与步步实现过程。中国共产党创造着人民的共同富裕，人民的共同富裕也见证着中国共产党的不断发展与壮大。

为人民谋幸福，为民族谋复兴是中国共产党的建党初心与使命，也是历代中国共产党人穷其一生，代代赓续传承的伟大实践与伟大目标。百年峥嵘岁月，中国共产党始终在坚守初心，始终在坚持真理，始终在砥砺奋进。消灭私有制，消灭剥削与压迫，消灭贫穷与落后，最终实现共同富裕漫长而渐进。实现中国人民的幸福和中华民族的复兴也会漫长而渐进。

建党百年的伟大时刻，中国共产党向全世界宣告，中国实现了第一个百年奋斗目标，正在意气风发向着全面建成社会主义现代化强国的第二个百年奋斗目标迈进。[①] 建党百年后，中国共产党绝不止步惰行，而是不忘初心，向着第二个百年奋斗目标，向着共同富裕的新阶段、新进展、新成就踔厉奋进。

（二）共同富裕关乎新时代坚持和发展什么样的中国特色社会主义、怎样坚持和发展中国特色社会主义的根本问题

中国特色社会主义是中国共产党毕生追求的最伟大事业。中国特色社会主义是关于什么是社会主义，如何建设社会主义的科学理论体系，回答了人类文明发展的一般规律、社会主义发展的一般规律和党的执政规律，是马克思主义与中国具体实践相结合的理论结晶，是中国化时代化的马克思主义。

中国特色社会主义是党执政的思想、政治基础。中国共产党正是通过带领全国人民探索、实践、发展中国特色社会主义，把国家领上富强之路，把民族领上复兴之路，把人民领向幸福之路，展示了伟大、光明的发展前景；赢得了各族人民的拥护，也越来越获得国际社会的理解和认同，展示了中国共产党执政的深厚历史根基和蓬勃生命力。这其中扎实推进共同富裕的地位不可替代、举足轻重。

在中国特色社会主义、共同富裕的研究中，在党中央有关的重要会议和文件中，能够看到“中国特色社会主义的本质属性和价值目标是实现共同富裕”“共同富裕是中国特色社会主义的根本原则”“共同富裕是社会主义的本质要求，是中国式现代化的重要特征”“共同富裕是中国特色社会主义的重要内容”“共同富裕是中国特色社会主义的中心主题”“实现全体人民的共同富裕是社会主义的最终目标”“共同富裕是发展中国特色社会主义必须坚持的理想信念，是建设中国特色社会主义的必由之路”等表述。共同富裕之于中国特色社会主义之所以会有这么多定性的表达，从根本上而言，是因为共同富裕是中国特色社会主义最鲜明的底色。中国特色社会主义的原则、目标与标志，主题、内容与要求，特征、信念与方略，等等，都必须旗帜鲜明地彰显共同富裕这一

① 习近平：《在庆祝中国共产党成立 100 周年大会上的讲话》，《人民日报》2021 年 7 月 2 日。

底色。

中国特色社会主义的核心是社会主义，特点是中国特色。离开中国特色谈社会主义，现实的社会主义体制必然会走向僵化；离开社会主义谈中国特色，中国特色也就远离了社会主义的本质属性和价值目标，或者变成了名义上的社会主义，实质上的非社会主义。

什么是社会主义？邓小平同志曾经从不同的角度作过许多阐述，集中到一点，就是共同富裕。邓小平同志有很多关于“贫穷不是社会主义，社会主义要消灭贫穷”“社会主义的任务很多，但根本的一条就是发展生产力”的言论，以至于有很多人误以为解放和发展生产力是邓小平同志关于社会主义本质理论的核心内容。然而，应当清晰地认识到，邓小平同志谈解放和发展生产力，从来都是将其与共同富裕紧密联系在一起。他曾旗帜鲜明地指出：“社会主义的本质，是解放生产力，发展生产力，消灭剥削，消除两极分化，最终达到共同富裕。”①

党的十八大突出强调了共同富裕的根本地位，在中国特色社会主义的基本要求中旗帜鲜明地指出，必须坚持走共同富裕道路，共同富裕是中国特色社会主义的根本原则。党的十九届五中全会旗帜鲜明地突出了共同富裕的时代价值，指出中国特色社会主义的突出特点和巨大优势是坚持不懈地走人民群众共同富裕的道路，始终把改善民生，把增强人民的幸福感、获得感和安全感，摆在党和国家各项工作的重要位置，作为改革开放的出发点和落脚点。②党的二十大突出强调，中国式现代化是全体人民共同富裕的现代化。③

（三）共同富裕关乎我们这样伟大的政党和伟大的中国特色社会主义进入新时代、迈进新征程坚持什么道路，往哪个方向走的根本问题

中国共产党伟大的建党与发展过程，就是共同富裕的点滴探索与步步推

---

① 《邓小平文选》第三卷，人民出版社 1993 年版，第 373 页。

② 《中国共产党第十九届中央委员会第五次全体会议文件汇编》，人民出版社 2020 年版。

③ 习近平：《高举中国特色社会主义伟大旗帜 为全面建设社会主义现代化国家而团结奋斗——在中国共产党第二十次全国代表大会上的报告》（2022 年 10 月 16 日），人民出版社 2022 年版。

动过程。中国共产党创造着人民的共同富裕，人民的共同富裕也见证了中国共产党不断发展与壮大。新时代新征程的中国特色社会主义，是中国共产党领导的、实现共同富裕的社会主义。

回望百年辉煌成就，中国共产党所领导的中国特色社会主义事业奠定了共同富裕的坚实基础。站在第二个百年的历史关口，中国共产党再次旗帜鲜明地强调共同富裕，并将其提升到前所未有的高度。这是基于对中国共产党百年奋斗历程的高度总结，是在充分肯定中国共产党百年伟大成就基础上，吸取经验教训，以期再奋进、再创新辉煌的准确论断，也是对当前中国特色社会主义进入新发展阶段所面临的突出矛盾，所对应的发展需求的准确把握和判断。

进入新发展阶段，人民日益增长的美好生活需要和不平衡不充分的发展之间的矛盾成为我国社会主要矛盾。实现共同富裕成为新发展阶段处理和解决好社会主要矛盾的基本路向和根本目标。

走进新时代，迈入新征程，中国共产党赋予共同富裕新时代的内涵、目标与使命，丰富了中国特色社会主义新时代的内涵、目标与使命。习近平总书记在庆祝中国共产党成立100周年大会上的讲话中指出："我们必须紧紧依靠人民创造历史，着力解决发展不平衡不充分问题和人民群众急难愁盼问题，推动人的全面发展、全体人民共同富裕取得更为明显的实质性进展！"①

二、中国共产党实现共同富裕的百年历史初心

共同富裕不是时代新词，他与中国共产党的初心与使命命运相连，起源于百年前的旧中国，孕育于中国共产党的百年奋斗之中。伴随着中国特色社会主义实践的探索与发展，以及马克思主义中国化理论的不断深入拓展，中国共产党在百年的奋斗历程中，基于不同历史时期的历史使命与任务，对共同富裕有不同的认识和理解；基于一个又一个历史时期的不断探索和累积，对共同富

---

① 习近平：《在庆祝中国共产党成立100周年大会上的讲话》，人民出版社2021年版，第12页。

裕的内涵与目标、方向与路径有了不断的丰富与拓展。

19 世纪末 20 世纪初，无数中华民族的有志之士为了民族的救亡图存，曾尝试过很多可能，尝试过很多在当时看来似乎有走通可能的道路，科学救国、教育救国、实业救国，洋务运动、戊戌变法、清末新政和“预备立宪”、辛亥革命等，都在当时产生了巨大的影响，有的甚至对中华民族的历史变革起到了推波助澜的重大作用。这些道路最终都没能走通。直到苏联十月革命一声炮响，马克思主义和社会主义传入中国，一批被新文化运动和五四运动感召并成为历史潮流引领者的知识分子、爱国青年创立了中国共产党。在内忧外患、亡国灭种的危难时期，中国共产党在多种暗黑势力的围追堵截之中燃起了星星之火，并以超越时代的速度发展壮大。

中国共产党人和这个伟大的政党为什么能够蹚出一条血路，并踏成康庄大道？在当时黑暗的时代和灰暗的社会里，中国共产党开创了一个历史新纪元，历史也最终选择了中国共产党。中国共产党人是中华民族 100 多年救亡图存历史中的仁人志士中的佼佼者，是近代以来革命的集大成者。仅仅只是仁人志士中的佼佼者，产生不了马克思主义。

推动科学救国、教育救国、实业救国，以及洋务运动、戊戌变法、清末新政和“预备立宪”、辛亥革命的仁人志士也是佼佼者，中国共产党的一部分开创者曾经也是这些道路的追随者。传统社会以来的革命，首先要解决的是土地问题，革命的主力军始终是广大农民。近代以来的革命同样首先解决的是土地问题，革命所能依靠和团结的主力军也依然是农民。从这一点而言，中国共产党所领导的新民主主义革命与过去的农民起义并非没有相同之处，但传统社会时期的农民起义最终都以失败告终，而中国共产党所领导的新民主主义革命尽管曾遭遇千难万阻，但最终取得了划时代的胜利。历史证明，同样是仁人志士，同样是佼佼者，中国共产党人找到了前人所未曾找到的革命真理、制胜法宝，选择了一条本质上根本不同的道路。归结起来，就是找到了中国化的马克思主义，走上了一条来自人民、依靠人民、为了人民，解放人民，消灭私有制，消灭剥削与压迫，消灭贫穷与落后的道路。这条道路历经百年，踏成共同富裕的康庄大道。

来自人民、依靠人民，还必须始终为了人民。正如毛泽东同志所言，知识分子如果不与工农相结合，则将一事无成。农民起义需要经过共产党先锋队的发动、启发和带领，需要中国共产党人这些先进分子、爱国青年们深入实际、走进基层，向广大工农学习，从工农群众中获得养料和启发，进而和广大农民站在一起，成为维护他们根本利益的代表。

土地革命需要以消灭私有制、消灭剥削与压迫、消灭贫穷与落后为根本，从源头上铲除土地问题和土地矛盾之祸根，使广大农民能够长久、世代不再遭受剥削与压迫，能够看到摆脱贫困与落后的希望。

因此，中国共产党诞生之初，中国共产党人就埋下了中国特色社会主义的种子，也埋下了全体人民共同富裕的种子。尽管那时候中国共产党人尚未将其称为共同富裕。但不能否认，消灭私有制、消灭剥削与压迫、消灭贫穷与落后就是那个时代推动共同富裕的根本目标。

三、中国共产党实现共同富裕的百年一贯遵循

实现共同富裕是一个跨时代的历史渐进过程，道阻且长，漫长而艰辛。因而，实现全体人民的共同富裕成为一代又一代中国共产党人的毕生追求和矢志不渝的奋斗理想。

百年来，中国共产党带领中华儿女创造一个又一个伟业，实现共同富裕的初心始终不改。正是中国共产党百年来对共同富裕这个奋斗理想的始终遵循和赓续奋进，才成功应对了一个又一个国际国内的冲击与挑战，攻克了一个又一个的国际国内的危机与磨难，昂首阔步迈进第二个百年奋进的新时代。

百年奋斗过程中，中国共产党人中并非没有出现过对建党初心的怀疑者、对奋斗理想的松懈者，中国共产党也曾遭受过重创。庆幸的是，老一辈中国共产党的领航者，把握住了举什么旗帜、走什么道路的主动权，团结领导中国共产党人把稳了社会主义的航向。

“社会主义的目的就是要全国人民共同富裕，不是两极分化。如果我们的政策导致两极分化，我们就失败了；如果产生了什么新的资产阶级，那我们就真是走了邪路了。总之，一个公有制占主体，一个共同富裕，这是我们所必须

坚持的社会主义的根本原则。”① “如果搞两极分化，情况就不同了，民族矛盾、区域间矛盾、阶级矛盾都会发展，相应地中央和地方的矛盾也会发展，就可能出乱子。”② 一些影响深远的重要抉择与判断，就是在重要的历史关口，重大的问题决断上，邓小平等老一辈中国共产党的领航者发起的关于举什么旗帜、走什么道路，社会主义向什么方向航行的历史号召。

经过一百年的筚路蓝缕，几十年改革开放的累积，今天，中华民族已经今非昔比。中国已然成为世界第二大经济体。我国的经济总量快速增长到 2020 年的 101.6 万亿元，相较于 1985 年的 0.9 万亿元，增长了 112 倍。2019 年、2020 年，人均国内生产总值超过 1 万美元。2020 年，全国居民人均可支配收入比 2010 年实际增长 100.8%。在建党百年的神圣时刻，中国共产党庄严地向全世界宣告：中国摆脱了绝对贫困与落后的面貌，全面建成了小康社会。③

已然走过这么漫长而辉煌的道路，已然取得如此伟大的发展成就，已然拥有了长久执政的稳定之基，中国共产党的百年赓续奋进是否可以歇歇脚？实现共同富裕的道路上，没有服务区和休息站，百年奋进、久久为功，来不得半点松懈。完成了百年奋斗目标，还有第二个百年奋斗目标在等着中国共产党人去追寻和实现。即便是今天的中国，即使是取得如此伟大的发展成就，也尚且只是为实现共同富裕奠定了坚实的基础，为取得全体人民共同富裕的实质性发展创造了基础与条件。如今，依然与我们百年来所追求的实现共同富裕的最终目标有着巨大差距，实现共同富裕的道路仍然还有很长一段路要走。中国共产党人必须守住共同富裕的百年初心，坚持共同富裕的百年一贯遵循，在推动并实现共同富裕的道路上赓续奋进。

---

① 《邓小平年谱（一九七五——一九九七）》下卷，中央文献出版社 2004 年版，第 1032—1033 页。

② 《邓小平文选》第三卷，人民出版社 1993 年版，第 364 页。

③ 习近平：《在庆祝中国共产党成立 100 周年大会上的讲话》，《人民日报》2021 年 7 月 2 日。

第二节　中国共产党推进共同富裕的百年赓续历程与成就

中国共产党百年奋进历程共经历四个重要时期。中央党史和文献研究院院长曲青山在其《中国共产党百年辉煌》一书中将这四个重要时期划分为：从1921年7月至1949年10月新民主主义革命时期；从1949年10月至1978年12月社会主义革命和建设时期；从1978年12月至2012年11月改革开放和社会主义现代化建设新时期；从2012年11月至今中国特色社会主义新时代。[①]这是中国共产党中央重要组织机构作出的重要论断，具有一定权威性。伟大的建党与发展过程，归结起来是共同富裕的点滴探索与步步推动过程。中国共产党百年奋进历程历经四个重要时期，也代表着中国共产党的共同富裕实践之路历经四个重要递进阶段。历经四个重要时期，中国共产党实现了从星星之火到举世瞩目的百年辉煌。在中国共产党的伟大领导下，中国特色社会主义事业和中国人民的共同富裕事业历经四个重要递进阶段的积累与发展，完成四个层层递进且皆具有划时代意义的重大目标，而今举世惊叹。

一、开天辟地的红色革命铸就共同富裕基底

1921年7月至1949年10月，从中国共产党的成立到中华人民共和国建立，短短28年时间里，中国共产党领导中华儿女彻底推翻了“三座大山”，赢得自由和解放，开创了中国的新纪元，奠定了中国的根本政治根基和制度基础。开天辟地的伟大壮举解放了人民，消灭了剥削与压迫，消灭了私有制，中国共产党人用血肉构筑起鲜红的共同富裕坚实基座，在祖国的四海山川埋下了共同富裕的生命种子。

无论是中国共产党早期领导人的建党构想，还是中国共产党早期党组织

① 曲青山：《中国共产党百年辉煌》，人民出版社2021年版。

的建党行为，都充分彰显出推动并实现共同富裕的建党初衷。早在1920年11月，中国共产党上海党组织创办《共产党》月刊和制定《中国共产党宣言》时，就明确了“共产党”的名称。中国共产党的早期领导人陈独秀在《政治改造与政党改造》中指出“只有以共产党代替政党，才有政治改造的希望”，并说“新的共产党究竟如何，全靠自己做出证据来才能使人相信啊！”。这一时期，中国共产党的第一个宣言《中国共产党宣言》明确阐明了中国共产主义者关于创立共产主义新社会的理想，提出了“消灭私有制、实行生产资料共有，废除旧的国家机器，消灭阶级的建党主张”。

中国共产党的早期领导人李大钊在对未来社会主义进行构想时明确指出，“社会主义是要富的，不是要穷的”，要使“人人均能享受平均的供给，得最大的幸福”。① 根据当时的中国国情，农民占全国人口的绝大多数，如何让广大农民尽快摆脱贫穷落后和解决他们的生活温饱及富裕问题成为当时的迫切任务。正因为如此，中国共产党无论在井冈山时期、延安时期还是西柏坡时期，都把“耕者有其田”作为实现农民富裕的必要条件，把“打土豪、分田地”作为实现农民生活富裕的主要手段。

1925年，毛泽东同志曾就关于为什么要革命作出重要论断，他指出，“为了使中华民族得到解放，为了实现人民的统治，为了使人民得到经济的幸福”②。后来，毛泽东同志对如何实现人民富裕和国家富强作过多次重要论述，指出：“没有独立、自由、民主和统一，不可能建设真正大规模的工业。没有工业，便没有巩固的国防，便没有人民的福利，便没有国家的富强。”③

共同富裕的坚实基座来之不易。1921年至1949年，据不完全统计，全国有名可查的革命烈士达370多万人，平均每天牺牲370多人。④ 正是因为惨重的牺牲和不可估量的代价，中国共产党人才能够带领中华儿女经过长期的浴血奋战，最终取得革命的伟大胜利，实现了中华民族有史以来最为广泛

① 《李大钊全集》第四卷，人民出版社2013年版，第458、246页。

② 《毛泽东文集》第一卷，人民出版社1993年版，第21页。

③ 《毛泽东选集》第三卷，人民出版社1991年版，第1080—1081页。

④ 曲青山：《中国共产党百年辉煌》，人民出版社2021年版。

而深刻的社会变革。

二、改天换地的社会主义革命与建设夯实共同富裕根基

1949 年 10 月至 1978 年 12 月，是社会主义革命与建设的重要时期。中华人民共和国成立了，中国人民从此站立起来了，社会主义的基本制度得以完全确立，这是几千年中华民族历史上最浓墨重彩的一笔。然而，刚刚成立的新中国，几乎一穷二白。“人口多、底子薄”，到处是千疮百孔的穷困局面，社会经济发展水平很低，人民生活水平困苦不堪。1954 年 6 月，毛泽东同志提出：“现在我们能造什么？能造桌子椅子，能造茶碗茶壶，能种粮食，还能磨成面粉，还能造纸，但是，一辆汽车、一架飞机、一辆坦克、一辆拖拉机都不能造。”①

彻底消灭私有制，巩固完善社会主义根本制度，恢复生产，发展社会主义经济，改变贫穷与落后的面貌，是社会主义革命与建设这一重要时期的社会主旋律。也正是在这一重要时期，共同富裕的概念首次被提出，并与推进社会主义改造，确立社会主义公有制主体地位紧密相连，被写进中国共产党的基本经济制度中。

1953 年 12 月 16 日，中共中央《关于发展农业生产合作社的决议》指出：“逐步实行农业的社会主义改造，……并使农民能够逐步完全摆脱贫困的状况而取得共同富裕和普遍繁荣的生活。”这标志着共同富裕概念首次正式被提出。

1955 年，毛泽东同志明确指出：“现在我们实行这么一种制度，这么一种计划，是可以一年一年走向更富更强的，一年一年可以看到更富更强些。而这个富，是共同的富，这个强，是共同的强，大家都有份……”“这种共同富裕，是有把握的，不是什么今天不晓得明天的事。”②在党的七届六中全会关于《关于农业合作化问题》的报告中，毛泽东同志旗帜鲜明地指出：“要巩固工农联盟，我们就得领导农民走社会主义道路，使农民群众共同富裕起来……”③

---

①《毛泽东文集》第六卷，人民出版社 1999 年版，第 329 页。

② 同上书，第 495、496 页。

③《毛泽东年谱（一九四九——一九七六）》第二卷，中央文献出版社 2013 年版，第 449 页。

1956年，毛泽东同志发表《论十大关系》重要讲话，进一步阐述了共同富裕的内涵与阶段性的发展途径，包括优先发展生产资料，同时不忽视生活资料的生产；“使工业布局逐步平衡”，以协调区域发展；工人的劳动条件和集体福利需要逐步改进，“工资也需要适当调整”以便缩小收入差距；“积极帮助少数民族发展经济建设和文化建设”等。在毛泽东思想指导下，中国共产党通过消灭封建土地制度残余，废除官僚资本主义和帝国主义在华经济特权，并以社会主义公有制的方式对农业、手工业和资本主义工商业进行社会主义改造，确立了党和人民的经济社会主体地位，并逐步建立健全了人民当家作主的政治、经济、文化、社会制度。

社会主义建设夯实共同富裕根基。从1949年10月至1978年12月的近30年时间里，中国特色社会主义进入一个特殊的社会主义革命与建设时期。一方面，要在巩固并完成新民主主义革命的基础上，开展社会主义革命。另一方面，要在“千疮百孔、一穷二白”的中华大地上建立起社会主义公有制的根本制度，并通过自力更生、艰苦创业来恢复生产，发展经济。正是从这一时期开始，共同富裕被正式提出，被赋予时代价值和地位，并上升到党和国家的根本制度层面。中国共产党对什么是共同富裕有了全面而深刻的认识。这一时期中国共产党人领导中华儿女所开展的轰轰烈烈的革命与建设，从政治、经济、文化、社会等根本制度，从长远的发展理念、目标、策略与路径等方面，为共同富裕夯实了足以保障未来数十年发展的根基。

三、翻天覆地的改革开放绘就共同富裕蓝图

经过近30年的探索和积累，到1978年改革开放前夕，中国的农业、工业、国防和科学技术皆取得了显著成就，即便是“文化大革命”期间，中国的发展也未曾止步，在一些关系国家命脉的领域依然取得了显著成就。到1976年，中国共计修建85635座大中小型水库，其中97.3%的水库是在“文化大革命”期间修建完成的。[①] 兴修水利为我国的粮食生产提供了重要的保障。

① 毛铖：《改革开放40年：湖北农村公共服务》，中国社会科学出版社2018年版。

1976年，粮食生产增加到28630万吨，比1965年增加9175万吨，增长47%，这其中水利工程的保障作用甚为突出。[①] 同样在“文化大革命”期间，工业交通、基本建设和科学技术等方面均取得新成就。成昆铁路、湘黔铁路、南京长江大桥相继建成，一些技术先进的大型企业投产。氢弹试验、人造卫星等事关国防和宇宙航天技术等关键领域取得历史性的突破。

当1978年中国改革开放的大门缓缓打开的时候，中国已经拥有了基本的农业、工业、国防和科学技术体系，也在包括这些关键领域在内的各领域有了重要的积累，为中国进入一个快速崛起的黄金时期奠定了重要基础。但必须客观地认识到，改革开放前，特别是“文化大革命”期间，经济、社会发展依然难以满足广大人民的生产、生活需要，使得广大人民的生活水平长期得不到显著改善。有相当一部分人民群众长期生活在贫困以下。改革开放之后的1986年、1987年、1988年、1989年、1990年、1991年、1992年、1993年，分别以213元/年、227元/年、236元/年、259元/年、300元/年、304元/年、320元/年、350元/年的农村人均纯收入为标准，当时的中国各年分别有1.31亿、1.22亿、0.96亿、1.02亿、0.85亿、0.94亿、0.8亿、0.8066亿贫困人口。[②]

正是在中华人民共和国成立后的30年经济社会发展与全社会积累的基础保障下，在全体中国人民急盼发展的渴望中，中国共产党带领全国人民“开国门、行改革”，一心一意谋中国特色社会主义发展。共同富裕被提升到前所未有的高度，并进入跨越式发展的黄金时期。

1978年12月，党的十一届三中全会召开，党中央提出了“先富带动后富”“消除两极分化”，达到共同富裕的发展思路。1984年10月，党的十二届三中全会明确指出：“如果把共同富裕理解为完全平均和同步富裕，不但做不到，而且势必导致共同贫穷。只有允许和鼓励一部分地区、一部分企业和一部分人依靠勤奋劳动先富起来，才能对大多数人产生强烈的吸引和鼓舞作用，并

---

① 中国经济年鉴编辑委员会编辑：《中国经济年鉴：1982》，经济管理杂志社1982年版。

② 张磊、黄承伟、任燕顺、汪三贵等：《中国扶贫开发历程（1949—2005年）》，中国财政经济出版社2007年版。转引自宋亚平、何建刚、毛铖：《伟大脱贫攻坚事业中的湖北贡献》，崇文书局2021年版。

带动越来越多的人一浪接一浪地走向富裕。”① 会议通过的《中共中央关于经济体制改革的决定》勾勒了共同富裕的基本框架，明确了“先富带动后富”，最终走向共同富裕的发展方向。

为了防止在经济快速发展的过程中，偏离共同富裕的初衷，邓小平同志曾多次强调“共同富裕”的根本要求，这一时期的中央历次重要会议也都分别作出了强调和部署。1985 年 3 月，在全国科技工作会议上，邓小平同志指出：“社会主义的目的就是要全国人民共同富裕，不是两极分化。如果我们的政策导致两极分化，我们就失败了；如果产生了什么新的资产阶级，那我们就真是走了邪路了。”② 1987 年 10 月，党的十三大指出，“初级阶段的分配方式不可能是单一的，是以按劳分配为主，其他分配方式为补充”。强调在初级阶段我们的分配政策既要有利于善于经营的企业和诚实劳动的个人先富起来，合理拉开收入差距，又要防止贫富悬殊，坚持共同富裕的方向，在促进效率提高的前提下体现社会公平；制定了分三步走到 21 世纪中叶基本实现现代化的发展战略。

1990 年，邓小平同志提出要通过对国民收入的再分配来实现共同富裕：“现在有些地区，允许早一点、快一点发展起来，但是到一定程度，国内也好，地区也好，集体也好，就要调节分配，调节税要管这个。”③ 1992 年春天，邓小平同志在视察南方时，再次厘清了“先富后富”的辩证关系。同年 10 月，党的十四大第一次提出分配要“兼顾效率与公平”，同时将缩小地区、城乡之间发展差距纳入共同富裕的范畴之内。此后，我国先后提出了西部发展战略、振兴东北战略和中部崛起战略，从扭转地区差别扩大的趋势入手，推进协调发展，促进共同富裕的实现。

1993 年，邓小平同志就共同富裕再次指出分配问题：“过去我们讲先发展起来。现在看，发展起来以后的问题不比发展时少。十二亿人口怎样实现富裕，富裕起来以后财富怎样分配，这都是大问题。题目已经出来了，解决这个

① 《改革开放三十年重要文献选编（上）》，中央文献出版社 2008 年版，第 356 页。

② 《邓小平文选》第三卷，人民出版社 1993 年版，第 110—111 页。

③ 《邓小平年谱（一九七五——一九九七）》下卷，中央文献出版社 2004 年版，第 1317 页。

问题比解决发展起来的问题还困难。分配的问题大得很。我们讲要防止两极分化，实际上两极分化自然出现。要利用各种手段、各种方法、各种方案来解决这些问题。”①

1997年9月，党的十五大确立了社会主义初级阶段的基本经济制度，就是“坚持和完善按劳分配为主体的多种分配方式，允许一部分地区一部分人先富起来，带动和帮助后富，逐步走向共同富裕”，而“四项坚持”的目的就是“保证国民经济持续快速健康发展，人民共享经济繁荣成果”。

2002年11月，党的十六大强调了初次分配与再分配的不同分工，提出了全面建设小康社会的奋斗目标，至此共同富裕的目标内涵逐步清晰。2007年10月，党的十七大进一步明确深化收入分配制度改革的方向和任务，是从实际出发对效率和公平关系认识的不断深化和完善。

值得强调的是，1986年为了解决“地区贫困”这一实现共同富裕最艰巨、最紧迫的难题，党中央、国务院正式成立国务院贫困地区经济开发领导小组，随后于1993年更名为国务院扶贫开发领导小组，并相应在省、市、县组建相对应且名称一致的机构。不久，包括全国东、中、西部地区的331个县（市）被认定为新中国成立后的第一批国定贫困县，一系列相应的扶持政策和措施相继出台。也正是从这一时期开始，全国性大规模扶贫工作拉开序幕。②

从党的十一届三中全会到党的十七大，中国共产党关于共同富裕的战略思想得到进一步丰富完善，对于推动和实现什么样的共同富裕和怎么逐步推动并实现共同富裕有了更深刻的理论思考和更深入的实践探索。正是因为中国共产党不遗余力的努力与奋斗，从1978年12月至2012年11月，历经30多年的改革开放跨越式发展时期，推动共同富裕事业实现了从点状、线状着力到全面推进，从摆脱“一穷二白”的贫困与落后面貌到努力实现富裕小康的跨越提升，为中国特色社会主义新时代共同富裕迈进高质量发展阶段奠定了全面基础。

---

① 《邓小平年谱（一九七五——一九九七）》下卷，中央文献出版社2004年版，第1364页。

② 国务院贫困地区经济开发领导小组办公室：《中国贫困地区经济开发概要》，中国农业出版社1989年版。转引自宋亚平、何建刚、毛铖：《伟大脱贫攻坚事业中的湖北贡献》，崇文书局2021年版。

四、惊天动地的新时代新征程铺开共同富裕画卷

党的十八大以来，中国共产党领导的中国特色社会主义新时代的探索与发展，对于怎么进一步推动并实现共同富裕有了历史性的新判断与把握，并且用实际行动完成了阶段性的跨越发展目标，绘就了2035年远景目标，有力地证明了实践方略与道路的正确。以习近平同志为核心的党中央，把逐步推动并实现全体人民的共同富裕摆在更加重要位置，对共同富裕的理论和道路作了新的阐释，对共同富裕的阶段性目标和未来前进方向作了新的部署。

早在十八届中央政治局常委同中外记者见面时，习近平总书记就指出："我们的责任，就是要团结带领全党全国各族人民，继续解放思想，坚持改革开放，不断解放和发展社会生产力，努力解决群众的生产生活困难，坚定不移走共同富裕的道路。"① 2015年8月，在就中共中央关于制定"十三五规划"听取意见建议时，习近平总书记指出："我们追求的发展是造福人民的发展，我们追求的富裕是全体人民共同富裕。"② 2017年，党的十九大明确共同富裕的实施时间表：到2035年，"全体人民共同富裕迈出坚实步伐"；到21世纪中叶，"全体人民共同富裕基本实现"。

2020年10月，党的十九届五中全会对扎实推动共同富裕作出重大战略部署，明确到2035年基本实现社会主义现代化远景目标，其中首次提出"全体人民共同富裕取得更为明显的实质性进展"。③

2021年6月，中共中央、国务院《关于支持浙江高质量发展建设共同富裕示范区的意见》发布，从此中国实现共同富裕现代化有了"样板"。2021年8月，中央财经委员会第十次会议召开，习近平总书记在会上发表重要讲话，系统性回答了"为什么要推动共同富裕、什么是共同富裕、怎样扎实推动共同富裕"等一系列重大理论和实践问题，为新发展阶段扎实推动共同富裕提供了

① 《习近平谈治理理政》，外文出版社2014年版，第4页。

② 习近平：《在中共中央召开的党外人士座谈会上的讲话》，《人民日报》2015年10月31日。

③ 《十九大以来重要文献选编（中）》，中央文献出版社2021年版，第820页。

科学指引。①

2021 年 11 月，党的十九届六中全会审议通过的《中共中央关于党的百年奋斗重大成就和历史经验的决议》，把“逐步实现全体人民共同富裕”作为中国特色社会主义新时代的重要特征之一，作为习近平新时代中国特色社会主义思想的重要内容，强调中国共产党只要“坚定不移走全体人民共同富裕道路，就一定能够领导人民夺取中国特色社会主义新的更大胜利”。

2022 年 10 月，党的二十大报告明确指出，“从现在起，中国共产党的中心任务就是团结带领全国各族人民全面建成社会主义现代化强国、实现第二个百年奋斗目标，以中国式现代化全面推进中华民族伟大复兴”；并明确强调“中国式现代化是全体人民共同富裕的现代化”，“我们坚持把实现人民对美好生活的向往作为现代化建设的出发点和落脚点，着力维护和促进社会公平正义，着力促进全体人民共同富裕，坚决防止两极分化”。②

在习近平新时代中国特色社会主义思想，特别是习近平总书记关于共同富裕重要论述的指引下，中国共产党团结带领全国各族人民朝着实现共同富裕的目标不懈努力，推动区域协调发展，采取有力措施保障和改善民生，充分发挥党的领导和我国社会主义制度的政治优势，实施“精准扶贫”战略，组织实施了人类历史上规模空前、力度最大、惠及人口最多的脱贫攻坚战。在中国共产党成立一百周年的重要时刻，完成了消除绝对贫困的艰巨任务。③

脱贫攻坚的伟大胜利，标志着中国全面建成小康社会。绝对贫困这一共同富裕最艰巨、最紧迫的障碍得以“扫除”，意味着中国特色社会主义的共同富裕追求与奋斗目标实现了又一次跨越式的提升，达到了中华民族几千年发展史上前所未有之高度。

---

① 习近平：《在高质量发展中促进共同富裕　统筹做好重大金融风险防范化解工作》，《人民日报》2021 年 8 月 18 日。

② 习近平：《高举中国特色社会主义伟大旗帜　为全面建设社会主义现代化国家而团结奋斗——在中国共产党第二十次全国代表大会上的报告》（2022 年 10 月 16 日），人民出版社 2022 年版，第 21、22 页。

③ 《全国脱贫攻坚总结表彰大会在京隆重举行》，《人民日报》2021 年 2 月 26 日。

着眼未来，尽管中华民族伟大复兴奋进目标尚未实现，全体中国人民的共同富裕还有很长的路要走，但在新时代新征程中，中国共产党和中国特色社会主义有了新的更高追求，中国共产党和中华儿女也必将更有信心、更有底气、更有实力，推动全体人民共同富裕取得更为明显的实质性进展。

第三节 中国特色社会主义新时代新征程共同富裕的实践路径探索

习近平总书记指出："共同富裕是社会主义的本质要求，是中国式现代化的重要特征，要坚持以人民为中心的发展思想，在高质量发展中促进共同富裕。"① 实现共同富裕要坚持尽力而为、量力而行。共同富裕是社会主义的本质要求，也是中国共产党的奋斗理想，更是广大人民群众的热切期盼。共同富裕要尽力而为，要全心全意、不遗余力。

站在第二个百年的历史关口，踔厉奋进在中国特色社会主义新时代的新征程上，实现共同富裕的实践路径是什么？这是一个很难回答的理论问题、现实问题。推动并实现共同富裕是一项系统性的伟大工程，绝不单单是某一个或者某些领域的战略行动，需要全社会，包括政治、经济、文化、社会、生态等各领域、各系统的协同推进，需要全体中华儿女的勠力同心。必须着眼全局、整体统筹推进，实现经济、政治、文化、社会和生态"五位一体"的全面跃升。推动并实现共同富裕是一项历史性的伟大工程，所要解决的问题和所要实现的目标是中华民族期盼了数千年的尚未实现的夙愿，意味着推动并实现共同富裕并非一朝一夕之功，必然要有历史的耐心，要有久久为功的决心。推动并实现共同富裕是一项跨越性的伟大工程。共同富裕的实践与探索，有历史的规律、历史的根源可循，有前进的紧迫与压力、奋斗与动力，但没有现实可供参

① 习近平：《在高质量发展中促进共同富裕 统筹做好重大金融风险防范化解工作》，《人民日报》2021 年 8 月 18 日。

考的经验可学、模式可仿。超越过去，跨越现实，着眼未来的伟大壮举，意味着现实的经验与实践路径都将难以行之有效，必然要有跨越历史、跨越现实的伟大创造。

面对系统性、历史性、跨越性的伟大工程，立足于根本的政治方向，从而准确把握共同富裕的实践路径方向，树立起共同富裕的鲜明旗帜十分重要，这无疑也是共同富裕实践路径探索上不可或缺的重要组成部分。从政党与政治专业方向出发，探讨迈入中国特色社会主义现代化建设新时代新征程，推动共同富裕的实践方向与路径，应当从确立根本指导思想与原则、树立递进目标与渐进主义策略、着力统筹协调六大共同富裕关系、着重推进以城乡协同为中心的共同富裕实践行动等方面，把握住共同富裕的实践路径方向，树立起全党全国全社会共同推进共同富裕的鲜明旗帜。

一、确立共同富裕的根本指导思想与原则

探索共同富裕的实践路径，要求全党全国人民必须始终坚持以马克思列宁主义、毛泽东思想、邓小平理论、“三个代表”重要思想、科学发展观、习近平新时代中国特色社会主义思想作为根本指导思想和行动指南。坚持马克思列宁主义、毛泽东思想、邓小平理论、“三个代表”重要思想、科学发展观、习近平新时代中国特色社会主义思想的根本指导地位，是新时代建党之本，应当成为中国共产党领导全党和全国人民探索共同富裕实践路径的根本指导思想和行动指南。

进入中国特色社会主义新时代新征程，探索和开创共同富裕新的伟大实践，必须高举习近平新时代中国特色社会主义思想，将习近平新时代中国特色社会主义思想中有关政治、经济、文化、社会、生态等关乎共同富裕的有关思想体系，作为在政治、经济、文化、社会、生态等各领域、各系统探索共同富裕实践路径的具体指导思想和行动指南。

探索共同富裕的实践路径，既不能照搬经验而不图新，也不能完全一味求新求异。必须坚持赓续百年建党精神，注重百年伟业传承，继往开来再创辉煌的实践遵循。既要将百年建党精神赓续下去，也要立足新时代新征程，赋予

并丰富百年建党精神新时代的内涵与价值；既要注重传承百年共同富裕探索的伟业，也要奋进于新时代新征程，创造属于新时代新征程的新伟业。过去尚未走完的路，尚未实现的宏伟目标，应当持之以恒走下去，不达目标誓不休。新时代新征程，当致敬过去，更当致敬未来，树立新的共同富裕伟大目标，并奋力争先，创造新的辉煌成就。

作为一个伟大的政党，中国共产党致力于推进共同富裕伟大工程，坚持从党的根本宗旨出发，确立根本的实践指导原则。中国共产党领导全国人民探索共同富裕实践路径的根本指导原则，归结起来有以下几点：第一，坚持根本指导思想的根本指导地位。将马克思列宁主义、毛泽东思想、邓小平理论、“三个代表”重要思想、科学发展观、习近平新时代中国特色社会主义思想作为探索共同富裕实践路径的根本指导思想和行动指南，并且毫不动摇地长期坚持下去。第二，坚持解放思想，实事求是，与时俱进，求真务实。第三，坚持以人民为中心，一切依靠人民、为了人民。坚持权为民所用、情为民所系、利为民所谋，从群众中来、到群众中去。第四，坚持民主集中制。实行正确的集中，牢固树立“四个意识”，坚定维护以习近平同志为核心的党中央权威和集中统一领导，保证全党的团结统一和行动一致，保证党的决定得到迅速有效的贯彻执行。

二、树立递进目标与渐进主义策略

全面建成富强民主文明和谐美丽的社会主义现代化强国，实现中华民族的伟大复兴，最终实现共产主义，是中国共产党领导全党和全国人民实现共同富裕的最终目标。党和人民必须向着这一最终目标孜孜不倦、不懈追求。

共同富裕的最终目标是由一个又一个的阶段性目标累积、叠加起来的总目标。不同历史时期的阶段性目标，对应不同时期和不同阶段的历史性目标与任务。在当前所处的新时代历史时期和新征程历史阶段，共同富裕的阶段性目标就是使全体人民共同富裕取得更为明显的实质性进展。党的十九届五中全会关于共同富裕今后五年目标和二〇三五年远景目标、二十一世纪中叶愿景目标作了部署。习近平总书记在全会上所作《中共中央关于〈制定国民经济和社会发展第十四个五年规划和二〇三五年远景目标〉的建议》，从经济发展取得新成效、改革开放迈出新步伐、社会文明程度得到新提高、生态文明建设实现新进步、民生福祉达到新水平、国家治理效能得到新提升等方面，明确指出了“十四五”时期经济社会发展的主要目标，为今后五年共同富裕的阶段性目标确立了奋斗方向。

同样，《中共中央关于〈制定国民经济和社会发展第十四个五年规划和二〇三五年远景目标〉的建议》提出2035年远景目标，为到2035年这一历史阶段性的共同富裕目标规划了蓝图。关于本世纪中叶的共同富裕愿景目标，《中共中央关于〈制定国民经济和社会发展第十四个五年规划和二〇三五年远景目标〉的建议》同样指出，在实现2035年远景目标的基础上，我国物质文明、政治文明、精神文明、社会文明、生态文明将全面提升。我国中等收入群体规模将进一步扩大，形成中间大、两头小的橄榄型分配结构；构建初次分配、再分配、三次分配协调配套的基础性制度安排。人民将享有更加幸福安康的生活。①

实现共同富裕是一个历史性的渐进过程。习近平总书记强调，“要深入研究不同阶段的目标，分阶段促进共同富裕”。共同富裕是阶段性目标和最终目标的有机结合。不是同步实现富裕，而是分阶段全过程促进实现富裕。阶段性目标需要坚持循序渐进、尽力而为、量力而行的原则。② 中国共产党领导全国人民探索共同富裕的实践路径，必须始终重视并坚持渐进主义策略。要始终朝着共同富裕的最终目标方向迈进，但同时必须要从一个又一个的阶段性目标出发，一个接着一个努力实现。《中共中央关于〈制定国民经济和社会发展第十四个五年规划和二〇三五年远景目标〉的建议》关于树立渐进主义策略，探索共同富裕的实践路径作了明确强调，指出：“要坚持尽力而为量力而行、坚持循序渐进等原则，着眼长远、科学谋划、周密部署，坚持系统思维，固根基、扬优势、补短板、强弱项，正确处理总体安排与阶段性部署的关系、效率和公平的关系，兼顾需要与可能，确保阶段性目标的可及性，适时调整政策目

① 李毅：《理解共同富裕的丰富内涵和目标任务》，《人民日报》2021年11月11日。

② 周文：《正确认识和把握实现共同富裕的战略目标和实践途径》，《光明日报》2022年4月26日。

标和重点，分阶段扎实推进共同富裕。”[①] 从今后五年目标的实现，到 2035 年远景目标和本世纪中叶目标的实现，都将是一个探索共同富裕实践路径的历史性渐进过程，必须在动态中向前发展，不可能一蹴而就，也不可能齐头并进。我们要坚持稳中求进、循序渐进、久久为功。

三、着力统筹协调六大共同富裕关系

实现共同富裕是一项系统性、历史性、跨越性的伟大工程，需要全社会动员，需要政治、经济、文化、社会、生态等各领域、各系统的协同推进，“五位一体”的全面跃升。实现共同富裕须坚持渐进主义策略，从一个又一个的阶段性目标出发，一个接着一个地去努力实现。在探索共同富裕的实践路径上，应当围绕统筹协调六大共同富裕关系，探索具体可行、能够稳步落地的举措。倘若在共同富裕的实践过程中，不能统筹协调好六大共同富裕关系，不仅会影响共同富裕整体实践的进程和实践目标的实现，还会形成巨大的负影响力，制约甚至阻碍共同富裕实践的推进。

第一，城市与乡村的共同富裕关系。城市与乡村是中国社会关系结构中最重要的两大构成部分。在中国特色社会主义现代化的道路探索过程中，城市与乡村的双轨建设、二元化发展成为中国特色的一部分。这是历史的造就，其结果导致城市与乡村作为中国社会结构中两大构成部分，在中国特色社会主义现代化的进程中，发展基础不同、发展路径不同、发展程度不同。因而，在探索共同富裕的实践过程中，城市与乡村的实践基础不同、实践条件不同，相应在相同时期的实践任务、实践举措必然会有一定差异，实践成效也难以同步。相较于城市，乡村经济社会发展的基础更为薄弱，面临的重难点问题更为突出，所遭遇到的困境与挑战更为复杂。在探索共同富裕的实践过程中，统筹协调城市与乡村的共同富裕关系要求，在乡村的共同富裕实践探索上率先一步，作出“两步并一步”的努力，即先完成弥补与城市间的巨大差距这一基础性但至关重要的目标与任务，再谋求与城市在共同富裕的实践探索中同步共进。

---

① 中共中央宣传部：《中国共产党的历史使命与行动价值》，人民出版社 2021 年版。

第二，不同区域间的共同富裕关系。统筹协调不同区域间的共同富裕关系，主要是指统筹协调东中西部地区间、大中城市与小城市间的共同富裕关系。受我国特殊的地形地貌环境影响，加上改革开放国策的推进进程与推进策略先后不同的影响，造就了改革开放四十多年来我国东中西部地区经济社会发展的巨大差异，东部沿海率先开放发展的地区走在了现代化建设的前面，中部、西部地区不得已在落后中追赶。与此同时，中小城市与大中城市在区位、交通、人口资源、经济基础等方面均存在较大差距，不可避免地造成了经济社会发展的差距，形成了特定的“虹吸效应”。新时代新征程中的共同富裕实践探索，如何处理好区域之间的巨大差距问题，协调好区域间的共同富裕实践进程，防止强者越强、弱者更弱局面的产生十分关键。

第三，先富与后富的共同富裕关系。一部分人先富起来，另一部分人后富起来，这是共同富裕不可回避和不可违背的客观现实。在经济社会发展的过程中，人与人的代际经济社会基础不同，文化程度、社会阅历、能力水平，以及发展机遇不同，必然会产生一部分人生来就拥有优越的经济社会基础；一部分人在奋斗的过程中总是会领先一步，这是自然规律，不以人的客观意志为转移。改革开放四十多年来，我们所倡导的“先富带动后富”理念在一定程度和一定层面得到了实现，但在更大程度和更广层面尚未达到预期，“先富带后富”的成效并不显著。因此，欲在新时代新征程探索共同富裕的实践过程，应当审视“先富带动后富”的共同富裕理念，在统筹协调二者关系上作出更多新的努力，尤其是在如何“带动后富”上应当作出更多的思考和努力。

第四，可富与难富的共同富裕关系。富裕在初始阶段可以视为一个绝对性的概念，意味着可以衡量和划定的基本经济社会发展指标或标准，例如贫困与非贫困之间的划定。当富裕跨越初始阶段之后，就更多呈现为一个相对性的概念。群体之间、国与国之间，富裕不富裕取决于群体、国家的整体经济能力和实力。一个群体相较于其他群体，一个国家相较于其他国家，富裕更多是一个相对的概念。在共同富裕的初始阶段，特别是摆脱绝对贫困的基础性阶段，全社会的共同努力基本可以消灭绝对性的贫困。但在消灭绝对贫困之后的下一阶段，共同富裕将面临新的更高任务和目标，即便是全社会作出更多的共同努力，也将无法从根本上消灭相对贫困。这就客观上造成了两个不同的群体，一个是可以实现共同富裕的群体，一个是难以实现共同富裕的相对不富裕，甚至贫困的群体。如何统筹协调好可实现共同富裕群体与难以实现共同富裕的群体之间的关系，将成为共同富裕实践中的“新扶贫”难题，也将成为富裕更高阶段中的基础性目标与任务。

第五，勤富与暴富的共同富裕关系。在传统文化观念中，始终存在勤劳致富与投机取巧、巧取豪夺的价值判断，且数千年来的传统文化观念认为，勤劳致富是正道，投机取巧、巧取豪夺是歪门邪道。传统观念甚至将所有勤劳之外的致富手段都划归为投机取巧、巧取豪夺，即便是在今天看来习以为常的金融行为、资本运作、理财等也概莫能外。古往今来，勤劳致富从来不在少数，投机取巧、巧取豪夺也不乏之。在现代社会观念中，尤其是在国际化日强的当今时代，正视正当的得利、致富行为成为时代应有的话题。同时，对投机主义是否应当批评，如何准确区分合法致富行为与不当致富行为的界限，利用全社会发展机会而实现的致富，是否应当全社会分享，等等，成为时代应有的反思。在新时代新征程的共同富裕实践过程中，统筹协调好勤富与暴富的关系，不仅关系到传统价值观的问题，还关系到法治层面的系统性问题，须高度重视。

第六，国内与国际的共同富裕关系。国内与国际的共同富裕关系关乎两个层面的问题，一个是中国人民与生活在中国的国际友人之间的共同富裕关系问题。这无疑是一个国际性的话题，也是我们讨论探索共同富裕实践路径所不可回避的现实问题。这一问题更多体现为中国人民如何缩小与生活在中国的国际友人之间的差距问题。随着中国改革开放的不断深入，国际化程度日渐增强，来中国长期旅游、定居的国际友人越来越多，逐渐成为一个数量庞大的群体。生活在中国的国际友人与广大中国人民共同生活在相同的区域内，共同享受相同的公共基础设施和公共服务，已然成为中国群体的一分子。然而，深层次的出生环境、文化背景、行为习惯等存在较大差异。相较于大多数中国人民，国际友人往往有更好的经济基础和社会地位，导致同处一个屋檐下的普通中国人民产生与国际友人之间的差距感知。如何统筹协调广大中国人民同国际友人之间的共同富裕关系，无疑已成为探索共同富裕实践路径中的一个现实问题。

另一个层面是中国与世界发达国家的共同富裕关系问题。这一问题的实质是如何缩小中国与世界发达国家之间的富裕差距问题。当今世界是一个信息化互通的世界。“同住地球村”，尽管国与国之间的信息互通仍然十分有限，但越来越互通的趋势不可阻挡。在国际化的背景下，中国的共同富裕实践探索，绝不是关起门来的自娱自乐，而是开放、包容的国家行为。先不论新时代新征程探索共同富裕实践路径中，必须“走出去、引进来”，充分发挥国际、国内两个市场的作用，必须始终清醒地认识到富裕始终是一个相对性的概念。当中国在渐进主义的实践过程中，逐步推动并实现一个又一个阶段性的共同富裕递进目标的时候，必然要将与世界发达国家的富裕程度和标准的比较，作为我们衡量自身富裕程度和标准的重要参考依据和判断尺度。在中国尚未实现共同富裕愿景目标，不足以成为世界各国衡量富裕程度和标准的参考国之前的相当一段时期内，不得不长期坚持这一衡量策略。

四、着重推进以城乡协同为中心的共同富裕实践行动

共同富裕的最终目标由一个又一个的阶段性目标累积、叠加而成。不同历史时期的阶段性目标，对应不同时期和不同阶段的历史性任务。从党和国家的宏观战略、顶层设计角度而言，应当有一个短期、中期和长远的谋划与布局，确立短期、中期和长远的不同阶段、不同程度的中心任务与目标。但从探索共同富裕的实践路径而言，只能立足于当前和短期内的中心任务与目标，探讨具体的实践行动。倘若基于中长期的宏观战略、顶层设计来探讨具体的实践路径，等同于用现实的眼光，基于现有的基础，看待几十年之后的未知世界，容易掉进一个“虚无主义的陷阱”中。基于眼前的客观现实所探讨的实践路径去解决经历百年历史进程的宏大发展问题，并不容易。因此，从求真务实的态度出发，立足于今后五年、十年的短期阶段性任务与目标，探索实现共同富裕的实践路径才更为切实可行。这就要求在探索共同富裕实践路径的过程中，必须坚持实事求是，求真务实，用务实的态度牢牢把握住实践行动的根本方向。

正如前文所言，当前所处的新时代历史时期和新征程的历史阶段，共同富裕的阶段性目标就是使全体人民共同富裕取得更为明显的实质性进展。而实现使全体人民共同富裕取得更为明显的实质性进展，立足于中国现实的国情和今后五年、十年的国民经济社会发展需求，应当明确并牢牢把握住着重推进以城乡协同为中心的共同富裕实践行动这一重要方向。

着重推进以城乡协同为中心的共同富裕实践行动，需要牢牢把握住的根本方向包括两层含义。一是要始终将缩小城乡差距、弥合城乡发展鸿沟作为重中之重、关键之关键，放在优先重视的位置。探索共同富裕实践路径的当务之急，仍然是补短板、夯基础，先手之棋仍然是破解乡村经济社会发展的薄弱环节，缩小乡村与城市的发展差距，破除城乡共同富裕的阻碍。二是在城乡差距大幅缩小、城乡发展一体化取得实质性突破进展的基础上，推动城乡协同发展，力求城市与乡村在共同富裕的道路上共同迈进、齐头并进。这既是必须重视的任务与目标，又是确保使全体人民共同富裕取得更为明显的实质性进展的关键环节、重要抓手。

着重推进以城乡协同为中心的共同富裕实践行动，当明确“四位一体”的主攻方向，即以“县域”为中心、“提低”为关键、内生发展为根本、工农统筹为关键、多元扶持为基础。

（一）以“县域”为中心，明确将“县域”作为共同富裕的主要攻坚区域

“县域”是城乡交汇的主场域，也是城乡差距凸显的主场域。以县城为中心的城镇和以广大村庄腹地为中心的乡村之间的差距，就是城乡差距的最主要表现、最集中体现。当前，中国社会发展巨大差距的突出表现，并不在于大城市与小城镇之间的差距，而在于同为“县域”内的城镇与广大农村之间的差距。也正是因为同在“县域”内，才更加放大了对比性的差距影响。缩小城乡差距，弥合城乡发展鸿沟的主攻区域在“县域”，重点在于缩小以广大村庄腹地为中心的乡村与以县城为中心的城镇之间的经济社会发展、基础设施建设、公共服务保障、生产生活环境改善等方面的差距。因此，推进以城乡协同为中心的共同富裕实践行动重点在于以“县域”为中心的部署。

以“县域”为中心，明确将“县域”作为共同富裕的主要攻坚区域相较

于更大、更广层面的主要攻坚区域划定，更加具有可行性、可操作性。将“县域”作为共同富裕的主要攻坚区域，将有利于从看得见、易对比的城乡差距入手，打开以城乡协同为中心的共同富裕实践行动的突破口，率先完成补短板、夯基础的先头目标与任务。倘若率先在“县域”内实现缩小以广大村庄腹地为中心的乡村与以县城为中心的城镇之间的差距，那么确保使全体人民共同富裕取得更为明显的实质性进展这一历史阶段性目标的实现将指日可待。反之，补短板、夯基础的先头目标与任务不能率先完成，其他领域和层次的共同富裕实践行动都将难以代替，皆会黯然失色。

（二）以“提低”为关键，提高低收入农民群体的收入水平

实现共同富裕，中国所要面临的客观现实，不是中等收入群体不多，更不是高收入群体过高的问题，而是始终停留在低收入群体过于庞大，难以转变成为中高等收入群体的问题上。邓小平同志指出：“中国人口的百分之八十在农村，如果不解决这百分之八十的人的生活问题，社会就不会是安定的。工业的发展，商业的和其他的经济活动，不能建立在百分之八十的人口贫困的基础之上。”① 改革开放四十多年来，这一局面始终没有从根本上得以扭转。基于实现共同富裕的愿景目标，中国期望着到 21 世纪中叶我国中等收入群体规模将进一步扩大，形成中间大、两头小的橄榄型分配结构。然而，当前中国所面临的是一个底部巨大，顶部极小，由下往上越来越小的圆锥形社会结构。巨大的底部社会结构的构成来自全社会的低收入群体，而其中最主要、数量最为庞大的群体是广大低收入农民群体。倘若不能解决庞大的低收入农民群体的增收问题，寄希望于通过探索共同富裕的实践路径，确保在一定时期使全体人民共同富裕取得更为明显的实质性进展将难以奏效。

（三）以内生发展为根本，将发展新型农村集体经济作为根本支撑

几亿数量庞大的低收入农民群体，来自广袤的农村，他们所赖以维系生存的手段，无外乎依靠自家的“一亩三分地”从事最基本的农业生产，或者背井离乡，在有限的青春时光里进城务工。无论是前者还是后者，改革开放四十

① 《邓小平文选》第三卷，人民出版社 1993 年版，第 117 页。

多年来，始终没有从根本上改变几亿低收入农民群体的低收入现状。党的十八大以来，在中国共产党的坚强领导之下，举全国之力取得脱贫攻坚的伟大胜利，从根本上解决了低收入农民群体中的绝对贫困问题，从一定程度上解决了低收入农民群体中收入最低的那部分农民的增收问题。新时代新征程，中国共产党正领导全党全国各族人民全面推进乡村振兴伟大事业，但我们所要面临的形势和所要完成的目标、任务相较于消灭绝对贫困，更加艰巨。从这个角度而言，历史的经验证明，以“县域”为中心，明确将“县域”作为共同富裕的主要攻坚区域，缩小城乡差距，弥合城乡发展鸿沟，提高低收入农民群体的收入水平，仅仅依靠农民自身的努力，仅仅寄希望于党和国家的“非常规之力”已难以实现。将广大的农民团结起来，以内生发展为根本，将发展新型农村集体经济作为根本支撑，是在探索共同富裕的实践路径上所应当正视的历史经验和现实抉择。

1990 年，邓小平同志第一次明确指出：“中国社会主义农业的改革和发展，从长远的观点看，要有两个飞跃。第一个飞跃，是废除人民公社，实行家庭联产承包为主的责任制。这是一个很大的前进，要长期坚持不变。第二个飞跃，是适应科学种田和生产社会化的需要，发展适度规模经营，发展集体经济。这是又一个很大的前进，当然这是很长的过程。”① 改革开放四十多年的今天，应当是进入到努力实现“第二个飞跃”的历史时期了，“第二个飞跃”已是时不我待。

以内生发展为根本，发展新型农村集体经济势必要遭遇来自根本制度层面的困境。从当前农业农村的实际来看，关于“第二个飞跃”的科学种田、适度规模经营方面，已率先发力，并取得长足发展，但在农村集体经济发展上始终没有取得实质性突破。全国数百万个行政村，农村集体经济能够发展壮大起来的始终是凤毛麟角。究其原因，数百万个行政村就有数百万个客观村情与实际，但从共性的根源出发，其中最关键的问题始终在于如何处理好“第一个飞跃”和“第二个飞跃”的关系问题。

---

① 《邓小平文选》第三卷，人民出版社 1993 年版，第 355 页。

“第二个飞跃”需要建立在“第一个飞跃”的基础之上，同时必须在农业农村最根本的土地制度、经营制度上实现“守正创新”。在推进以城乡协同为中心的共同富裕实践行动中，不得不面对两个相对立的现实：一个是实现共同富裕的迫切需要，另一个是从根本制度层面，从战略方向层面制约实践行动的现实困境。这其中蕴含着历史的必然和不可逆规律。伟大的系统工程，必然需要超越历史的勇气、魄力和决心去“逢山开路”“遇水架桥”。因此，应当从关乎广大农村和农业最根本的土地制度、经营制度等问题入手，破除发展新型农村集体经济的阻碍，举全党全国之力大力发展新型农村集体经济，发展新型农业经营主体和社会化服务，发展农业适度规模经营，助推农业农村和农民的“第二个飞跃”。①

当前全国各地正在稳慎地推进农村土地制度改革、农村集体产权制度改革，一些地区已经形成并摸索出了切实可行的实践路径，也取得了突出实效和长足发展。这无疑为今后以内生发展为根本，将发展新型农村集体经济作为推进以城乡协同为中心的共同富裕实践行动的根本支撑，奠定了重要基础，提供了可供参考和借鉴的经验。

（四）以工农统筹为关键，构建新型工农业生产关系

工农统筹的生产关系，是改革开放四十多年来始终在强调和谈论的话题。改革开放四十多年，这一始终强调的根本经济关系问题仍然没有得到根本解决。四十多年来的工农业剪刀差问题也始终存在。这其中有客观的经济发展历史原因所在。特别是在较长时期的现代化建设赶超过程中，工业成为关乎国家经济命脉的支柱，是全世界的通行做法，农业只能作为稳基础的压舱石，甚至在关键时期还需要以农业的必要牺牲作为发展必须承担的代价。现如今，尽管中国在高新技术领域仍然与世界强国有不小差距，仍然需要若干年的时间去努力追赶，但不可否认的是，中国已经成为世界工业大国，已然是世界第二大经济体。工业发展的转型与升级，工农业生产关系的顺势调整，应当上升为中

① 习近平：《高举中国特色社会主义伟大旗帜　为全面建设社会主义现代化国家而团结奋斗——在中国共产党第二十次全国代表大会上的报告》（2022 年 10 月 16 日），人民出版社 2002 年版。

国社会主义现代化强国建设新征程所要高度重视的关键问题。无论是从生态环保的角度，还是从农业农村发展的角度，将工业摆在明显重于农业的位置，将牺牲农业视为有效的策略，已然不符合新时代的发展需求，也不符合当前的国内和国际发展形势。

在推进以城乡协同为中心的共同富裕实践行动中，以工农统筹为关键，构建新型工农业生产关系，所要突出的是对农业农村更多重视和更突出位置的强调。同时，要突出工农业生产关系的动态调整和不断调适。依然要追求工业与农业的相互统筹，但是要更加突出强调不同于以往的新型工农业生产关系，要更加着力于提升农业在工农业生产关系当中的优先地位，更加突出强调工业对农业的反哺，并保障这种反哺能够有效付诸实践。

在构建新型工农业生产关系过程中，必须立足于国家长远发展的目标与任务，“算可持续，管长远的大账，而不能局限于工农业短期比较效益的小账”。倘若新型工农业生产关系能够在稳定且良性的关系形塑过程中得以构建，则不应当在工农业二者的关系当中有所偏重，但倘若这一过程必然要面对新的取舍和偏重，那么当前农业就应当摆在更为重要和优先的位置。改革开放四十多年的发展过程中，农业作出过巨大的牺牲和让步，在推进以城乡协同为中心的共同富裕实践行动中，应当考虑给予农业更多的支持和让步的问题。特别是在国际地缘政治关系极为紧张的情况下，粮食安全问题不再是说说而已的警示性话题，已然成为关乎国家安全的战略问题和重大民生问题。当然，今日之中国，所面临的不再是当年加入世界贸易组织所“保一必舍一”的艰难抉择。在推进以城乡协同为中心的共同富裕实践行动中，考虑工业可否为农业作出一定的牺牲和让步，并不是强调要以破坏和牺牲工业体系为代价，而是在新型工农业生产关系的构建与调适过程中，强调工业为农业作出更多必要的利益让步，为农业的发展提供更多的基础性服务和保障。要突出重视农业领域的工业发展与创造，特别是在农业机械制造、农产品加工、农业社会化服务等领域。

（五）以多元扶持为基础，发挥政府、市场与社会的协同耦合之力

着重推进以城乡协同为中心的共同富裕实践行动，离不开政府的有力扶持。无论是以内生发展为根本，将发展新型农村集体经济作为根本支撑，还是

以工农统筹为关键，构建新型工农业生产关系，都需要政府强有力的扶持。扶持来自必要的政策、资金、人才、技术、税收调节等方方面面。既要从广大农民和农业农村的发展需求出发，更要注重纵向之间和横向之间的通力协作和耦合衔接。这对各级党委政府的治理能力提出了更高效、精准、及时、便捷的要求。这意味着各级党委政府须在推进以城乡协同为中心的共同富裕实践行动中，率先作为，提升自身的治理能力现代化水平。

国家治理体系和治理能力的现代化建设，要求各级党委政府既要更好发挥出政府的作用，更要使市场在资源配置中发挥决定性的作用，也即突出强调了政府之外的市场与社会主体的力量和作用。习近平总书记指出，“从党的十四大以来的二十多年间，对政府和市场关系，我们一直在根据实践拓展和认识深化寻找新的科学定位”。党的十五大提出“使市场在国家宏观调控下对资源配置起基础性作用”，党的十六大提出“在更大程度上发挥市场在资源配置中的基础性作用”，党的十七大提出“从制度上更好发挥市场在资源配置中的基础性作用”，党的十八大提出“更大程度更广范围发挥市场在资源配置中的基础性作用”。[①] 由此可以看出，我们对政府和市场关系的认识也在不断深化。习近平总书记强调，“进一步处理好政府和市场关系，实际上就是要处理好在资源配置中市场起决定性作用还是政府起决定性作用这个问题。市场决定资源配置是市场经济的一般规律，市场经济本质上就是市场决定资源配置的经济。当然，我国实行的是社会主义市场经济体制，我们仍然要坚持发挥我国社会主义制度的优越性，发挥党和政府的积极作用。市场在资源配置中起决定性作用，并不是起全部作用。政府的职责和作用主要是保持宏观经济稳定，加强和优化公共服务，保障公平竞争，加强市场监管，维护市场秩序，推动可持续发展，促进共同富裕，弥补市场失灵”[②]。

在推进以城乡协同为中心的共同富裕实践行动中，仅仅依靠政府的力量不足以支撑如此系统性、历史性、跨越性的伟大工程，必须借助市场与社会的

① 《十八大以来重要文献选编》(上)，中央文献出版社 2014 年版，第 438 页。

② 同上书，第 514 页。

有力支持，从而真正发挥出政府、市场与社会的协同耦合之力。在有关政策、资金、税收调节等因素方面，是政府的优势和义不容辞的责任，但在基本生产和市场经济行为中，特别是在技术、市场等因素方面，市场和社会主体具有政府所不具备的优势，是政府不可或缺的“帮手”。各级党委政府可以通过有效的引导和激励，使市场和社会主体发挥出自身的优势，积极主动而有为地参与到推进以城乡协同为中心的共同富裕实践行动当中。

从治理的主体行为角色和职责出发，可以将治理行为划分为“责任主体”行为和“行动主体”行为。在国家治理体系和治理能力现代化水平不断提高的现实条件下，各级党委政府可以从繁重且具体的“行为主体”行动中抽身出来，将推进以城乡协同为中心的共同富裕实践行动的重心放在“责任主体”的角色和行动当中，而将“行为主体”的责任和职责通过有效的方式转移给市场与社会主体来承担。政府只需要有效的引导与激励手段，以及必要的监管与考核举措，保障市场与社会主体能够有效承接转移而来的“行为主体”责任和职责。例如，面向城乡的公共服务、公共基础设施建设等，改革开放四十多年来，全国各地在这些方面已经积累了丰富的经验，取得了巨大的成效，如今更多需要考虑的是如何进一步巩固、扩大规模和成效的问题。

在发挥政府、市场与社会的协同耦合之力的过程中，应当始终坚持和确保中国共产党的领导地位和各级政府的主导地位。从历史的经验和现实客观实际来看，当前以民营工商资本企业为代表的市场主体和社会主体，缺乏推进共同富裕的自觉。实现共同富裕的关键手段在于借助税收调节手段来协调初次分配、再次分配的关系，同时借助公益行动手段来实现第三次分配调节。对于绝大多数市场主体而言，不可能会主动进行自我收入调节，也无法实现自我税收调节。同样，对于市场和社会主体而言，公益行动可以自我进行，但全社会统一性的有组织、成规模的公益行动无法自我实现。因此，在着重推进城乡协同为中心的共同富裕实践行动中，各级党委政府既要有所为，也要有所不为。既要给予市场与社会主体一定的空间，激发出它们的协同耦合力，也要借助于有力的手段，帮助、鼓励、引导、监督、督促、鞭策市场和社会主体承担它们自身无法自我实现，不愿自觉完成的推进共同富裕的社会责任与担当。

总而言之，推动并实现共同富裕需要保持历史的耐心，需要长时期，甚至一代又一代人持之以恒、接续奋进的努力。新时代新征程探索共同富裕的实践路径，不是政府一厢情愿的行为，不能局限于单个体系、单个系统，而需要更多领域、更广范围、更高层次的高度融合、系统耦合，需要全党全国全社会的共同努力。

第五章
经济学理论视角下的共同富裕

中西方经济学界对共同富裕的理论研究从未停止。马克思主义政治经济学理论奠定了新时代中国特色“共同富裕”的理论基础。马克思指出，共同富裕必须建立在生产资料公有制的基础上，兼顾生产力和生产关系，现在来看仍然具有时代内涵。西方经济学中的涓滴理论、市场经济以及政府调控对缩小贫富差距有一定的实践价值，但这些理论并不能解决中国的共同富裕问题。这是因为马克思主义者早就认识到，资本主义生产方式的剥削本质使得一切收入分配改良手段根本上都只具有延缓贫富差距扩大的作用，并不能实现真正的共同富裕。在对马克思共同富裕理论继承和创新的基础上，中国共产党自成立之日起就对共同富裕开展了实践和探索，并走出具有中国特色的共同富裕之路，深刻展示了社会主义公有制经济在推进共同富裕方面的制度优势。本章前三节主要分析了经济学界关于共同富裕的理论观点，第四节在理论探索的基础上，结合中国实际提出如何在高质量发展中实现共同富裕的现实思考。

第一节 马克思主义政治经济学

研究共同富裕，毫无疑问要从马克思主义出发。马克思、恩格斯对共同富裕理论的最大贡献就是将其建立在生产资料公有制的基础上，认为共同富裕是社会生产力水平跃升到一定阶段之后的产物。

一、马克思主义政治经济学视角下共同富裕理论的当代价值

习近平总书记在党的十九大报告中强调，经过长期努力，中国特色社会主义进入了新时代，这是我国发展新的历史方位。共同富裕是当代中国特色社会主义发展的必然要求，是对马克思共同富裕思想的传承延续，也是对其的发展创新。[①] 习近平总书记指出："共同富裕是社会主义的本质要求，是中国式现代化的重要特征。我们说的共同富裕是全体人民共同富裕，是人民群众物质生活和精神生活都富裕，不是少数人的富裕，也不是整齐划一的平均主义。"[②] 习近平总书记在党的二十大报告中强调："中国式现代化是全体人民共同富裕的现代化。共同富裕是中国特色社会主义的本质要求，也是一个长期的历史过程。我们坚持把实现人民对美好生活的向往作为现代化建设的出发点和落脚点，着力维护和促进社会公平正义，着力促进全体人民共同富裕，坚决防止两极分化。"[③] 因此，新时代马克思主义共同富裕观有着丰富的内涵。

第一，新时代共同富裕观强调高质量的共同富裕，不是整齐划一的平均主义，而是普遍富裕基础上的差别富裕。两者的区别在于前者更容易出现高福

① 潘斌：《马克思共同富裕思想的哲学逻辑及其当代价值》，《南京师大学报（社会科学版）》2022 年第 2 期。

② 习近平：《扎实推动共同富裕》，《求是》2021 年第 20 期。

③ 习近平：《高举中国特色社会主义伟大旗帜 为全面建设社会主义现代化国家而团结奋斗——在中国共产党第二十次全国代表大会上的报告》（2022 年 10 月 16 日），人民出版社 2022 年版，第 22 页。

利国家“养懒汉”“躺平”“不劳而获”的现象，而后者更倾向于通过勤劳创新致富，追求更高水平的共同富裕。理解新时代共同富裕观需要科学地理解“共同”不等同于“同等”“同步”“同地”，“富裕”也不是要杀富济贫，平均财富，而是要做大蛋糕，分好蛋糕，让劳动者公平公正地享受经济发展的红利。提倡和鼓励勤劳创新致富，提高知识技能水平和创新创业能力，增强致富本领。要认识到共同富裕是要通过奋斗实现的，差别富裕是提升个人致富积极性的关键，要合理有序地推进共同富裕。

第二，新时代始终坚持以公有制为主体、多种所有制经济共同发展的基本经济制度。马克思认为私有制是造成剥削的源头，因此社会主义要消灭私有制，发展公有制经济以达到共同富裕的目的。但目前，我国尚处于向共产主义过渡的社会主义初级阶段。新时代基本经济制度应立足当下，结合中国国情，强调生产力与生产关系适配，支持和引导非公有制经济发展，紧抓经济发展主旋律，大力发挥公有制经济促进共同富裕的作用。结合按劳分配为主体，多种分配方式并存的收入分配制度，为共同富裕奠定坚实的物质基础和条件。

第三，新时代的共同富裕指的是全体人民的共同富裕，不是少数人、一部分人甚至是大多数人，而是包括全社会各阶层在内的人民。尽管各个阶层财富拥有量各有不同，在实现共同富裕过程中所贡献的力量也有差异，但推进全民共富，实现“提低，扩中和拔高”目标，他们都是可以协同的力量。① 马克思在《哥达纲领批判》中对共产主义社会提出了“各尽所能，各取所需”的分配原则，社会成员不受阶级、职业、政治立场的束缚，无差别地享受“按需分配”的权力，这是马克思基于共产主义本质对人的全面自由发展提出的美好蓝图。但是，马克思对共产主义的期望并不能立刻落实，至少现在还做不到无差别的共同富裕，只有深刻践行马克思主义的历史观和价值观，坚持脚踏实地、循序渐进、久久为功，才能带领全体人民进入共同富裕新征程。

① 程恩富、伍山林：《促进社会各阶层共同富裕的若干政策思路》，《政治经济学研究》2021 年第 2 期。

二、共同富裕是社会生产力水平跃升到一定阶段之后的产物

(一)马克思主义强调生产力的普遍发展是共同富裕的客观前提

“一切重要历史事件的终极原因和伟大动力是社会的经济发展。”[①]这表明社会发展归根结底是由社会生产力推动的。马克思在《政治经济学批判》中提到未来社会的生产将以所有人的富裕为目的，不再以某一阶级利益为出发点。恩格斯在《反杜林论》中对马克思观点表达了赞同并再次明确指出，社会大生产在保证富足的物质生活同时，公民的体力和智力可以得到全面而自由的发展[②]，这充分表明了发达的生产力是共同富裕的前提。因为没有高质量的生产力发展，共同富裕最终将沦为低水平的平均分配，而低水平的平均主义只会阻碍社会创新和生产积极性，最终导致普遍性的贫穷和落后，这也正是空想主义的缺陷所在。在超越空想主义的基础上，从历史唯物主义的角度，马克思和恩格斯揭示了社会生产力不断发展是人类社会从贫穷走向共同富裕的前提。不同于其他理论，历史唯物主义揭示了生产的目的，即怎样生产，为谁生产，将人类的生产活动看作是最基础最重要的实践活动，而人类生产活动就是在不断地发展社会生产力。这表明人类从事物质生产活动的目的是获得物质利益，即获得物质福利和富裕水平的提高。

马克思还从三个方面论述了为什么生产力的发展是共同富裕的前提。一是从生产力与生产关系的角度讲，共同富裕中的“富裕”属于生产力范畴，“共同”属于生产关系范畴。生产力决定生产关系，生产关系依赖于社会生产的产品数量，随着社会组织方式和生产力水平的发展而变化；也就是说，分配方式促进共同富裕，而分配方式又取决于生产力水平和所属的社会形态。二是生产力的高度发展消除了极端贫困，这为共同富裕创造了物质前提。基于此，马克思、恩格斯非常强调生产力高度发展的绝对必要性：“因为如果没有这种发展，那就只会有贫穷、极端贫困的普遍化。”[③]三是生产力的高度发展推动世

① 《马克思恩格斯选集》第三卷，人民出版社 2012 年版，第 760 页。

② [德]恩格斯:《反杜林论》，人民出版社 2018 年版。

③ 《马克思恩格斯选集》第一卷，人民出版社 2012 年版，第 166 页。

界文明的发展。生产力的高度发展推动个体文明从孤立发展走向更密切的交流互动，个体文明发展程度决定不同文明在交往过程中的关系。人的实践活动表明，社会生产力的不断发展，促进各国文明不断突破地域限制而增进物质文化交流，充分体现了各国文明追求物质福利的阶级性和历史性。由此可见，马克思和恩格斯关于生产力的准确认识，避免了空想主义的弊端，让共同富裕的实现在发展的生产力面前成为可能。

除此之外，马克思还认为资本主义的财富增长不可持续，不能实现共同富裕。他从三个方面论述了这一观点：一是生产力的无限扩大和消费者购买力不断缩小的矛盾；二是生产资料私人占有与生产社会化之间的矛盾；三是始终存在的阶级矛盾。这三个矛盾决定了资本主义的发展不可持续，最终会走向灭亡，共同富裕也就无从谈起。只有工人阶级联合起来推翻资产阶级统治，确定劳动主体的地位和生产资料公有制的分配制度，以可持续方式发展生产力，最终才能走向共同富裕。

（二）中国共产党紧抓经济建设主题体现着对共同富裕物质基础的重视

中国共产党在充分考量当前社会主义所处阶段、生产力与生产关系以及经济发展困境的基础上，提出扎实推动共同富裕的宏大命题，彰显了中国共产党对马克思主义政治经济学基本理论的根本遵循，折射出我党始终坚持辩证唯物主义的历史观和方法论。[①] 改革开放以来，我国始终坚持以经济建设为中心。1992 年初，在南方谈话中，邓小平同志扩展了社会主义本质内涵，将“共同富裕”纳入其中，指出“解放和发展生产力”是共同富裕的实现前提，明确“消灭剥削和消除两极分化”是共同富裕本质，创造“让一部分人先富，先富带动后富”的共同富裕实现路径。江泽民同志指出：“在整个改革开放和现代化建设的过程中，都要努力使工人、农民、知识分子和其他群众共同享受到经济社会发展的成果。”[②] 胡锦涛同志也指出经济建设是兴国之要，必须坚持改革开放，改革成果要全体人民共享，从而推动全体人民走向

① 贺立龙、刘丸源：《决战脱贫攻坚、决胜全面小康的政治经济学研究》，《政治经济学评论》2021 年第 3 期。

② 《江泽民文选》第二卷，人民出版社 2006 年版，第 262 页。

共同富裕。

进入新时代，以习近平同志为核心的党中央将扎实推进共同富裕摆上重要议程，指出推进共同富裕就是要坚持基本经济制度，把保障和改善民生建立在经济发展和财力可持续的基础之上，满足人民日益增长的美好需要，兼顾效率与公平，实现全体人民在物质生活和精神生活方面的共同富裕。毫无疑问，实现人民不断增长的美好生活需要，包括对公平正义的追求、机会公平以及人的全面发展等，离不开生产力的发展。只有推动经济增长，共同富裕才能取得实质性的进展。经济基础决定上层建筑，共同富裕的前提是生产力普遍发展，中国共产党始终坚持以经济建设为中心，中国特色社会主义共同富裕观充分彰显了对马克思历史唯物主义生产力普遍发展理论的认可和践行。

三、共同富裕必须建立在生产资料公有制的基础上

西方改良资本主义过去以高效的市场分配制度，以及全面的二次分配社会福利，展现了缓解贫富差距的另一种可能，更有北欧发达资本主义国家被称为“小社会主义”。利用马克思主义对西方所谓的福利制度进行深度分析，可以发现私有制下的转移支付无法弥补巨大的贫富鸿沟。从共同富裕本身的概念出发，公有制是共同富裕的必然的制度基础。

（一）从共同富裕概念探究其制度基础

共同富裕，是指全体人民通过辛勤劳动和相互帮助最终达到丰衣足食的生活水平。从马克思主义政治经济学出发，共同富裕概念可以分别从“共同”和“富裕”两点来分析。

从“富裕”角度分析，共同富裕是一个生产力概念。依照马克思的科学社会主义理论，从原始社会到共产主义社会，其生产力和生产关系呈现不断递进的关系。原始社会由于生产力匮乏，不能作为共同富裕的标准。之后的三个社会形态虽然由于科学技术发展和生产关系变动，使得生产力递进提升，尤其是资本主义社会形态摆脱了封建社会以家庭为单位的旧生产关系，采取了社会化大生产的新生产关系，生产力发展突飞猛进，然而社会化生产与生产资料私有制的矛盾，使得生产力发展无法进一步突破。而生产资料公有制由于实行

生产资料集体所有的制度，在实际的生产中消灭了剥削，因而最大程度上促进了劳动者的积极性，使得生产力可以因人的解放而得到解放，得到进一步的突破。因此，生产资料公有制是实现共同富裕的制度基础。

从“共同”角度分析，共同富裕是一个生产关系概念。共同富裕强调的是全体人民共同受益、共同致富。“共同”代表着在最后生产的分配中，要消灭剥削，按照每个人在生产中的贡献进行分配。而在生产资料私有制社会中，由于生产资料私人所有，所有者在分配上对于实际的劳动者往往有着天然的优势，生产资料所有者可以无视劳动者实际劳动所得的情况下，在生产分配分得最多，而大部分劳动者则无法获得其应得的部分。在生产资料公有制的情况下，生产资料归集体所有，最终的生产分配则按照每个劳动者在生产中的实际贡献来进行分配。依据马克思主义政治经济学，正是劳动者的劳动在生产中创造了新价值。在生产资料私人所有制中，这部分新价值因生产资料所有者的“天经地义”强行拿走，形成剩余价值。而生产资料公有制则会将这些创造出的新价值按照其创造要素（也就是劳动要素）公平地分配给劳动者们。

综上，共同富裕强调发达生产力和生产关系的高度结合，在生产资料私有制下，由于剥削性质的生产关系存在，只有少部分人可以实现富裕。而共同富裕所需的生产力大解放则需要以社会主义公有制作为支撑，遵循生产力和生产关系相匹配的原则。

（二）西方福利社会的制度缺陷

西方战后实行的福利政策，涉及范围涵盖了个人的最基本的吃穿住行，从个人生活消费品到固定资产消费都有所涉及。福利社会下，西方国民的实际生活水平处于较高水平。但是，通过转移支付等二次分配改善贫富差距的西方福利方式，由于受到私有制的制约，社会资源的集聚就必然会发生，通过二次分配手段无法弥补巨大的贫富鸿沟。

由于基本国情和根本社会制度的不同，西方的福利社会制度不能简单地照搬到我国的经济政策中。事实上，深度分析西方福利社会的运作方式后，我们可以发现，单纯的高税收支撑的福利社会并无长期运行的可能性。以北欧社会为例，其采用了较高标准的累进所得税，通过向富人征收高额税收维持其福利体系。但资本持有者受极高的个人所得税之苦而压抑了投资欲望，使整个社会的私人投资处于一种萎靡的状态。一旦面临经济危机，整体经济运行能力都会遭到极大打击。因而，现代北欧福利政策更多的是同欧美一样，借助于跨国公司和垄断企业，利用形成代差的高新技术以及金融霸权，在西方社会的军事霸权和新自由主义的经济理念渗透下，在全世界范围内对发展中国家实行经济剥削。[①] 这种福利社会运行机制本身是带有剥削和压迫性质的，其本身同社会主义下的共同富裕理念背道而驰。因而，必须要采取生产资料公有制作为基本经济制度。

西方的福利社会制度建立在新自由主义经济秩序以及对全世界发展中国家的剥削的背景下，生产资料私有制下的福利经济无法促成生产力和生产关系的统一，以及实现共同富裕。因此，生产资料公有制是实现共同富裕的必然制度基础。

四、共同富裕兼顾生产力和生产关系两方面的内容

共同富裕是只有在生产资料公有制基础上，以解放生产力，发展生产关系为条件才能达到的目标，包含了生产力和生产关系两方面的内容。

（一）更高的生产力发展是实现共同富裕的必要条件

共同富裕的“富裕”并不是一个指代一个人拥有的财产多寡的概念，而是指一个更高的生产力水平。因此，“富裕”理念对生产力水平的要求更高。这种更高的要求主要体现在：为了实现社会主义的根本目标——共同富裕，社会主义社会要在生产力的量和质的发展上超越资本主义社会。[②] 具体来讲，就是社会主义社会要有更高的生产力发展水平以及更高效的生产力发展效率。社会主义是资本主义社会生产力发展到极致后转化的更高级的社会形态，其解决了资本主义的关于社会大生产和生产资料私人所有的根本矛盾，在生产力和生产关系层面全面超越了资本主义。在社会主义社会，生产力和人本身都得到解

---

① 何干强、蔡万焕：《论公有制是共同富裕的经济基础》，《社会科学辑刊》2013 年第 2 期。

② 黄泰岩、刘宇楷：《共同富裕的理论逻辑与价值取向》，《光明日报》2021 年 9 月 14 日。

放，推动技术进步的主客观因素相较于资本主义阶段都更加广泛和活跃，社会主义阶段技术进步会更迅速，对生产力发展效率的促进作用也更大。实现共同富裕的艰巨之路，必须坚持以经济建设为中心，坚持以生产资料公有制为基本经济制度，坚持社会主义市场经济，保证核心技术独立，加强国内创新环境，实现高质量发展。

（二）公平的生产关系是对共同富裕的塑性

共同富裕包含生产力和生产关系两方面内容，更高的生产力是社会主义社会的优势，是实现共同富裕的基础条件。然而，生产力高度发达但两极分化严重并不是社会主义，社会主义追求高水平的生产力与生产关系相适应。由于社会主义采用了生产资料公有制，其分配制度由生产资料私有制的资本土地要素分配制度变为了按劳动者在生产中劳动贡献份额分配制度，解决了生产社会化和生产资料私人所有之间的矛盾，在根本上促进了劳动者的生产积极性，无疑会大幅促进生产力的增长。社会主义共同富裕的范围涵盖了所有的劳动人民，在社会大生产中依据对生产的贡献度而进行分配。由于是按劳分配，而人与人之间的劳动要素存在差异，因此，共同富裕要求的共有共享并不是平均主义的共有共享，而是允许存在时间先后和一定差距的共有共享。

此外，社会主义社会在实现了生产力解放的同时，也打破了过去压迫在无产者身上的枷锁，实现了人的解放，为人的全面发展创造了充足的条件。因此，共同富裕实现的并非仅是物质的共享，而是涉及文化、教育、娱乐，从物质到精神方面的全面的共享，力求的是促进人的全面发展。

（三）共同富裕是生产力和生产关系的协调统一

共同富裕兼顾生产力和生产关系两方面的内容，在实现共同富裕的路径中，需要我们统筹生产力和生产关系的协调发展。共同富裕是社会主义的根本目标，其最终目的是做到人和社会的全面发展，而人和社会的全面发展需要生产力和生产关系的合理匹配，需要合理界定生产力和生产关系。实现共同富裕不能厚此薄彼，必须要实现生产力和生产关系的协调统一，在生产关系吻合生产力水平、生产力提升促进生产关系变革的情况下谋求发展。

第二节 西方经济学分配理论

共同富裕的理论基础需要社会主义公有制环境。因此，对于以私有制为基本经济制度的西方社会而言，共同富裕概念并不能得到其认可，也并不是其经济研究的重点方向。不过，在收入分配领域，西方经济学在资本主义框架下也进行了大量研究，提出了一系列逻辑自洽的收入理论，为政府建言过许多切实可行的收入分配政策。由于资本主义制度的剥削实质并未使人民的收入分配得到根本性改变，因此大多数的西方收入分配理论在实际执行过程中多以失败告终。本节着重介绍部分具有代表性的西方分配理论的破产，以及现代改良资本主义的困境。

一、涓滴经济学——美好的理论，残酷的现实

（一）涓滴理论溯源

涓滴的英文原词“trickle down”可最早追溯到作家威尔·罗杰斯（Will Rogers）于1932年发表的文章中。在文中，他讥讽胡佛的政策幼稚而主观。胡佛一厢情愿地认为拨给上层人钱，底层人就会获益，事实却是“……钱是向上走的，不论如何，只要将钱给底层人民，夜晚降临前富人就能得到这些钱”①。

在现代语境中，“涓滴”一词相对普遍的概念源自20世纪里根总统为重振经济而采取的经济改革措施。在70年代世界石油危机中，传统的财政和货币调整手段在面对经济滞胀问题时难以达到预期效果，西方经济学界因而产生了对凯恩斯主义的思考与批判，供给学派和货币学派等新古典经济学派走上舞台，发达资本主义国家政府也迫切地寻求可以让经济重新焕发生机的新政策。

① 原文为“The money was all appropriated for the top in the hopes that it would trickle down to the needy. Mr. Hoover didn’t know that money trickled up. Give it to the people at the bottom and the people at the top will have it before night, anyhow. But it will at least have passed through the poor fellows hands”，见 https://wiredpen.com/2015/01/30/will-rogers-trickle-economics/。

1981 年，在供给学派的建言下，里根政府出台了新的经济政策，着重于削减政府开支来减少社会福利规模，控制货币供给规模从而抑制通货膨胀，大规模削减个人以及企业所得税来促进投资，同时放开政府对企业的规章管理限制，以减少企业的生产成本。这四种政策中的减税政策，以及在其背后蕴含的通过减税来让经济得到发展，让财富从富人流向穷人的思想，就是涓滴经济学的来源。

（二）涓滴经济学理论框架

具体来看，涓滴经济学代表的是由供给学派提出的一系列经济扩张政策，强调通过减少征收个人和企业的所得税来促进资本所有者更多地去投资实体产业和公共基础设施，从而带动经济发展，创造更多的工作岗位，最终让下层民众获益。简而言之，涓滴经济学大致遵循这样的一个逻辑理路：政府实行减税政策，主要面向大公司和富人群体；受到减税刺激，资本持有者加大对于公共基础设施等实体产业的投资；在充裕投资刺激下，经济得到发展，更多的就业岗位得以创造，普通工作者的收入得到提升，最终结果就是下层民众在投资刺激下多方位获益。

在一个更加现代的含义上，涓滴经济学逐渐演化成了涓滴效应，其应用范围更加广阔，指代一系列通过让优先发展起来的地区利用消费和就业等方式拉动低收入人群生活水平的思想理念。然而，从本质上来说，涓滴经济学和涓滴效应更多地体现的是一种经济思想，而非一门有具体可行理论的经济学派。在历史上，涓滴经济学的诞生伴随着强烈的政治性。① 在民主党人的政论下，常见到他们将当前政府的经济政策称为“涓滴经济学”，并斥其令国家饱受苦难。所以，“涓滴经济学”一词作为对于减税政策，尤其目标是间接调整收入分配的减税政策的一种代称，本身包含了一定的贬义。里根时代的经济政策以及特朗普的减税政策都比较明显地带有涓滴经济学色彩，其目的是通过削减上层资本持有者的税负，从而促进公共基础设施投资，保证下层民众也能借此获益。20 世纪 80 年代以来，美国政府一直在其经济政策中延续涓滴经济学的思路。

① 赵隽杨：《涓滴经济学之争》，《21 世纪商业评论》2018 年第 1 期。

（三）涓滴经济学的破产及其背后的原因

20世纪80年代，里根的一系列减税政策促进了美国经济的增长，但贫富差距进一步扩大了。根据《21世纪资本论》中的数据，随着1870年以后电器革命，美国社会生产力飞速提高，工人受剥削情况进一步加重，社会贫富差距扩大并于1910年达到顶峰，超过80%的社会总资产被前10%人口占据。而到了战后30年，即1950—1978年，美国的贫富差距处于大幅下降阶段，前1%最富有的人群占有的社会总财富低于30%，低收入和中产阶层的收入增长收益几乎同富人阶级一样，实际收入增长了一倍。1979年过后，也就是"里根经济学"开始的时代，出乎意料的是，美国的贫富差距重新扩大了。1979—1992年，前10%人群拥有的财富开始不断增长。1992年，美国前1%人群拥有的社会总财富再度超过30%；2010年，美国前10%人群拥有私人财富达到社会占比70%，前1%最富有人群拥有社会私人财富的35%，直逼20世纪10年代那个没有任何劳动保障的黑暗年代。①

从这些数据中可以看出，从1970年开始，随着石油危机的爆发，1980年以后里根总统上台，以及新自由主义的减税政策出台，美国的贫富差距进一步扩大。虽然从实际考虑，里根的经济政策的确让各个阶层的收入都有所增加，缓解了美国的绝对贫困状况，但由于在里根执政期间，美国的贫富差距扩大趋势没有减缓，对于下层民众来说，其相对贫困程度更为严重。从这一点来考虑，被誉为涓滴经济学范本的里根经济学并没有达到涓滴理论支持者预期的目标。

究其原因，主要有涓滴理论依赖于受刺激对象的投资行为，而资本投资者往往并不会按设想那样选择投资活动。最为明显的一点是，"涓滴"理论希望资本持有者能在减税后将资本投入实体产业或者公共基础设施建设中，这样带来的投资会给底层人民带来好处。但依据理性人原则，资本更有可能会被投入具有更高回报率的市场，比如金融、股票以及房地产等相较于实体产业更具有诱惑力的行业，而这些虚拟产业投资上涨获得的收益增长往往并不能使下层

---

① ［法］托马斯·皮凯蒂：《21世纪资本论》，巴曙松等译，中信出版社2014年版，第357—358页。

人民的生活变得更好。沃顿商学院的一项研究显示，减税效果往往在短期内具有很好的作用，但在长期情况下，强劲的经济增长势头并不好保持。降低税率带来的 GDP 提升并不足以弥补减税政策导致的税收减少。也就是说，减税政策更多的是一种短期刺激政策，对于持续性的经济增长来说，税负减免并不是一个足够有效的选择。

（四）从马克思主义政治经济学角度看涓滴经济理论失败的必然性

从马克思主义政治经济学角度看，涓滴经济学及其一系列的西方收入分配理论，都是治标不治本的改良政策。只要西方社会维持其资本主义的社会形态，采用雇佣制这种生产关系，就必然导致资本家对劳动者自上而下的剥削，财富的不公平集中是这种剥削的必然结果。资本主义社会的经济基础以私有制为纲，私有财产神圣不可侵犯。在这种价值观念的影响下，任何改良资本主义的做法都是一次边际主义的尝试，改革者试图在下一次社会生产的分配中调整分配双方的平衡，对极富者却无任何调整手段。

涓滴经济学在 20 世纪的提出有其必然性和合理性，然而涓滴理论的支持者忽视了美国去工业化的特殊现实，高度成熟和发达的金融股票市场无疑转移了资本持有者的投资方向，使得涓滴经济理论中的溢出效应无法有效完成。最终，原本计划缩小贫富差距的减税政策反而极有可能助长贫富差距的扩大。而从马克思主义政治经济学的角度出发，资本主义生产方式的剥削本质使得一切收入分配改良手段根本上都只具有延缓贫富差距扩大的作用，并不能达成真正的共同富裕。

二、自由竞争与寻租牟利——资本主义市场经济的内部矛盾

亚当·斯密称市场为“看不见的手”，市场以一种人类难以察觉却又充满秩序的方式，合乎逻辑地在生产者中分配资源。市场一度被认为是人类经济发展的最终形式，是充满魔力的、完美的存在。然而，寻租行为就是在自然状态下市场内部产生同市场经济目标相悖的一种矛盾。

（一）寻租的概念及其危害

寻租行为，意指企业在经济生产中寻求经济租金的行为。根据平狄克的

定义，经济租金可定义为厂商对某生产要素的支付超过该生产要素目前所得报酬的部分。[1] 经济租金是在利用不同市场上存在的价格之差而赚取的利润差额，寻租行为就是企业或者厂商为了寻求这种价格差额而采取的包括但不限于企业游说政府，从而获得特许经营权等行为。

寻租行为寻求的利润类似于自然垄断厂商寻求的垄断利润，其相同点都造成了社会总剩余的损失，减少了社会效率。但就严重性而言，寻租活动所带来的后果远远大于垄断经济对于国民经济带来的伤害：自然垄断行为本质上是自由竞争下市场的自然表现，虽然会有社会总剩余的损失，但是垄断行为本质上是生产活动，意味着有投入就有实质性的产出。寻租行为则是非生产性质的活动，企业需要竭尽全力将资源投入到聘请人才、游说政府的活动上，甚至要采用贿赂等方式，而这些活动本身却没有带来任何实质性的产出。寻租行为如果最终导致了政治性垄断，则会对经济生产造成巨大的破坏。事实上，寻租行为最大的危害在于其是非生产性质的活动，没有实质性产出，将原本用于生产的资源用于获取垄断利润，造成了社会资源的完全浪费。

寻租行为本身蕴含着资本主义市场经济的两条相悖的逻辑。如果市场经济肯定个人寻求利益最大化的行为，那么合法的寻租理论就是正常合理的，企业的寻租行为本身为企业带来了垄断利润。但同样，市场也强调在完全竞争状态下达到的帕累托最优，也就是说，市场经济也承认存在一个可以达到也要达到的社会最优状态，那么寻租行为就恰好同这一逻辑相悖，因为它实质上造成了社会资源的浪费，并没有将资源投入生产，损害了社会总效率，是一种非市场性质的活动。

（二）从静态博弈的角度下讨论寻租行为产生的必然性

我们采用约翰·纳什的博弈理论来对这一问题进行分析。为了方便理解和模拟，拟采用简单不完全信息静态博弈模型进行分析。假设市场上目前为止存在两家企业 A 和企业 B，两家企业生产同质商品，企业规模相差不多，企

① ［美］罗伯特·S. 平狄克、丹尼尔·L. 鲁宾菲尔德：《微观经济学（第七版）》，高远、朱海洋、范子英、张弘译，中国人民大学出版社 2009 年版，第 274 页。

业对于市场都有相同的信息了解。企业A、B为了能在竞争中获取利润，有两种选择：一种是正常进行生产活动，另一种是利用要素产权不明晰等问题来游说政府获得特许经营权从而获得垄断利润。在这里，我们采用序数效用来表示企业各自行为获得的效用。假设企业A、B都试图以寻租方式获得超额利润，这是以下模型：

	企业B	
企业A	（a，a）	（b，c）
	（c，b）	（e，f）

在这里，考虑现实情况，则会有以下关系：$a>c$，$b<e$，$b<f$。在这样的条件下，会有两个混合策略纳什均衡，决策人的选择概率取决于纳什均衡（a，a），（e，f）对各自的效用。但是，只要概率不为零，那么在现实的市场经济运作中就必然会在这样的博弈中产生寻租行为，而且有可能会派生出其他层级的寻租，产生规模更大、影响更广的资源浪费。这也是资本主义市场经济本身最大的矛盾之一：资本主义市场经济的内部，本身就蕴藏着反对自身的种子。市场的自由竞争本身就建立在企业之间博弈的基础上，但是，在完全自由的状态下，人的自利本性会驱使他们在考虑隐性成本和对手反应的情况下采用诸如寻租等更加多元但反市场规则的行为，这些行为同样会引起来自竞争对手的反制，最终会造成更加严重的社会效率浪费，加重市场的混乱程度，影响正常的社会生产。这也意味着，对于资本主义市场经济来说，企业的正常竞争和寻租之间存在着博弈，这样的博弈是市场的正常行为，但是它最终会引起社会总效率的损失，进而影响社会总收入。因此，资本主义市场经济中的寻租逻辑并不有利于贫富差距的缩小。

（三）经济增长同生产分配的矛盾

寻租行为是资本主义市场经济中的无效经济行为。寻租行为发生时，并没有实质性的社会生产发生，反而因为企业和管理者需要花费精力和资源去处理寻租带来的一系列衍生活动，导致更多的资源浪费。资本主义市场经济在技术大发展、生产力大跃进的同时，市场自动匹配了供给与需求，最高效率地保障了生产生存资料的分配。但同时，资本主义市场经济以生产资料私有制为根本所有制基础，这就决定了生产资料的所有者，不仅在最后的产物分配时占有绝对地位，而且在日常的生产中起到决定作用。也正是因为对于企业的生产决策拥有绝对的控制权，所以生产资料所有者就拥有了实行寻租行为的资源。根据博弈分析，在符合寻租条件和拥有寻租能力的情况下，生产资料所有者必定会选择寻租行为，这既加重了市场上的分配不平等情况，同时由于寻租行为的市场无效性，反过来又对正常的工业生产起到了抑制作用，使得经济增长和生产分配都受到影响。

综上所述，资本主义市场经济不失为一种同社会化大生产相结合的高效的资源分配模式。然而，生产资料私有制的存在，使得在正常的生产环节中必然产生寻租行为，在破坏了产物分配、加剧了社会不平等的同时，又严重影响了社会的生产效率。类似寻租行为的产生机理意味着，资本主义市场经济是极为矛盾的，它既存在着促进经济发展和资源合理分配的积极因素，同时又存在着阻抑经济规模扩大和生产公平分配的消极因素。

三、资本主义经济调控的高昂代价

凯恩斯主义中主张的经济调控理论弥补了西方经济学中关于经济干涉有效性问题的缺失。战后 30 年中，欧美发达资本主义国家以强有力政府干涉为特征的国家垄断资本主义经济模式，带来了一个繁荣的经济上升期。然而，20 世纪 70 年代以后，凯恩斯的经济调控政策失灵，虽然新自由主义经济理论为凯恩斯主义的不足之处找到了一些新的解释，但从日本 90 年代末扩张经济政策的无效等情况来看，资本主义的经济调控政策已经越来越失去其普适性，其弊病不断显现，维持一个较好经济前景的代价越来越高昂。

（一）实行扩张财政政策引发政府严重财政赤字

对国民经济采取财政政策加以干涉使得经济收入达到目标状态是凯恩斯主义的重要结论，也是现在各国政府普遍使用的经济手段。在尊重市场规律，维护市场秩序的前提下，将政府作为市场的参与者参与到市场活动中执行政府购买政策，同时在企业和个人层面实行税收减免，加大政府对企业和个人的转移支付，最终促进总需求增长，是扩张性财政政策的基本原理。

实行扩张性财政政策需要以政府的收入作为基础。针对国民和企业收取的税收是政府最重要的收入来源之一，除此之外还有国有资本的营利性收入，针对大型行政事业收取的费用等。采用扩张性财政政策，本质上是加大政府支出，财政赤字就是政府的年度财政支出大于其财政收入的结果。财政赤字为短期内拉动国民经济内需，激发国民经济活力的必要措施，但如果长期维持财政赤字的状况，将会对国民经济更为不利。

一是长期维持财政赤字会导致政府信用受损。一旦政府财政收支情况产生异常，政府就会寻求其他方法来缓解财政压力。其中，比较普遍的一种方法是政府在市场上出售国债，以国家的信用作为担保出售金融债券进行融资，从而缓解资金压力。相比于企业债券，国债具有更低的收益率，但由于其发行主体为国家，有国家信用做担保，可为国债持有者提供稳定的收益保障。在短期财政赤字情况下，政府发行债券可以在很大程度上缓解财政紧张，政府短期负债的信用损失并不明显，债券持有者以及普通国民依然会对国家信用抱有极大的信心。然而，如果财政赤字长期存在，政府为了弥补收不抵支带来的巨大亏空而采取大量持续性发行国债的手段，那么将会严重损害政府信用。如果政府长时间无法弥补负债状态，财政危机也会爆发，国家的正常运行难以为继。

二是长期维持财政赤字会导致采取财政赤字货币化政策，有可能会引发严重通货膨胀。财政赤字货币化是政府为了减少政府负债而采用的一种政策，由政府直接作为债券购买者购买政府债券，其资金来源于中央银行增发的货币，其政策行为实质上增加了市场的货币流通量。短期内，由于财政赤字往往伴随着扩张性财政政策的使用，因此即便采取了财政赤字货币化政策，新增的实际货币供给也可以被激发活力的社会总需求消化掉。但一般来说，短期内的财政赤字往往优先采用政府债券融资的方式解决，动用财政赤字货币化政策往往针对长期的难以消化的财政赤字情况。此时增印货币带来了基础货币量的增加，却没有与之匹配的社会总需求水平，其后果就是严重的通货膨胀，同时伴随的还有政府信用的崩塌，更甚者如津巴布韦，整个国家的货币和金融体系彻底坍塌。

（二）西方传统财政政策实际效果产生负面影响——以日本 90 年代经济危机为例

20 世纪 70 年代的石油危机表明，凯恩斯主义精准而有效的调控模式走到了尽头。虽然在 70 年代后，各国政府依然会采纳凯恩斯主义来调整经济，但要想制定出更加符合国情、更具有精准效用的经济政策，就需要更加准确详尽的数据，实行政策的成本规模随之越来越大，政策实际效果产生的负面影响也越来越凸显。

20 世纪 90 年代，由于房地产泡沫崩塌，日本经济严重衰退，爆发了一场持续近十年的经济危机，极大影响了整个日本如今的经济格局，甚至再造了日本一代人的性格和命运。面对这场严重的经济衰退，日本政府出台了多项扩张性政策试图刺激经济，但是最终效果并不理想。

为了能重新刺激经济活力，日本政府于 1992 年至 1995 年出台了六轮经济扩张政策以促进公共投资增加。从规模上看，公共投资比重在这六轮经济对策中达到了 73.6%，公共投资实际增速从 1992 年至 1995 年分别为 14.3%、12.9%、1.3%、0.7%。最终效果是：针对公共投资的财政政策对缓解经济负增长起到了一定的作用，从 1992 年至 1994 年公共投资带来的收入增长分别占当年日本经济增长的 0.9%、0.9% 和 0.1%，扣除公共投资带来的经济增长，当年的实际经济增长速度只有 0.1%、–0.7%、1.0%。不过，考虑到实行财政政策后的经济增速依然呈现增长速度疲乏的局面，日本的扩张性财政政策事实上没有达到预期的拉动经济活力的效果。

分析 20 世纪 90 年代初日本扩张性财政政策失效的原因，大概有以下三点：一是长期使用扩张性财政政策使得财政政策调控能力下降。由于长期使用扩张性财政政策，日本政府持有巨大的财政赤字比重，于 1994 年达到 3.8%，于 2002 年一度达到 7.9%。[①] 为了弥补巨大的财政缺口，日本政府大量发行国债，使得债务持有率常年处于较高水平，在 1992 年至 1995 年之间从 66.64% 达到了 92.53%，此外更是在 20 世纪 90 年代末亚洲金融危机和 2008 年金融危

---

① 日本政府预算赤字，见 https://countryeconomy.com/deficit/japan，2002 年。

机影响下一路飙升至2008年的180.72%。[①]高昂的国债费率也是一个巨大的问题，从1991年到2000年期间，日本国债费率基本保持在20%以上，在种种因素影响下，日本形成了财政赤字刚性的局面，过度依赖国债弥补赤字的策略使得日本需要将大量资金用于还债，用于刺激总需求的资金有限，因而财政宏观调控能力有限。二是扩张性财政政策大量投资于公共基础设施，而公共基础设施由于较小的产业链和经济关联性，无法提供较大的财政政策乘数，因此政策效果不明显。[②]此外，日本政府采用了长达40年的公共投资增加政策，使得公共投资边际效应过小，到90年代时，大量的公共投资产生的边际收益不足以支撑经济复苏。三是企业投资战略保守化。在90年代经济大衰退之前，日本国内股票和房地产投机活动剧烈，"高杠杆"形成的虚假繁荣极大地推动了投机需求。经济危机爆发后，企业过度投机背负的债务数额庞大，即便进入正常营业状态，也仍需将大量盈利利润用于偿还债务。在这种情况下，日本企业的投资行为进入保守阶段，日本政府的公共投资扩大政策无法拉动企业进行更多投资。

综上，日本经济衰退的原因，一方面是由于多次使用扩张性财政政策造成了严重财政赤字的局面，大大降低了日本政府的财政政策使用能力；另一方面是由于持续性的公共投资增加，在公共投资方面继续加大财政投入已经没有太多效用。滥用财政政策引发财政结构危机，错误判断形势引发财政浪费。日本经济大衰退本身是因为股票土地投机泡沫的崩塌所致，但日本政府也因过度使用财政政策而在大衰退中付出了巨大的代价。

资本主义经济调控政策在现代经济危机中变得越来越难以发挥作用。随着各国经济结构和市场的复杂化，政府像以前那样滥用财政政策，常年保持财政赤字的方法，引发的负面影响越来越大。凯恩斯主义无法掩盖资本主义的根本性矛盾，当改良主义对现代资本主义的边际效用越来越小时，经济调控政策的恶果皆被完全释放出来了。

① 日本国债，见 https://countryeconomy.com/national-debt/japan，2008年。

② 王艳辉：《日本扩张性财政政策失效原因探析》，《财政研究》2009年第10期。

第三节 中国经济体制变迁与共同富裕

中华人民共和国自成立以来，先后经历了计划经济体制和中国特色社会主义经济体制时期，中国共产党始终把追求共同富裕作为自己的神圣使命和奋斗目标。共同富裕是中国特色社会主义的本质要求，也是一个长期的历史过程。改革开放以来，生产力和生产关系的发展极大地推动了人民生活水平的提高，扎实推动共同富裕成为经济发展的主旋律。党的十八大以来，中国共产党把实现共同富裕摆在更加重要的位置。

一、计划经济体制

中国的经济体制改革是从农村开始起步的。在这一过程中，我国试图依托社会主义制度的优越性，通过计划经济模式来实现有计划的赶超发展模式，但在认知层面对共同富裕产生了一些误区与偏差，导致没有真正找到在生产力水平还不够发达的社会主义制度中实现共同富裕的途径。但是，我们不能简单地对这段经济体制改革持完全否定的态度，无论是在制度层面还是在物质层面，农村改革都从中汲取了大量的“资源”。此外，其对正确认识我国所处的发展环境以及正确认识共同富裕的内涵与实现途径具有积极的理论意义。

（一）新民主主义革命时期：思想萌芽阶段，土地革命成为实现共同富裕的重要路径

俄国的十月革命开辟了人类探索社会主义道路的新时代，使得马克思列宁主义传遍世界，也为中国人民追求的共同富裕目标提供了理论支撑。在汲取马克思主义理论精华的基础上，具有中国特色的共同富裕思想开始萌发，主要是在农村地区通过土地革命的方式改善处在水深火热之中的农民疾苦生活。在这一时期，受限于复杂的战争局势和艰苦的生活条件，中国共产党尚未采取较为系统的经济改革政策来促进共同富裕。但是，中国共产党深刻地认识到了中国的贫富状况，并通过土地革命积累了宝贵经验，为中国计划经济体制的形成

与探索共同富裕奠定了良好的理论与实践基础。

1. 解决土地问题，实现耕者有其田

新民主主义革命时期的中国处在半殖民地半封建社会，“三座大山”将人民压得喘不过气来。中国共产党在救亡图存的斗争中提出了一些朴素的共同富裕思想。比如，陈独秀反对贫富悬殊，认为“恍然于贫富之度过差，决非社会之福”[①]。李大钊认为，社会主义“不是使人尽富或皆贫，是使生产、消费、分配适合的发展”[②]。因此，中国共产党认为应该将共同富裕作为未来社会发展的主要特征和革命目标，主张“协作的生产，并得真正平均的分配”[③]，“建立一种新土地政策，使耕地尽归农民”[④]。

在半殖民地半封建社会，封建地主土地所有制占主导地位，生产资料占比极度不平衡。在土地革命前，地主占农户总数的 3.79%，却拥有全国耕地面积的 38.26%；而占全国农户总数 57% 以上的贫雇农仅占有耕地总数的 14%。[⑤]全国耕地分配极度不平衡，严重阻碍了农村生产力的发展，大量农民不仅处于深度贫困，甚至连温饱都难以维持。毛泽东在考察湖南农民运动以后，深刻意识到解决土地问题的急迫性，“打土豪、分田地”成为实现全体人民共同富裕的重要手段之一。

1928 年，井冈山土地革命取得成功，为巩固土地改革成果、保障农民土地使用权力、从根本上改变农地关系，毛泽东在此基础上主持制定了我国有史以来第一个土地法——《井冈山土地法》。至此，我国农村劳动生产力得到极大的解放，农民生活水平迅速提高，革命力量逐渐壮大。

解放战争时期，为推动生产发展，壮大革命事业，中国共产党实施了一系列土地和工商业政策。推行《中国土地法大纲》，废除了封建地主土地制度，通过分田到户，使得贫苦农民获得了生产必需的土地，生活状况得到改善，为

---

① 《陈独秀文集》第一卷，人民出版社 2013 年版，第 99 页。

② 《李大钊全集》第四卷，人民出版社 2013 年版，第 246 页。

③ 同上书，第 248 页。

④ 《李大钊全集》第五卷，人民出版社 2013 年版，第 106 页。

⑤ 杜润生主编：《中国的土地改革》，当代中国出版社 1996 年版，第 4 页。

共同富裕采取了实质性措施。

2. 开展大生产运动，实现自给自足

抗日战争进入战略相持阶段后，日本侵略者对革命根据地反复扫荡，实行了残酷的“三光”政策，国民党顽固派又掀起了反共高潮，加上华北地区连年的自然灾害，革命根据地人民面临严重的经济困难。为了应对国民党严重的经济封锁，党提出“发展经济，保障供给”的口号，解放军积极投入大规模的生产运动，保障军队供给，减轻人民负担，改善了解放区的经济状况。①

1941 年，党中央再次强调必须走自产自救的道路，逐步带领解放区人民依靠自身力量摆脱贫困。同年，八路军三五九旅自力更生，艰苦奋斗，对南泥湾进行军垦屯田，使得昔日荒凉的南泥湾变成了“陕北的好江南”。1943 年 10 月，中共中央在《开展根据地的减租、生产和拥政爱民运动》指示中提出，必须坚持以农业为主体，实行包括公私农业、工业等行业在内的大规模生产运动。

在开展大生产运动后，陕甘宁边区和敌后抗日根据地的农业生产得到恢复和发展，人民负担大大减轻，生活质量得到明显改善，成为中华人民共和国成立前党带领人民进行反贫困斗争的成功范例，也是把马克思主义共同富裕观付诸实践的一次伟大尝试。

（二）社会主义革命和建设时期：初步探索阶段，农业组织化成为实现共同富裕的关键举措

中华人民共和国的成立使得中国人民成功摆脱半殖民地半封建社会的深渊，实现了“站起来”的历史巨变。面对成立之初满目疮痍的经济状况，如何为中华民族谋复兴，为中国人民谋幸福，是中国共产党的更高追求，而社会主义制度为共同富裕的实现提供了制度基础。在这一时期，由于对共同富裕的理解存在一定的误区，比如将平均分配当作按劳分配，加之对中国经济发展现状缺乏清醒的认识，导致国民经济生产在很长一段时间内陷入了低效率循环。

① 《毛泽东年谱（一八九三——一九四九）》（中卷），中央文献出版社 2013 年版，第 110 页。

1. 完成土地改革，恢复和发展农业生产

中华人民共和国成立后，中国农业百废待兴，土地改革如火如荼，范围不断扩大，从老区向半老区、新区扩张，土地改革成果惠及更多的人口。为进一步拓宽与深化土地改革①，1949年9月，《中国人民政治协商会议共同纲领》明确规定，“凡已实行土地改革的地区，必须保护农民已得土地的所有权”②，明确土地改革是促进农业恢复和发展的重点工作之一。1950年6月，中央人民政府公布《中华人民共和国土地改革法》，提出要限制没收地主财产，分给无地或少地的农民，同时要保存富农经济，保护中农土地，以减少土地改革阻力。

1953年底，除若干少数民族地区外，土地改革在新解放区内基本完成。全国3亿左右无地少地农民分得了约7亿亩土地，还分得耕畜297万头，农具3954万件，房屋3807万间，粮食5.25亿公斤。③ 1954年，《中华人民共和国宪法》规定，国家依照法律保护农民的土地所有权和其他生产资料所有权。这意味着广大农民的生命财产权利受到宪法保护，物质生活得到了一定的保障，为走共同富裕的道路打下了基础。

2. 实施“以农支工”战略，为国家工业化提供原始积累

在中华人民共和国成立初期，我国经济基础弱、外部环境差、发展水平较低，为了进一步获得民族独立和经济发展，开始规划国民经济发展五年计划，有目标地推进工业计划，逐步完成工业积累，为新中国的工业化开辟了道路。

一般而言，工业积累可以通过自我积累或者外在积累完成。前者是从本国农业中获取生产剩余来支持工业发展；后者则是在本国之外获得工业化原始资金，例如建立殖民地。④ 基于国情与现状，中国选择前者进行原始工业积累，

---

① 高中华：《耕者有其田：中国土地改革及深远影响》，《中国党政干部论坛》2021年第5期。

② 《建国以来重要文献选编》（第1册），中央文献出版社1992年版，第7页。

③ 颜杰峰：《新中国建立初期的土改运动再评说》，《党史文汇》2012年第7期。

④ 任路：《新中国成立以来工农城乡关系的变迁》，《西北农林科技大学学报（社会科学版）》2019年第6期。

即通过转移国内农业剩余来支撑工业发展。为了实现重工业优先发展，党和国家推行“积极的工业化政策”[①]。在这一过程中，国家实行严格的户籍制度和统购统销制度，以“工农剪刀差”的形式对农业剩余进行汲取，逐渐完成工业化的原始积累。

在“以农支工”战略的引导下，国家工业体系初步建成，农业生产剩余和“工农剪刀差”为工业发展奠定了基础。农业、农村和农民为中国工业的发展付出了很大的牺牲，“农业服从工业，农村依附城市”的发展局面逐步显现。

3. 改造小农经济，推动农业生产合作化

土地改革后，“耕者有其田”政策下分到土地的农民生活水平并没有发生根本性变化，仅仅是维持最低生活标准，农业生产靠天吃饭的本质仍然威胁着大多数农民的生活稳定。此外，小农经济自发发展的结果必然是资本主义化。另外，我国农业生产经营模式以小农经济为主，生产效率低下是推进国家工业化首先面临的问题。马克思主义认为，发展农业合作经济是破解小农经济生产效率低下的正确道路选择。因此，为了将分散的个人生产资料集中起来，防止土地等生产资料私有制带来的两极分化，消除贫困差距，党中央决定通过发展农业生产合作社来改造小农经济，大力发展集体经济。1953 年，中共中央发布的《关于发展农业生产合作社的决议》中首次涉及“共同富裕”的概念，提出“使农民能够逐步完全摆脱贫困的状况而取得共同富裕和普遍繁荣的生活”[②]。

1955 年，毛泽东在《关于农业合作化问题》中第一次使用“共同富裕”的概念，他指出要“逐步地实现对于整个农业的社会主义的改造，即实行合作化，在农村中消灭富农经济制度和个体经济制度，使全体农村人民共同富裕起来”[③]。到 1956 年，“一化三改”完成后，我国社会主义公有制经济成分占比超

---

① 王先明、徐勇：《从“工业先行”到“优农发展”的战略转变——中华人民共和国建设路向的选择与调整》，《河北学刊》2019 年第 4 期。

② 《中共中央文件选集（1949 年 10 月—1966 年 5 月）》第 14 册，人民出版社 2013 年版，第 444 页。

③ 《毛泽东选集》第六卷，人民出版社 1999 年版，第 437 页。

过 90%，达到了历史性的高峰，这意味着社会主义制度基本确立，将为党带领人民走中国特色共同富裕道路提供制度保障。

在农业生产合作化后期，人民公社化运动片面地强调“一大二公”，力图尽快实现人民生活富裕的目标，忽略了经济发展的规律。同时，在认知层面将共同富裕等同于平均主义、同步富裕，在实践层面统一吃“大锅饭”，严重影响生产力的发展和经济的提高，阻碍了社会主义制度的生机和活力。但是，总的来说，人民公社制度确保了农村的稳定，提高了国家对农村的控制，使得农业生产资料顺利向城市和工业转移。

二、中国特色社会主义市场经济体制

改革开放以来，党对共同富裕与社会主义关系的认识日益深化。在计划经济时期，“共同富裕”中的“共同”被理解为“平均”，而体现“平均”的“大锅饭”实际上是共同落后，共同贫穷。“共同富裕”可以拆分为“共同”和“富裕”两个关键词。“共同”和“富裕”不是孤立发展的，而是相互促进协同发展的，“富裕”强调生产力的高度发达，提供更高水平的共享，而“共同”强调生产关系的先进性，支撑可持续的富裕。“共同”和“富裕”本质上是关于生产力与生产关系的辩证统一。从事物发展规律看，共同富裕是一个动态的发展过程，由于生产资料等具体条件的差异，每个人和每个地区不可能在同一时间按照统一步伐实现同一富裕程度。

（一）改革开放和社会主义现代化建设时期：创新发展梯次富裕发展成为实现共同富裕的有效策略

党的十一届三中全会后，党中央对经济发展方向和问题有了更深刻的认识，提出了“中国正处于并将长期处于社会主义初级阶段”这一历史论断，社会主义市场经济改革进入了共同富裕理论的新阶段。

1. 先富带动后富实现共富

市场可以提高初次分配中的资源配置效率，但对市场化过程中收入差距问题无解，这意味再分配需要政府干预和调节。为了促进生产力的发展，改革开放后，在国家力量的干预下，我国允许一部分人、一部分地区先富，然后先富带动后富，最后实现共同富裕。但是行为经济学理论指出，先富群体存在损失厌恶，不愿意放弃自身利益而促进社会整体利益，从而导致帕累托改进无法推进。这意味着我国非均衡发展战略的后半部分展望难以实现，财富的聚集效应明显，收入差距将进一步拉大。[①] 在这种情况下，应该发挥政府对整个社会资源的分配引导作用，克服市场经济带来的非均衡发展弊端。

先富带动后富主要有示范效应、慈善行动、对口支援以及能人带动四种具体机制。[②] 其中，“示范效应”起到榜样推动作用，引导后富群体复制先富群体的成功轨迹实现共同富裕；“慈善行动”主张充分发挥社会力量，引导社会公众参与到第三次分配中来均衡财富；“对口支援”指通过先富地区与落后地区结对帮扶，使得落后地区实现较快发展，其在反贫困斗争中发挥了非常重要的作用；“能人带动”则是鼓励具有集体主义观念的优秀人才不满足于个人富裕，而是带领集体村民共同富裕。

2. 公有制为主体、多种所有制经济共同发展的所有制结构

社会主义是实现共同富裕的制度保障，而公有制占主体是保障社会主义市场经济平稳运行的根本原则。资本主义可以帮助局部地区少部分人快速富裕起来，但大部分人口仍然摆脱不了贫穷，特别是对广大农村地区的农民而言，可能甚至连温饱问题都无法解决。因此，从另一个角度看，共同富裕也是社会主义制度优越性的重要体现。

社会主义道路的首要问题是生产力水平落后。为促进经济快速发展，人民生活水平提高，从而进一步实现共同富裕，就要坚持和实行公有制。只有生产力高度发展起来，才能为共同富裕开辟道路。另外，“市场”是一种发展经济的有效手段，但人们通常将“市场经济”作为“资本主义”的本质特征。然而，社会主义经济中也可以存在非公有制的经济成分，我们不应该将“市场”视为社会制度判定的标准。邓小平同志指出，社会主义与资本主义的区别不是

---

① 薛宝贵、何炼成：《先富带动后富实现共同富裕的挑战与实现路径》，《马克思主义与现实》2018 年第 2 期。

② 薛宝贵：《共同富裕的理论依据、溢出效应及实现机制研究》，《科学社会主义》2020 年第 6 期。

实行计划经济还是市场经济，“社会主义也可以搞市场经济”[①]，社会主义的市场经济能够促进生产力的发展。

在探索共同富裕的实现路径过程中，我国在理论层面有力地反驳了社会主义不能发展市场经济的论断，在实践层面走出了一条社会主义制度与市场经济共同发展的中国特色社会主义经济发展道路，充分发挥了社会主义制度优势，为促进共同富裕奠定了制度基础。

3. 按劳分配为主体、多种分配方式并存的分配制度

坚持社会主义制度，即坚持社会主义公有制和以按劳分配为主体的分配制度，走以人民为中心的发展模式。[②] 从本质上来看，社会主义公有制是共同富裕的制度基础，按劳分配是实现共同富裕的重要路径，引导人民走上共同富裕道路是社会主义的根本任务。同时，在推进共同富裕的过程中，也需要不断完善中国特色社会主义分配制度。

按劳分配强调劳动要素对收入的贡献，讲究多劳多得，让劳动要素也能分享经济发展的成果。在此基础上，财富拥有量与劳动量的多少直接挂钩，即越是劳动，能够获取的财富就越多，也就越容易实现对美好生活的向往。

随着社会主义市场经济稳步发展，我国逐步建立按劳分配为主体、多种分配方式并存的基本分配制度。劳动人民既可以通过售卖劳动力赚取工资，也可以通过支配劳动资料获取生活资料，推动劳动以一种更灵活的方式存在。另外，社会主义制度保障了我国社会主义市场经济在发展过程中有效避免资本造成的悖论性贫困问题，进而在经济高速平稳增长的同时提高人民生活水平。

4. 促进效率与公平有机统一

实现共同富裕，既要坚持效率，也要促进公平，在收入分配制度的基础上正确处理效率与公平的关系。市场化经济解决了效率问题，但公平问题没有得到改善，建设社会公平成了当前突出问题。[③] 当居民之间的收入差距过大时，

---

① 《邓小平文选》第三卷，人民出版社 1994 年版，第 236 页。

② 高海波：《消除贫困和促进共同富裕的中国智慧——基于〈资本论〉反贫困理论的经济哲学解读》，《大连理工大学学报（社会科学版）》2022 年第 1 期。

③ 刘国光：《进一步重视社会公平问题》，《经济学动态》2005 年第 4 期。

反过来也会导致效率下降，甚至可能影响社会的稳定性。因此，在经济发展过程中，不能一味地追求效率而忽视公平。

21 世纪初期，面对中国基尼系数超过国际警戒线的严峻状况，党的十四届三中全会首次提出“效率优先、兼顾公平”；针对收入差距逐渐扩大问题，我国强调“要把调节个人收入分配、防止两极分化，作为全局性的大事来抓”[①]，通过改善人口收入分配格局，让改革成果惠及更多的人民。党的十六大报告提出，初次分配注重效率、再次分配注重公平。党的十七大报告进一步提出，初次分配和再分配都要处理好效率和公平的关系，再分配更加注重公平。党的二十大报告强调，坚持多劳多得，鼓励勤劳致富，促进机会公平，增加低收入者收入，扩大中等收入群体。归根结底，以共同富裕为导向的发展是效率与公平的有机统一。

（二）新时代中国特色社会主义时期：延续升华，解决社会主要矛盾成为实现共同富裕的必然要求

党的十八大以来，中国特色社会主义进入新时代。在两个一百年奋斗目标的历史交汇点上，政府工作报告将扎实推进共同富裕作为“十四五”时期的重大任务，既是为了进一步解决人民日益增长的美好生活需要和不平衡不充分的发展之间的矛盾，也是为了不断推动中国特色社会主义向更高阶段迈进。由此可见，在中国特色社会主义市场经济体制下，党进一步明确了共同富裕的目标与实现路径，彰显了党实现共同富裕的决心与智慧。

1. 坚持公有制经济主体地位不动摇

公有制经济是保障共同富裕的基本经济制度。公有制克服了生产资料私有化导致收入差距拉大的缺陷，在促进社会生产力发展的同时，让改革发展的经济红利惠及更多的人民群众。在以公有制经济为主体的基础上，要坚持贯彻和发展按劳分配原则，保障生产资料的公平分配，从而带领全体人民走向共同富裕。

党的十八大以来，党中央多次强调不管遇到什么困难，都应坚定不移地维

① 《江泽民文选》第一卷，人民出版社 2006 年版，第 470 页。

护与发展公有制经济。其中，坚持公有制经济的主体地位，对于减缓贫富差距，实现和维持社会公平，为经济稳定发展营造稳定的外部环境有重大意义。非公有制经济为我国高新技术发展、增加就业岗位、激发市场活力起到推动作用，是经济发展的内驱动力。公有制经济与非公有制经济相辅相成，相得益彰。

2. 深化供给侧结构性改革

党的十九大报告指出，“我国经济已由高速增长阶段转向高质量发展阶段”。相比于高速增长重视总量问题，高质量发展更加重视解决结构问题。从高质量发展的目的及内涵来看，高质量发展就是要满足人民群众对美好生活的向往，在满足群体需求的基础上提供多元化的服务，从而实现人的全面而自由的发展。因此，推动共同富裕是高质量发展的本质要求。当前，我国经济发展遇到阻力，毕业生就业难、居民消费萎靡不振、楼市库存积压严重以及电力供给不足等问题突出，结构性失衡问题亟须解决。为推动经济高质量发展，提高人民生活水平，必须深化供给侧结构性改革，提高商品与服务质量，坚持经济效益优先，重视技术创新和绿色发展，通过共享发展与可持续发展来夯实共同富裕的基石。

3. 推动农地“三权分置”改革

“土地者，民之本也”。农民权益是三农问题的核心，而明晰的农地关系是保障农民权益、提高农民收入的根本途径。通过明确农地产权经济属性和推行“三权分置”试点，党中央对农地制度改革进行总体部署。2014 年，中共中央办公厅、国务院办公厅印发《关于引导农村土地经营权有序流转发展农业适度规模经营的意见》，提出要将农村土地所有权、承包权、经营权三权分置，在保证集体经济利益的前提下，加快土地经营权流转效率，提高农村土地要素利用率。2018 年修正的《中华人民共和国农村土地承包法》规定，土地经营权可以由拥有承包权的农民经营，也可以通过流转由他人经营，在保留土地承包权的基础上，尽可能提高土地经营效率，释放土地要素活力。在法律层面上，在土地经营期间，任何组织和个人不得侵犯经营权人的合法权益。2021 年，《中华人民共和国民法典》丰富了土地经营方式，规定可以通过自主出租、入股等其他方式流转土地经营权。

农地制度经历了从“两权分离”到“三权分置”的历史性跨越，从实践到立法，在制度层面上进一步保障农民权益，对集约式规模化的高效农业发展产生深远影响，也能够为共同富裕的实现提供有益的制度支撑。①

4. 实施乡村振兴战略

一直以来，我国城乡二元分割体系导致农村和城市发展差距逐渐拉大，城乡居民在教育、医疗、养老等方面拥有的资源不平衡不充分。2017 年，我国创新性地提出乡村振兴战略，并从农村产业、生态、乡风、农村治理和农民生活五个方面对乡村振兴进行展望，为从根本上缓解我国城乡发展不平衡问题，扎实推进共同富裕建设提供了行动纲领。

截至 2021 年，我国城乡收入比仍高达 2.5，虽然近年来城乡差距在不断缩小，但在全球范围内仍然较高。在这样的城乡二元体系中，亟须缩小城乡差距，提高农村低收入群体收入水平，扩大中等收入群体，从而为共同富裕提供基本的物质保障。相关研究认为，即便未来我国城镇化率达到 70%，我国农村人口仍然接近 4.5 亿人。如果这部分农村居民的发展问题没有得到解决，全体人民共同富裕也就难以实现。②

2018 年，中共中央、国务院印发的《乡村振兴战略规划（2018—2022 年）》明确指出：到 2035 年，乡村振兴取得决定性进展，农业农村现代化基本实现；到 2050 年，乡村全面振兴，农业强、农村美、农民富全面实现。可以看出，《乡村振兴战略规划（2018—2022 年）》的“两步走”阶段性目标对应党的十九大报告关于共同富裕“两步走”的远景目标，这意味着乡村振兴与共同富裕的目标和内涵是有机统一的。③“民族要复兴，乡村要振兴”。乡村振兴是缩小城乡差距、保障农民收入，促进城乡共同富裕的重要举措。

---

① 侯银萍：《农地“三权分置”改革对共同富裕的制度保障》，《中国特色社会主义研究》2021 年第 5 期。

② 陈锡文：《实施乡村振兴战略，推进农业农村现代化》，《中国农业大学学报（社会科学版）》2018 年第 1 期。

③ 彭玮、龚俊梅：《百年大党“三农”工作重心转移与政策变迁》，《学习与实践》2021 年第 12 期。

第四节　经济学视角下实现共同富裕的途径探索

本节旨在从生产要素市场化改革，构建初次分配、再分配、三次分配协调配套的基础性制度安排来探究共同富裕实践路径，推动经济高质量发展。同时，通过建立统一的共同富裕评价指标体系，为当前共同富裕研究提供评估标准。

一、推进以市场决定资源配置为核心的要素市场化改革

要素市场是社会主义市场经济的重要组成，是现代化经济运行的基础，更是经济高质量发展的关键。1992 年，我国正式确认了社会主义市场经济是社会主义经济制度的重要组成部分，党的十八大明确市场对资源配置起决定性作用，这意味着要素市场化改革对社会主义市场经济尤为重要。2021 年，国务院办公厅印发了《要素市场化配置综合改革试点总体方案》(以下简称《方案》)，该《方案》要求各地政府积极推动要素合理有序流动，提高要素配置效率，破除阻碍要素自主流动的行政干预或市场壁垒，为推动社会经济高质量发展注入强劲动力。

优化全社会生产要素配置，畅通要素流通渠道是要素市场化改革的核心；推进要素市场化改革是促进经济高质量发展，推动共同富裕的体制基础。改革开放以来，我国经济以市场化改革为导向，充分挖掘经济增长活力，市场在资源配置中起决定性作用日益增强，要素市场格局初步形成。理论上要素市场化的目标是要素价格由市场决定，要素流通自主有序，要素配置高效公平。然而，实际上当前中国土地、劳动力、资本、技术、数据等要素市场相对发展较为滞后，阻碍要素自由流通的限制较多，大量要素存量滞留在低效率的部门和企业中，市场决定资源配置的体制机制不能正常发挥作用，要素配置效率低下。除关键领域外，中国的商品市场绝大部分已实现开放，但是要素市场化配置相对滞后。在要素市场不完善的情况下，要素资源得不到有效配置，

也就带不来公平报酬，从而导致在初次分配中就造成收入差距，产生社会不公平的问题。因此，通过研究要素市场机制现存的缺陷和不足，从宏观和微观层面完善要素市场化改革，对促进经济高质量发展、扎实推动共同富裕有重大意义。

（一）宏观层面：推进要素市场化配置改革

中国特色社会主义市场经济在制度上为要素合理流动提供保障，然而阻碍我国要素高效合理流动的各种壁垒仍然存在。因此，从宏观层面引导我国要素市场向自主有序流动、价格市场决定、配置高效公平等方向改革，可从以下三个方面入手：

1. 有序引导和促进产业转移

产业在转移升级的过程中通常伴随着要素的流动，要素的自主有序流动带来生产效率的提升，从而促进产业转移升级。一般来说，在没有行业壁垒的情况下，要素会向生产效率最高的部门聚集，直到各部门之间生产效率趋同，要素流动就会达到相对静止状态。[①] 各部门生产效率的差异，是要素流动的动力之源。除此之外，要想实现要素的自由流动还需具备其他条件，一是要盘活要素，加大要素市场化力度，减少流通壁垒，避免各种条件的约束，实现要素自由流动；二是提供要素流通的路径，这些路径为要素流动提供了通道和方向。[②] 通过产业转移，可以畅通要素流通渠道，引导要素流通方向，打破区域间发展壁垒，提高要素利用率。

立足于双循环发展格局，产业转移能有效缓解我国当前中西部间发展不平衡不充分的问题。长期以来，我国中西部地区开放程度和市场活跃度均低于东部沿海地区，东部地区资本与技术相对充裕但劳动力相对稀缺，中西部地区则相反。在中美贸易摩擦和疫情叠加的背景下，居民消费需求下滑，我国东部沿海地区出口产业受影响严重，因此开发中西部地区承接东部产业转移，对挖

---

① 陈磊、胡立君、何芳：《长江经济带发展战略对产业集聚的影响》，《中南财经政法大学学报》2021 年第 1 期。

② 王曙光、郭凯：《要素配置市场化与双循环新发展格局——打破区域壁垒和行业壁垒的体制创》，《西部论坛》2021 年第 1 期。

掘内需潜力，健全国内产业链体系，保障国内经济安全尤为重要。

2. 消除行业垄断，实现全行业均衡发展

行业垄断会产生排他性和非竞争性的负面效果，影响同行业中小企业发展，对上下游企业形成压制，导致要素流通不畅、价格扭曲，阻碍行业创新。要素市场化配置能够突破行业壁垒，消除要素在全行业流通障碍，推动全行业均衡发展，提高资源利用率。垄断行业的要素市场化配置主要是消除要素垄断和解决双轨化价格机制。

当前，所有制结构不同的部门存在着不同程度的要素配置扭曲。国有企业相较于非国有企业来说更容易获得政府补贴、融资贷款及劳动力青睐，但非国有企业的单位资本和单位劳动产出较高，与国有企业相比具有更高的生产效率。① 这就导致资本、劳动力以及土地要素在国有企业和非国有企业之间脱离市场机制，存在价格双轨制问题，表现在劳动力市场上为有无编制、土地市场同地不同价不同权以及资本市场贷款难易程度等区分。两部门之间存在的体制壁垒导致要素配置扭曲，抑制经济发展活力，影响了要素的生产效率。因此，解决部门垄断必须要消除两部门之间行业进入壁垒、降低市场准入门槛，让市场决定要素流向和价格，促进全行业均衡发展。

除此之外，互联网平台垄断问题严重，导致生产要素配置扭曲，对行业竞争效率、国民收入分配产生了明显的影响。政府部门应持续加强对互联网行业垄断行为的监管力度，维护平台经济领域公平竞争，引导和激励平台经营者将更多资源用于技术革新、质量改进、服务提升和模式创新。通过破除平台垄断，形成公平竞争的市场环境，从而提高资源配置效率，最终达到共同富裕。

3. 积极推进全国统一大市场的建立

建立全国统一大市场是为了促进商品要素资源在更大范围内畅通流动，打破地方保护和市场分割。通过加强市场监督监管，消除显性的制度障碍和隐性的人为障碍，构建统一开放、竞争有序的现代市场经济体系。推进全国统一大市场建设，一方面要坚定不移推进全国统一要素市场建立，另一方面要落实

---

① 陈诗一、刘文杰：《要素市场化配置与经济高质量发展》,《财经问题研究》2021 年第 9 期。

公平审查制度，消除区域、城乡之间要素流通壁垒，降低交易成本，推进产业数字化转型升级，营造稳定公平透明可预期的营商环境。

打造统一要素市场是建立全国统一大市场的核心。我国要素市场还面临整体发展不均衡、地区发展差异较大以及市场化程度偏低等问题。因此，建立统一要素市场对稳定经济发展有重大意义。2022 年 4 月，《中共中央、国务院关于加快建设全国统一大市场的意见》发布，除传统的五大要素——劳动力、土地、资本、技术、数据外，创造性地增加了建设全国统一的能源市场和培育发展全国统一的生态环境市场。在保障能源供应和积极发展新能源背景下，加快推进能源市场统一，建设全国统一的碳排放权、用水权交易市场，提高能源生产效率，促进绿色生产和绿色消费，完成碳达峰碳中和目标任务。

加强市场监督监管、落实公平审查原则是建立全国统一大市场的制度保障。市场决定资源配置，发挥市场在资源配置中的决定性作用是推动要素配置高效公平的核心。一方面，对国内各行各业，尤其是互联网医疗、线上教育培训、在线娱乐等新业态，一视同仁，严格监管，防止在政策上形成对市场主体的歧视，造成要素配置扭曲；另一方面，对外来投资，在守住底线的同时放开不必要的准入门槛，提高我国市场经济开放程度和经济活力，提升要素市场有效竞争水平。

（二）微观层面：针对不同要素进行分类施策

各要素市场协同发展、综合配置、组合优化才能达到效率最大化。不同的要素具有不同的属性和特征，因此，针对每一类要素都要提出差异化的措施，达到要素市场化配置的最大效率。针对中国土地、劳动力、资本、技术、数据五大要素市场提出具体的改革方向，为各要素市场协同发展助力。

1. 土地要素市场化改革

当前城乡土地二元市场分割，土地供需错配导致城乡土地价格扭曲，城乡土地同地不同权不同价使得土地要素市场整体配置效率低下。为进一步提高土地要素配置效率，一要打破城乡土地要素流动壁垒，建立城乡统一建设用地市场，推进农村土地要素市场化配置。二要探索城乡建设用地增减挂钩节余指标跨省域调剂使用机制。该机制旨在解决东部沿海发达城市建设用地指标紧张的问题，有利于大中城市合理扩张，提高城市相关配套设施，降低人口密度，对均衡城市空间布局有重大意义；同时，为“三州三区”等土地资源充裕的地区经济发展提供资金支持，通过城乡、区域土地指标置换，增减挂钩政策在推动促进节约集约用地和城乡统筹发展中发挥了重要作用。三要优化土地供应方式，推进闲置存量用地的使用和流通。对城市化过程中闲置的大量工业用地，通过依法协商收回、协议置换、费用奖惩等措施，推动城镇土地二次开发，提高土地要素利用率。

2. 劳动力要素市场化改革

我国是劳动力资源最丰富的国家之一，但劳动力要素市场仍存在城乡二元户籍制度、劳动力市场不规范以及劳动力结构性供需不匹配等问题。为实行劳动力城乡双向流动机制，一要支持不同城市差异化户籍制度改革，建立基本公共服务与常住人口挂钩机制。这意味中央政府转移支付将按照常住人口来分配教育、医疗、养老以及城市相关配套设施等相关资源，促进城乡和区域劳动力融合发展。二要畅通人才社会性流动渠道，加大对劳动者“中年危机”的保护力度，不以年龄作为工作发展的壁垒。三要激发人才创新创业活力，探索建立健全科研成果转化和知识产权归属的办法细则，壮大高水平工程师和高技能人才队伍。四要规范劳动力市场，完善最低工资保障制度，加强对《中华人民共和国劳动法》和《中华人民共和国劳动合同法》等的执行力度，确保劳动力市场的合理有序竞争。

3. 资本要素市场化改革

加快推动资本要素服务实体经济，一要增加有效的金融服务供给，尤其是开发与中小微企业需求匹配的金融产品。立足于金融信息共享机制，推广“信易贷”模式，研发满足多层次需求的金融产品，降低贷款难度，提高资本要素利用率和流通率，增强金融普惠性，达到服务好实体经济，促进中国经济高质量转型发展的目的。① 二要进一步完善企业上市和退市制度，强化债券

① 郑联盛：《深化金融供给侧结构性改革：金融功能视角的分析框架》，《财贸经济》2019年第11期。

市场改革。2020年，我国证券市场全面推行注册制，打破企业上市、退市、转板和融资壁垒，进一步完善和规范资本市场投资环境，助力资本投向实体经济。① 推进债券市场改革，从完善债券市场法治、建立多层次债券市场体系出发，增加企业融资渠道，降低企业融资成本，解决企业融资难题，推动资本要素更好地为实体经济服务。三要完善金融监管和风险管理体制。建立现代化统一的金融监管和风险管理框架，防止资本的无序扩张，按照属地原则压实省级人民政府的监管职责和风险处置责任，稳步实现对市场经济的有效监管。

4. 技术要素市场化改革

促进技术要素向生产力转化的核心在于鼓励科研人员创新，加快科研成果转化，而技术要素市场化配置是推动科技创新和科研成果转化的关键。一要尊重科研成果，尤其是职务科技成果。一方面，健全职务科技成果产权制度，赋予在职科研人员更灵活的科技成果所有权，产权有效激励体制机制能够激发微观主体活力和创造力；另一方面，提高科研成果在科研人员职业发展中的比重，将其纳入科研奖励、职称评定、项目申报等评价指标，激发科研人员创新动力。二要加大科研成果转化力度。地方政府要积极建设创新创业孵化器，打造培育科研成果转化的专业队伍，以市场需求为导向，助力产学研一体化。同时，推进技术和资本要素融合发展，加大对科研成果转化的支持力度。

5. 数据要素市场化改革

数据要素市场化改革涉及数据开放共享、数据保护、数据流通和数据利用四个方面。数字经济时代，作为数字经济市场信息流的实际载体，数据的价值重要性逐渐凸显，因此要从以下三个方面完善数据要素市场。第一，加快推进数据确权的探索和规则制定，探索建立准确衡量数据价值的数据资产价值评估模型和数据定价规则，使数据交易有定价依据。② 第二，数据流通涉及数据开放共享、数据保护和数据利用，发展数据资产评估、登记结算、交易撮合、

---

① 陈诗一、刘文杰：《要素市场化配置与经济高质量发展》，《财经问题研究》2021年第9期。

② 刘昱洋：《中国五大要素市场化配置的制约因素及完善策略》，《区域经济评论》2021年第6期。

争议仲裁等市场运营体系，稳妥探索开展数据资产化服务。第三，互联网经济背景下我国大约有10亿网民，全国网民线上线下活动产生海量数据，数字经济总量逐年攀升。政府部门掌握大量原始数据，在确保数据信息安全可靠的基础上，可积极推动非涉密数据信息的开放共享和利用；同时，要加强国家数据安全和个人隐私安全保护，没有网络安全，就没有国家安全。因此，要积极探索制定大数据分析和交易禁止清单，完善重要数据出境安全管理制度，在此基础上构建起有序的数据要素市场体系。

二、构建初次分配、再分配、三次分配协调配套的基础性制度安排

（一）积极推进以收入分配制度改革为核心的初次分配

近年来，坚持按劳分配为主体，保障劳动报酬占比的收入分配制度改革方向不断明确。中华人民共和国成立之初，我国实行高度集中的计划经济体制，以平均主义为核心的“工资制”“工分制”，分配制度非常单一；改革开放以来，邓小平同志在党的十一届三中全会提出，允许一部分人先富起来，先富带动后富，最终实现共同富裕。至此，会议第一次克服了平均主义，强调生产效率，确立按劳分配为原则的分配制度。进入21世纪，党的十七大报告指出在处理好效率和公平关系的基础上，更加注重公平，首次明确要处理好初次分配与再分配时公平与效率的关系，效率不再是唯一衡量分配的指标，逐渐开始重视公平问题。进入新时代，党的十九届四中全会提出要提高一线劳动者劳动报酬，提高劳动报酬在初次分配中的比重。分配制度呈现兼顾效率和公平、更加重视公平的特征，以提高劳动报酬占比来推动共同富裕。

所有制形式决定了分配方式，在多种所有制共同发展的背景下，按要素分配逐渐参与到分配制度中来。自1997年党的十五大明确生产要素参与收入分配以后，各种数据都表明劳动要素报酬占GDP的比重呈下降趋势。[①] 根据统计局数据，在扣减了个税、社保缴费等项目后，2019年我国居民可支配劳动报酬占当年GDP的比重为25.6%，仅比2008年提高了1.8个百分点。考虑

① 洪银兴：《以包容效率与公平的改革促进共同富裕》，《经济学家》2022年第2期。

到劳动报酬中不可支配部分的快速提升，居民可支配劳动要素报酬占 GDP 的比重实际上是逐年下降。这意味着我国劳动投入所获得的回报下降，而资本要素投入所获得的利润挤占了劳动报酬的回报空间。初次分配的核心是收入制度，收入分配不公严重影响公民幸福感。解决初次分配不公问题，坚持按劳分配，围绕提高劳动报酬占比、创新收入分配制度等改革缩小收入差距，为共同富裕打下基础。现阶段坚持按劳分配为主体、鼓励勤劳致富，需要从以下几个方面实现：

1. 规范薪酬管理制度

从党的十四大开始提出允许个人的资本要素参与收益分配后，党的十五大又引进了资本、技术参与分配，党的十六大明确将劳动、资本、技术和管理等生产要素按贡献参与分配的原则。[①] 同时，伴随着公有制企业改革，效仿非公有制企业薪酬管理办法，逐渐拉大管理者与普通工人的工资差距，造成了初次分配中收入不合理的问题。政府在宏观管理中应该规范各地最高最低工资标准。保持适当工资收入差距，既要体现不同劳动者劳动报酬回报率的高低，提高劳动效率，也要兼顾公平，坚持按劳分配为主的分配原则。确定最低工资标准，可以参考当地的脱贫标准，在此基础上可以适当调高脱贫收入的 1.5 倍左右。确定最高工资标准，将一个城市的基尼系数、优势产业附加值、企业年度 GDP 等指标纳入参考范围，在保证一部分人高收入的同时，扩大中等收入群体数量，提高低收入群体工资水平。

2. 以就业为导向，提高职业技能培训

按劳分配收入不仅指直接劳动收入，还包括复杂劳动收入。只要技术、管理和数据等要素作为复杂劳动参与到劳动报酬分配中，连同直接劳动一起，就可以实现劳动致富。当前，劳动要素投入的减少不能作为薪酬减少的原因，提供直接劳动的工人也应享受到生产效率提高经济增长的成果。因为生产效率的提高很大程度上来源于劳动过程中技术、管理和数据等要素水平的变革，这

① 张广科、王景圣：《初次分配中的劳动报酬占比：演变、困境与突破》，《中州学刊》2021 年第 3 期。

些要素推动了经济结构变化、产业生产组织化以及管理模式高效化，可归结为劳动效率的提高。当下科技创新对劳动者素质提出了更高的要求，注重教育与科技赛跑、教育与实践结合、教育与就业引导的关系，加强对低技能劳动者的教育和培训，提高直接劳动的复杂程度，掌握知识与技能，获取复杂劳动报酬，提高低技能群体劳动收入水平。

3. 积极引导非公有制实现按劳分配

通常来说，按劳分配适用范围越广，共同富裕程度就越高。① 改革开放以后，越来越多的所有制形式参与到经济发展中，尽管如此，按劳分配依然普遍存在于公有制企业中，但劳资收入的扩大主要来源于非公有制企业。民营经济作为市场经济的重要组成成分，受到社会主义制度的制约，在扩大按劳分配适用范围的同时，应积极探索增加劳动报酬占比新形式。以深圳华为为例，作为民营企业，该公司股权 100% 由员工持有，并通过虚拟受限股进行股权和剩余价值分配。② 华为公司的员工既是生产者也是所有者，并且坚持按劳分配在一定程度上摆脱了资本对企业的控制，实现了劳动与资本分配利润的新型方式。民营企业实行按劳分配，将很大程度改善收入悬殊问题，推动共同富裕进程。

4. 创新收入分配方式

马克思以前的资本主义贯彻“劳动取得工资，资本取得利润”原则。也就是说，初次分配中，劳动只参与工资的第一次分配，而不涉及利润之间的分配。到目前为止，人们一致公认的是，生产要素包括货币资本、土地、劳动力、科学技术、管理经营、知识信息等六个方面的内容，而在按生产要素分配的理论与实践中“劳动力”是唯一被排除在外的生产要素。这就意味着在初次分配中，按生产要素分配存在不公平的现象。同时普通劳动者拥有的唯一要素就是劳动力，虽然可以获得付出劳动产生的工资收入，但远远小于其他生产要素分割利润带来的报酬。同时，所有制决定了劳动力产生的剩余价值并不归劳

---

① 洪银兴：《以包容效率与公平的改革促进共同富裕》，《经济学家》2022 年第 2 期。

② 张广科、王景圣：《初次分配中的劳动报酬占比：演变、困境与突破》，《中州学刊》2021 年第 3 期。

动者所有，而是属于资本家。资本家攫取剩余价值进行财富的积累，形成资本垄断，而劳动者只能取得工资，贫富差距只会越来越大。如果初次分配不能改善这种情况，全民共富的目标很难实现。创新所有制形式，需要扩大参与利润分配的生产要素范畴，使劳动者可以在初次分配中参与到利润的分配。劳动者获得的工资收入只能维持简单的劳动力再生产，难以通过获得剩余价值的分配实现财富的积累。只有将劳动者唯一的要素资本化，即劳动力资本化，才能使劳动者实现财富积累。通过劳动力资本化让劳动者在初次分配中享有股权，参与企业发展的红利，实现共同富裕。这样不仅在初次分配中保护了要素所有者的权益，还激励了微观主体的创造力和动力，有利于社会和国家的生产发展。

（二）充分发挥政府主导二次分配的主观能动性

改革开放以来，我国经济发展战略是实现“三步走”，从解决人民温饱问题再到全面建成小康社会，最终实现共同富裕。前两个目标通过多年的经济发展“做大蛋糕”均已实现，现在到了扎实推进共同富裕的阶段，社会治理目标也从“做大蛋糕”转向了“分好蛋糕”，从追求效率转向追求公平，推进共同富裕成为当下亟须解决的问题。[①]初次分配领域出现的居民收入不均、城乡发展不协调等问题要通过再分配手段，如税收、转移支付、养老金以及公共医疗服务均等化来调节。从政府责任角度看，除保证国家机器的运转、促进经济增长、调节收入分配外，促进以公平为核心的再分配也是善治政府的使命担当。[②]政府要善于使用“看得见的手”从转移支付、税收政策、社会保障等领域多管齐下，“提低、扩中、调高”，形成两头小、中间大的橄榄型社会分配格局，这样才能更好地实现面向公平正义的公共财政再分配的政府责任。

习近平总书记指出：“科学的财税体制是优化资源配置、维护市场统一、促进社会公平、实现国家长治久安的制度保障。”党的十八届三中全会赋予了

---

① 代志新、高宏宇、程鹏：《促进共同富裕的税收制度与政策研究》，《财政科学》2022 年第 1 期。

② 张世贵、陈桂生：《公共财政再分配偏差及其政府责任研究》，《新视野》2019 年第 5 期。

财政“国家治理基础和重要支柱”的历史定位，充分表明了加快建立现代化财税体制对实现共同富裕的重要作用。政府可以采用税收手段加强对经济和社会领域问题的干预和调节，以公平为导向，充分发挥税收机制改善民生，缩小收入差距，扶持中小微企业方面的作用。我国税收体系主要由直接税和间接税组成，直接税主要向居民个人收取，包括所得税和财产税，通常难以转嫁，最终由纳税人买单。直接税具有累进制，收入越高，边际税率就越高。而间接税向企业征收，以增值税、营业税和消费税为主，在商品流转过程中，税负通过消费者购买商品可以转嫁给消费者。间接税具有累退性，收入越低的消费者承担的税率越高。中国税制整体是累退的，个人所得税等累进性税收在一定程度上减弱了间接税的累退性，但因其规模小，不足以完全抵消间接税的累退性。①税收的累退性进一步降低了税收对收入不平等的再分配效应。

1. 我国税收制度、转移支付和社会保障在促进共同富裕方面存在的不足

——税收机制方面。首先，我国税收机制仍不完善。自 2018 年实施新的个税起征点以来，新的个人所得税政策减税效应明显，但再分配效应由原政策下的 11.63% 下降至新政策后的 6.5%，纵向公平效应由 0.04 下降至 0.02；财产税的再分配效应仅有微弱的 0.3%，而叠加执行 2019 年税收优惠政策后，财产税的收入再分配效应由原来的 0.35% 下降至 0.02%。②在财富代际传递方面的征税也尚不完善，国际上对个人的财产继承和遗赠征收高达 10%—55% 的超额累计继承税，而我国目前尚未设立遗产税和遗赠税。以占有中国家庭总财产 70% 以上的住房为例③，房产承载的优质教育、医疗以及基本公共服务资源始终处于垄断地位；同时，21 世纪前期中国房地产市场大幅繁荣，具有投资品属性的房产升值加剧了居民之间资本收入的不平等。由于税种的缺失，财富代际传递无法打破，只会进一步加剧低收入者的弱势地位。如果不能通过税收推动先富群体带动后富，形成收入的再分配效应，那么共同富裕的目标将更难

① 岳希明、张斌、徐静：《中国税制的收入分配效应测度》，《中国社会科学》2014 年第 6 期。

② 卢洪友、彭小准：《税收对财产性收入不平等的再分配效应》，《统计与决策》2019 年第 23 期。

③ 朱梦冰、李实：《中国城乡居民住房不平等分析》，《经济与管理研究》2018 年第 9 期。

实现。其次，“税收洼地”引发避税风险，不利于规范和调节高收入。地方政府为了招商引资，积极采用各种税收减免和返还政策吸引企业入驻，造成各地政府间的恶性竞争，产生“税收洼地”。这无疑会加大企业和个人的逃税风险，通过恶意注册企业，骗取优惠的税收政策，还造成国家税款的流失。最后，经济形式多元化导致征税难度大。数字经济时代，收入来源的多元化导致企业及个人的真实涉税交易信息和税收管辖权的界定难以明确，对税务机关征税能力和反避税人才的要求越来越高。

——转移支付方面。财政转移支付的目的是实现财政能力的纵向和横向平衡，以促进基本公共服务均等化。我国转移支付主要包括税收返还、专项转移支付和一般性转移支付。税收返还重在保障工薪阶层的既有劳动收入，不具有公共服务均等化作用。目前财政转移支付在公平与效率之间有落差，转移支付不仅没有提高低收入地区和人群的生活水平和发展能力，反而陷入了“等要靠”的福利依赖性陷阱。分税制背景下，中央财政转移支付目标与地方政府对公共服务支出倾向之间存在一定的背离。特别是中央政府拨付的专项转移支付，相比于一般性转移支付还缺乏严格的分配制度，进一步加剧城乡公共服务差距。[①] 这种现象不仅中国有，还广泛存在于经济合作与发展组织国家。根据数据显示，政府转移支付会降低中低收入群体的劳动参与率，加大对财政的依赖，最终产生恶性循环，降低整个社会的福利水平。

——社会保障方面。共同富裕目标下社会保障制度具有基础性、普惠性和兜底性的特点。首先，社会保障制度是保障和改善民生，实现共建共享改革发展成果的重要制度安排。目前，我国城乡医疗保障程度差距仍然很大，城镇医疗覆盖人群范围、报销额度和医疗条件显著高于乡镇。根据调查数据显示，现今中国基本医保制度的收入再分配效应为负，健康状况更差的低收入群体的医疗支出和医保报销都显著低于高收入群体。[②] 其次，低保作为对困难群体救

① 缪小林、王婷、高跃光:《转移支付对城乡公共服务差距的影响——不同经济赶超省份的分组比较》,《经济研究》2017 年第 2 期。

② 金双华、于洁、田人合:《中国基本医疗保险制度促进受益公平吗？——基于中国家庭金融调查的实证分析》,《经济学》(季刊) 2020 年第 4 期。

济的制度，错保、漏保现象始终存在。尽管低保瞄准性不断提升，但对社会整体福利水平仍有一定程度的挤出效应。[①]最后，社保缴费会提高劳动力价格，促使企业增加对固定资产的投资，减少人力资本的使用，特别是替代劳动密集型行业里低技能劳动者。这会进一步加剧收入和行业分化，导致贫富差距拉大。

2. 完善税制改革和基本公共服务无差别供给

第一，以“人”为本：健全直接税体系，提高税收调节收入再分配的作用。《中华人民共和国国民经济和社会发展第十四个五年规划和二〇三五年远景目标纲要》提出，要“优化税制结构，健全直接税体系，适当提高直接税比重，完善综合与分类相结合的个人所得税制度，加强对高收入者的税收调节和监管”，这为我国税收改革指明了方向。从公平税负的角度出发，完善个人所得税，发挥税收的再分配功能，是为了实现共同富裕进行税制改革的必然要求。一是扩大税基，将多元化收入纳入税法管控的范围内。当前我国就业方式更加灵活，居民的收入来源多样化。相关立法应增加纳税名目，强调以“人”为本，综合统计劳动者各方面收入，将资本所得、经营所得、股息、红利等新型收入、隐形收入以及福利收入纳入其中；综合考虑纳税人的负担能力，同劳动所得一样，采用同样的累进税制度，在增加财政收入的同时合理调节高收入群体。二是削减税率级次，降低综合所得最高边际税率。我国工薪阶层个人所得税的累进性已达到发达国家水平，工薪阶层税负压力较大。下调最高边际税率，鼓励高收入群体合法纳税，增加高收入者税后可支配收入，增加对高端人才的吸引力，刺激消费和投资。三是完善征管，构建共治共享的税收征管体系。2021 年，中共中央办公厅、国务院办公厅《关于进一步深化税收征管改革的意见》指出，全面推进税收征管的数字化升级和智能化改造，深化智慧税务建设，不断加强涉税信息共享应用和执法区域协同。加强与金融、公安、住房和城乡建设、人力资源和民政部等多部门的协作，明确各涉税部门信息提供义务，建立全国统一共治共享税务平台。

---

① 宋锦、李实、王德文：《中国城市低保制度的瞄准度分析》，《管理世界》2020 年第 6 期。

第二，缩小财富差距：开征房地产税、遗产税和消费税，减小财富积累效应，充分发挥二次分配的公平效应。房产对于家庭财富差距贡献占比从2011年的71.86%上升到2017年的75.49%[①]，是居民财富不均的主要原因之一。大多数发达国家都是通过房地产税来缩小财富差距的，加快推进我国房地产税征收已是大势所趋。房地产税是调节我国财富分配的核心问题，房产税改革以调节分配功能为主，在此基础上兼顾其他功能导向。一是增加地方政府财政收入，在土地财政不可持续背景下，房地产税的出台将有效弥补政府财政收入缺口，完善地方政府税收体系改革，推进地方公共服务可持续化发展。二是贯彻“房住不炒”的原则，防止居民负债杠杆过大，推动房产回归住房属性。2021年，房地产税改革试点草案落地，在总结重庆、上海两个城市房地产税改革试点经验基础上，相关部门将在确定试点地区后，明确征税对象和纳税人，制定试点政策和具体实施细则，期限为五年，在此基础上制定法律实施立法。综上，应该积极推进房地产税改革试点工作，在征收范围上，兼顾存量和增量房产；在起征点和税率设计上，应充分考虑每个城市平均住房面积、收入水平、用房需求、家庭人口等因素，稳定房地产市场的同时兼顾民生需求。

遗产税和房地产税作为主要的调节财富差距的税收手段，试点、立法以及开征还有很长的路要走。遗产税主要是为了防止财富进一步集中和增加对低收入人群的转移支付。21世纪以来，财富基尼系数从2002年的0.538攀升至2010年的0.739，上涨幅度接近40%，中国居民财富集中度越来越高。[②]同时由于少子化、老龄化等社会现象以及“门当户对”的婚恋观，家庭财富资源整合进一步加强，阶层流动性持续减弱。在有目的的遗产动机下，父母会通过提高遗产量来弥补遗产税开征带来的损失，遗产税的提高将会引起财富差距的扩大。纵观发达国家遗产税的征收情况，资本外流和劳动报酬率下降等负面效应不可避免，遗产税和赠与税普遍呈下降趋势。虽然遗产税开征面临很多困难，

---

① 陈卫东、叶银丹、刘晨：《共同富裕：历史演进、国际对比与政策启示》，《西南金融》2022年第3期。

② 易行健、李家山、张凌霜：《财富不平等问题研究新进展》，《经济学动态》2021年第12期。

但是这或许是减轻当下财富分配不均的有效办法之一。遗产税的开征将增加政府财政收入，为低收入群体提供更多的公共服务和转移支付。当下关于遗产税开征后的福利和副作用量化研究分析不足，中长期来看开征遗产税还需要进行深入研究和探索。

第三，公共服务均等化：做到基本公共服务供给的精准和普惠，提高社会保障力度，扩大保障范围。在社会主义现代化进程中实现共同富裕，虽然不排除不同家庭存在一定程度的私人产品的差别，但不同家庭享用公共产品和基本公共服务的权利则应该是无差别的、公平的，体现“精准”和“普惠”。因为主导公共产品供给的国家是代表全体人民利益的。

做到基本公共服务的普惠，一是要加大民生保障支出。目前，我国的公共服务供给数量和质量远远落后于公众现实需求。根据财政部和统计局数据显示，2020 年我国教育、医疗卫生、社会保障和就业支出占一般公共财政预算支出的比例分别为 17.5%、7.8% 和 13.2%，合计 38.5%，而发达国家美国、日本、德国这三项民生支出都达到了 60% 以上。这表明我国有关民生保障的财政支出并不高，且近些年增长效应并不明显，与发达国家相比还有很大发展空间。政府应该减少一般性公共服务的支出，增加有关民生保障方面的支出。二是通过全民共建实现全民共享，将更多人纳入社会保障体系。有学者在对养老金收入研究时发现，中国养老金的代内不平等不仅加剧了老年群体的收入差距，更有甚者会拉大子孙间的收入差距。[①] 缩小这种代际收入差距，要尽早实现社会保障体系全民覆盖，不断提高社会保障统筹层次，建立城乡一体化的医疗、养老、教育等社会保障体系，推进基本公共服务均等化，持续稳步提高城乡居民基本养老金和基本医疗待遇。三是建立城乡、区域优秀教师互调轮岗制度，共享优质教育资源，缩小地区教育资源差距；同时提高乡村教师收入水平和乡村教育财政支出，吸引教师下乡，打破当下教育内卷、家长焦虑感和天价学区房等怪象，从而缓解教育资源不平等带来的

① 阳义南、肖建华、黄秀女：《我国养老金不平等对家庭代际经济交换的影响》，《社会保障研究》2019 年第 4 期。

机会不平等。

做到基本公共服务的精准，一是以低收入群体，尤其是农村低收入群体为重点，加大对农村地区和经济落后地区的政策支持和社保投入，抓住乡村振兴战略机遇，向盘活农村各类资源等方面发力，从内生动力和外部资源着手，缩小贫富差距，做到共同富裕中的“提低”。二是鼓励各地政府建立灵活的流动人口社会保障制度。各地政府要积极出台流动人口基本社会保障和随迁子女教育等一系列基本权益保障政策，避免户籍和学籍制约影响流动人口对城市基本公共服务的享有。三是中央要将流动人口流向和数量纳入转移支付支出考量，清晰划分常住地和户籍所在地的地方政府责任，做到转移支付随人口迁移，而不是只考虑静态的户籍所在地。我国流动人口大量迁入长三角和珠三角城市群，但转移支付却向中西部倾斜，这导致了人口流入地区政府不得不增加大量的社会保障支出，而中西部出现大量资金闲置或者资金未按中央规定的部门投入。将流动人口纳入参考范围，可有效避免资金浪费，做到公平与效率的统一。

（三）重视发挥第三次分配的潜力

在2019年召开的中共十九届四中全会上，首次明确“第三次分配”是收入分配理论的重要组成之一，同时确定要积极发展慈善等公益事业来促进共同富裕。厉以宁先生在20世纪90年代初首次提出了“第三次分配”概念，他在《股份制与现代市场经济》中提到第三次分配“是在道德力量的作用下，通过个人收入转移和个人自愿缴纳和捐献等非强制方式再一次进行分配”[①]。这一界定包含两个要素：第一，第三次分配的动力机制基于道德力量，是一种自发行为。这区别于初次分配下基于市场机制的等价交换和再分配下基于行政力量的强制性调节。第三次分配更多与社会风俗、习惯、个人信念和社会责任心有关。[②]第二，第三次分配是对第一、二次分配的补充和调节，除此之外，没有第四次分配。江亚洲和郁建兴认为，道德的出现是晚于人类第三次分配的，因

① 厉以宁：《股份制与现代市场经济》，江苏人民出版社1994年版，第79页。

② 邓国胜：《第三次分配的价值与政策选择》，《人民论坛》2021第24期。

此，第三次分配最初并非由于道德驱动。不过，虽然如此，但是他们认可道德调节的资源分配属于第三次分配，且第三次分配的触发因素更多。除此之外，“第三次分配”在国外被称为第三部门，主要指非营利机构、非政府组织、社团法人等。萨拉蒙将第三部门的关键特征总结为：（1）私有的，非政府组织且不受控制；（2）以社会公共服务为目的；（3）自由选择而非强制性。[①]由此可见，“第三次分配”的特征还包括：（1）参与主体主要是社会力量。第一次分配的主体是各种生产要素，第二次则是政府主导，第三次主要是民间力量，包括企业、团体和个人等。（2）参与客体主要围绕社会公共服务展开，不仅包括捐赠的财物，还包括志愿者服务的时间（党员下沉社区）、免费教授知识和技能、为弱势群体提供法律援助等，旨在为社会上需要帮助的群体收获物质和精神上的满足感和幸福感。初次分配和再分配主要围绕财产分配，而第三次分配关注精神层面，更具有精准性和富有人文关怀。所以，要充分发挥社会参与在共同富裕中的作用，毕竟只依靠政府推动的共同富裕如同“一条腿走路”，只有充分调动市场、政府及社会力量，形成三方合力，才能实现高质量发展的共同富裕。

作为第三次分配主体的慈善捐赠，其分配去处不仅流向特定困难群体，还能流向保持经济活力和创新精神的高科技领域，提高整体社会福利。当前，我国慈善事业还存在捐赠规模不大和捐赠来源单一的问题。前者表现在我国近十来年慈善捐赠数量占 GDP 比重始终保持在 0.2% 左右，增长趋势不明显；而美国捐赠总量从 2008 年到 2019 年呈现直线上升趋势，且占 GDP 的比重长期维持在 2% 左右，与之相比，我国慈善事业还有很大的发展空间，第三次分配的调节作用将明显增强。后者表现在我国慈善捐款的主要来源是企业，个人捐赠占比很少。根据发达国家经验，个人慈善捐款比例较高意味着慈善捐款数量能保持稳定，企业捐款很容易受到经济波动和效益的影响，呈现不确定性和周期性。因此，积极发展慈善事业，提高第三次分配作用，要

① Salamon，L. M. and Sokolowski，S. W.，“Beyond Nonprofits：Re-conceptualizing the Third Sector”，*International Journal of Voluntary and Nonprofit Organizations*，2016，27（4），1515-1545.

通过税收优惠、弘扬公益慈善文化等手段不断激发公众和企业的慈善热情和爱心。

1. 完善税收激励政策

税收参与三次分配全过程，但其功能定位在三次分配中并不相同。在第一次与再分配中，税收主要是以生产净税额和转移支付的形式参与分配，而在第三次分配中，则是通过税收优惠形式激励企业和个人参与慈善事业，引导社会资源一部分流向第三次分配领域。目前，我国税法对慈善捐款享有的税收优惠限制条件较多，同时流程和手续烦琐。《中华人民共和国慈善法》出台多年，民众普及率低，对慈善捐款激励程度不高。因此，发挥税收机制对刺激慈善行为仍有很大的发展空间。首先，政府和相关部门应该加大税法普及宣传，降低慈善抵扣税款的门槛限制，加强群众对税法中关于慈善捐款抵扣税款的认知，引导群众积极参与慈善活动。其次，政府需要进一步完善所得税中捐赠税收减免政策，加大税收减免力度，如实施累进税，提高所得税最高抵扣比例等，激励居民个人和企业增加公益捐赠；细化捐赠资产规定，规范货币捐赠、实物捐赠以及股权捐赠等各种形式捐赠的抵扣标准。最后，简化慈善捐赠所得税抵扣门槛，畅通高收入人群和企业投身慈善回报社会的渠道。协调财政部、民政部及慈善协会等相关部门，加快个人和企业捐赠登记—货币 / 非货币捐赠款—出票据—所得税减免流程，提高各部门组织间效率。

2. 加强慈善组织监督管理

长期以来，公众对政府以及民间慈善组织缺乏信任。一方面，政府要加强对慈善组织的管理、规范和监督，以及明确惩罚和褒奖机制，督促慈善组织按年—季—月公布捐款和流向数据，提高慈善捐款各个环节的透明度，净化慈善事业发展环境。另一方面，除政府积极作为外，还要发挥行业组织、媒体及公众等第三方监督评估作用，提高慈善组织服务效率，做好社会资源有效利用的衔接机构。除此之外，随着数字化时代的到来，人们对慈善的概念理解更加广泛，如在互联网平台上种树、绿色出行、给山区贫困学生捐钱等多元化的慈善方式，大大降低了慈善的门槛，互联网 + 慈善将为慈善事业的发展赋能，提高个人做慈善的便捷度。

3. 弘扬公益慈善文化

第三次分配的慈善捐款更多的是让捐赠者和受捐人在精神上感到满足感，为推进社会主义精神文明建设发挥重要作用。特别是在当前市场经济体制下，对弘扬公益慈善文化，引导社会正能量，阻止道德滑坡有重大意义。同时，各级政府要加大对慈善活动的表彰力度，宣传慈善带头人、组织和个人的慈善事迹，鼓励各行各业先富带动后富，提高慈善参与者的集体荣誉感和社会地位，增加慈善行业的吸引力，鼓励更多人参与到慈善事业中。

三、加快建立共同富裕的指标体系

共同富裕是社会主义的本质要求，是中国式现代化的重要特征。扎实推进共同富裕，构建科学的共同富裕理论指标评价体系，直观地反映了共同富裕发展目标，有利于全民共富取得实质性进展。① 构建共同富裕指标评价体系，在深刻理解共同富裕内涵的基础上，参考既有文献，厘清我国经济发展脉络，立足中国特色和时代特征，对指标进行客观科学的选取，精准反映当前共同富裕水平、人民对美好生活的向往以及对基本公共服务的享有。

与脱贫攻坚标准相比，当前，国内外并没有一个普遍使用的共同富裕指标评价体系。中国在完成脱贫攻坚、全面小康的历史目标后，扎实推进共同富裕成为紧抓经济建设的总目标，单以收入和消费等指标衡量不能有效测度共同富裕水平，更不能反映人民对美好生活的向往。针对这一问题，已经有很多学者进行了相关方面的探索。大部分学者从共同富裕的直接含义出发，将其分为“共同”和“富裕”两个层面，前者体现富裕的范围，后者体现发展水平的高低，这是构建共同富裕评价指标体系的主流思想之一。例如，杨宜勇等从“共同”角度解构出富裕共享性和差异性，从“富裕”角度分解出物质、精神和环境三维指标，并以此构建指标体系，衡量人民共同富裕水平；② 吕新博等在参照联合国 2030 年可持续发展目标和推进农业现代化目标的基础上，提出从教

---

① 蒋永穆、豆小磊：《共同富裕思想：演进历程、现实意蕴及路径选择》，《新疆师范大学学报（哲学社会科学版）》2021 年第 6 期。

② 杨宜勇、王明姬：《更高水平的共同富裕的标准及实现路径》，《人民论坛》2021 年第 23 期。

育、健康、生活水平和生活环境四个维度来评价个体发展水平；[①] 蒋永穆等从人民性、共享性、发展性和安全性四大指标维度来阐述共同富裕内涵构建指标；[②] 李春玲以中等收入群体为切入点，将指标聚焦于扩大中等收入群体比重，并提出了从特定群体“精准扩中”到全体人民“有效扩中”的政策。还有部分学者从目标衔接角度，指出共同富裕是脱贫攻坚的更高层次，两者指标具有一定的重合性，可以在脱贫攻坚指标的基础上考察共同富裕。郭丹丹和苏昕从组织机制、内在动力机制、法律机制、协同共治机制、监测机制、示范引领机制六个方面提出贫困治理长效机制的基本框架，尝试为全国推动共同富裕提供理论指引。[③] 樊增增等通过“识别—增长—分配”量化分解贫困动态变化过程，发现使用全国统一的相对贫困线容易出现过度识别问题，通过采用城乡差异贫困线，重点关注亲贫性和低收入群体，实施精准帮扶政策，注重能力帮扶，推进从脱贫攻坚走向共同富裕。

当前，进入全面建设社会主义现代化国家新征程，我们必须把促进全体人民共同富裕摆在更加重要的位置。在经济高质量转型时期，以发展的眼光构建和细化共同富裕指标是很有必要的。既要反映出当下城乡居民经济生活发展水平，也要将社会保障纳入其中，更要关注社会公平公正问题。因此，本章拟将共同富裕的指标体系大体分为三部分（详见表 1），共设置 3 个一级指标、14 个二级指标、54 个三级指标：一是基础性指标，从经济、社会、文化、法治和生态环境反映我国现阶段总体发展水平的指标；二是保障性指标，反映城乡居民基本公共生活保障和可持续性发展能力水平；三是突破性指标，也就是反映差距存在与消除的指标。

---

① 吕新博、赵伟：《基于多维测度的共同富裕评价指标体系研究》，《科学决策》2021 年第 12 期。

② 蒋永穆、豆小磊：《共同富裕思想：演进历程、现实意蕴及路径选择》，《新疆师范大学学报（哲学社会科学版）》2021 年第 6 期。

③ 郭丹丹、苏昕：《共同富裕目标下相对贫困治理的逻辑与机制》，《浙江工商大学学报》2021 年第 5 期。

表 1　共同富裕评价指标体系

一级指标	二级指标	三级指标
基础性指标	经济发展	人均 GDP 增长（%）
		全员劳动生产率增长（%）
		R&D 经费投入增长（%）
		R&D 经费支出占生产总值比重（%）
		第三产业增加值占 GDP 比重（%）
	社会发展	整体城镇化率（%）
		养老金覆盖率（%）
		最低工资标准（元）
		最低生活保障标准（元）
		5 岁以下儿童死亡率（%）
	文化建设	居民家庭文体旅游消费支出比重（%）
		农村文化广场覆盖率（%）
		居民综合阅读率（%）
		人均拥有公共图书馆藏书量（册）
	法治建设	每万人口刑事案件立案数（件）
		公民自身民主权利满意度（%）
	生态环境	森林覆盖率（%）
		地级及以上城市空气质量优良天数比例（%）
		地级及以上城市 PM2.5 平均浓度（$\mu g/m^3$）
		地表水达到或好于 I 类水体比例（%）
保障性指标	教育	劳动年龄人口平均受教育年限（年）
		普通小学生平均公共教育经费支出（元）
		普通初中生平均公共教育经费支出（元）
		小学阶段生师比
		初中阶段生师比
		高等教育毛入学率（%）

（续表）

一级指标	二级指标	三级指标
保障性指标	医疗健康	出生时预期寿命（岁）
		健康预期寿命（岁）
		每千人拥有执业（助理）医师数（人）
		每千人医疗机构床位数（张）
		每万老年人拥有持证养老护理员数（人）
	社会保障	社会保障支出占 GDP 之比（%）
		民生性支出占一般公共预算支出之比（%）
		城乡居民基本医疗保险政策范围内住院报销比例（含大病保险）(%）
		养老保险抚养比（%）
	住房	保障性住房覆盖率（%）
		城镇人均住房使用面积（㎡）
	公共基础设施	每万人公共交通车辆（标台）
		城市污水处理率（%）
		人均体育场地面积（平方米）
		城镇每万人拥有公厕数（座）
		农村每万人拥有公厕数（座）
	数字应用	移动电话普及率（部 / 百人）
		互联网普及率（%）
		依申请政务服务事项“一网通办”率（%）
突破性指标	收入差异	基尼系数（%）
		恩格尔系数（%）
		中等收入群体比例（%）
	区域差异	常住人口城镇化率（%）
		区域经济发展差异系数
		地区人均 GDP 差异系数
		地区人均可支配收入差异系数
	城乡差异	城乡居民人均可支配收入比（%）
		城乡居民人均消费支出倍差

第六章

社会学理论视角下的共同富裕

扩大中等收入群体比重、实现全体人民共同富裕是我国政府提出的全面建成小康社会、完成“十四五”战略规划、2035年基本实现社会主义现代化远景目标的重要组成部分，同时也是构建橄榄型社会结构、全面建设社会主义现代化国家的一个重要方面。[①] 将扩大中等收入群体比重作为实现全体人民共同富裕的关键条件，有其政策发展的历史脉络。通过梳理近年来我党社会建设与经济发展的相关内容可知，2002年党的十六大报告首次正式将“扩大中等收入者比重”作为政策目标，之后的历届全国人民代表大会及政府工作报告也都明确将“扩大中等收入群体”作为政府工作的重要任务。2020年，党的十九届五中全会将“十四五”期间“中等收入群体显著扩大”“全体人民共同富裕取得更为明显的实质性进展”作为奋斗目标。2021年3月11日，第十三届全国人民代表大会第四次会议决议表决通过的《中华人民共和国国民经济和社会发展第十四个五年规划和二〇三五年远景目标纲要》将“中等收入群体显著扩大”列为“十四五”时期经济社会发展的主要目标。2022年，党的二十大再次明确指出“增加低收入者收入，扩大中等收入群体”“中等收入群体比重明显提高等，推进共同富裕”。由此可见，在我国小康社会建设中发展和壮大中等收入群体是其具体表现之一，是“十四五”时期需要完成的一个主要目标，也是2035年基本实现社会主义现代化的基本保证和重要内容。

本章即从社会学视角，通过对“中等收入群体”这一学术概念的理论内涵和现实意义进行分析，从社会人口属性、市场能力、社会保障、社会地位主观认同等四个维度厘清“中等收入群体”与“中产阶层”之间的区别与联系，同时从历史发展纬度结合中华人民共和国成立之后我国中等收入群体产生、发展历程与发展现状，对于未来中等收入群体的发展目标、可能存在的风险与挑战进行理论探讨，结合近年来我国在精准扶贫工作中取得的成绩以及其与社会治理创新建设在实现共同富裕之间的路径进行了简要论述，重点就如何壮大中等收入群体的战略方针和相关政策措施，促进我国中等收入群体持续壮大，最终实现共同富裕进行思考。

---

① 李春玲：《迈向共同富裕阶段：我国中等收入群体成长和政策设计》，《北京工业大学学报》2022年第3期。

第一节 中等收入群体概念的兴起及其对实现共同富裕的意义

改革开放四十多年来，中国的社会经济发展取得了巨大成就，在新的社会发展变迁背景下，中等收入群体的概念逐渐兴起，其反映了社会经济发展的新趋势，将这一指标性概念放置于社会结构与社会群体中分析也具有重要的现实意义和理论价值。中等收入群体概念意涵的背后，不仅准确反映了“脱贫致富，达到小康生活水平的人”的数量与比重增长速度，还能作为全面建设小康社会，构建橄榄型社会结构，实现全体人民共同富裕的关键条件。提高中等收入群体的比重，优化其内部结构层次，有助于“十四五”规划中各项指标的细化，使之更具可操作性，是全面建成小康社会的具体表现，也是实现共同富裕的有效路径。

一、中等收入群体概念的兴起：从收入视角理解社会结构的变迁

党和政府自2002年十六大报告中最早提出要“扩大中等收入者比重”这一口号之后，“中等收入群体比重提升”的要求不断在党和政府的文件中被强调。2021年3月11日，第十三届全国人民代表大会第四次会议表决通过的《中华人民共和国国民经济和社会发展第十四个五年规划和二〇三五年远景目标纲要》更是将“中等收入群体显著扩大”列为“十四五”时期经济社会发展的主要目标。2022年，党的二十大报告在2035年我国发展的总目标中再次强调“中等收入群体比重明显提高”。因此，中等收入人群的发展，既是构建我国全面小康社会的基本条件，又是促进我国人民共同富裕的一个重要途径。

然而，目前对于中等收入群体的概念尚未有统一界定，其具体划分方法也颇具争论。因此需进一步从学术层面对中等收入群体这一概念的理论内涵与现实意义做进一步探讨。

（一）内涵变化

作为社会科学领域中表示某一个社会群体分类的概念，“中等收入群体”（middle income group）被真正关注为时较晚，属于一个“年轻”的概念。中等收入群体最初出现在一些统计部门进行家庭或个人收入状况的分组中，该分组将家庭收入水平的高低划分了五个档次，如收入最低的 20% 被列为低收入组、收入次低的 20% 被列为中低收入组、收入处于中间位置的 20% 为中等收入组、收入次高的 20% 为中高收入组、收入最高的 20% 是高收入组。其中，中低收入组、中等收入组和中高收入组都被统称为中等收入群体，其在所有家庭和个人中的比例固定在 60%。[①] 从划分依据看，上述对收入分配进行五等分组的方法有利于测量收入分配是否公平，以及收入分配的发展规律，如可以直观地比较不同年度、不同地区间最高收入组与最低收入组之间的差距。但需要指出的是，这种依靠数据大小进行单一维度的统计分类方法并不存在社会学群体概念的意涵。

从学科性质看，社会学所关注的是具有相同的社会或文化特征的各种人群，这些人群在社会的阶层结构与文化场域中所处的位置及其以“社会平等”为核心的一系列内容。因此，当我们在定义“中等收入群体”时，需将这一分类概念与具体的社会阶层相关联，唯此才能获得具有社会学意义的群体内涵。传统的社会学阶层划分范式相对复杂，较为著名的有韦伯的“财富、权力、声望”分层法、马克思的“生产资料占有”分层法、涂尔干的“社会分工”分层法，等等。20 世纪，随着西方国家工业化的发展，白领职业从业者取代普通体力工人，成为主要的从业群体，米尔斯等社会学家提出以职业分类作为划分阶层的主要标准，也就是说，白领等职业从业者为中产阶层，蓝领等职业从业者为工人阶层。与社会学家不同，经济学家在定义社会阶层时往往将经济收入作为划分阶层的重要依据。20 世纪 90 年代，随着人们财富积累的多元化，收入、财产、消费等经济类指标逐渐成为定义中产阶层的客观标准。在实际操作

① Levitan，S. A.，Carlson，P. E.，“Middle-class shrinkage?”，*Across Board*，1984，23（2），pp.55-59.

过程中，经济收入所具有的易获得、好操作、直观性等特点，逐渐受到包括社会学家在内的诸多学科研究者的认可并被广泛使用，社会阶层概念也就从职业类属转变为依靠收入划分，承此“中等收入群体”作为一个社会群体性概念被提出。

2000年，美国布鲁金斯学会经济学家南希·伯兹奥尔等人提出将收入中位数法作为定义中产阶层的收入标准。① 两年后，世界银行经济学家布兰科·米兰诺维克和什洛莫·伊茨以世界银行贫困线、发达国家和发展中国家的平均收入作为参考系定义了中产阶层收入标准② 并得到了学界广泛认可。此后，大量的研究者和研究机构都以相类似的方法对本国和全球的中产阶层进行分析，进而导致在进行阶层划分时，以收入作为定义中产阶层指标成为一种学术认同。在相关研究报告中，“中产阶层”与“中等收入群体”在具体含义上并无明显差异，只是在西语体系下“中等收入群体”并不如“中产阶层”那般常用，研究报告特别是标题常采用“中产阶层”这一名称。当然，也有一些研究采用“中等收入群体”替代“中产阶层”并对某一群体的社会经济特征与行为态度倾向进行测量。在这些研究报告中，“中等收入群体”通常指的不仅仅是经济收入的特定分布下的组别类型，而是具有某种社会属性的社会群体概念。

（二）概念兴起

以收入指标取代传统的职业取向作为定义中产阶层的重要指标有其特定的社会发展背景条件。20世纪末，随着西方发达国家社会结构发生变化、经济社会全球化进程以及亚非拉等一些非发达国家的快速发展，整个世界的社会经济都进入到一个前所未有的新阶段，经济发展程度成为全球备受关注的方面，而作为经济发展中具有指征性代表的收入指标在对社会发展结构、群体类型与特征分析中往往能凸显出比职业更具代表性的意义。

---

① Nancy Birdsall, Carol Graham, Stefano Pettinato, “Stuck in Tunnel: Is Globalization Muddling the Middle Class?”, *Working Paper 14*, Brookings Institution, Washington, D.C., 2000.

② Branko Milanovic, Shlomo Yitzhaki, “Decomposing World Income Distribution: Does the World Have a Middle Class ?”, *Review of Income and Wealth*, International Association for Research in Income and Wealth, 2002,（2）, pp.29–43.

西方的社会发展结构在第二次世界大战之后发生了翻天覆地的变化。在工业化发展的带动下，大量的白领职业群体取代蓝领工人，社会主导型职业群体的改变使得整个社会在经济、文化、政治等诸多领域也发生了系列变化。由此，职业取向的中产阶层概念也成为很多有关社会结构变迁理论的核心概念，社会学等专业领域对中产阶层的研究日益增多。[①] 然而，随着社会的不断发展，特别是到了20世纪八九十年代，西方发达国家的中产阶层占比已经超过了一半，研究人员逐渐发现以职业为标准划分的中产阶层内部存在较大的异质性，其中收入水平是最为显著的一个指标且收入水平差异也进一步使得人们在生活态度、生活方式、价值取向上各不相同。由此，在这一时期，虽然大多数社会学家依旧认为确定中产阶层身份的关键是职业地位，但也有一些社会学家在以职业类型对中产阶层进行基础定义的同时也会参考收入水平，并将其作为十分重要的参考性指标。[②]

实际上，将职业取向作为判定中产阶层概念的标准建立在两个默认的假定之上：其一，社会的职业结构会在工业化、后工业化发展进程中不断升级，尤其表现在脑力工作者的比重会显著上升，即中产阶层的比重在整个职业结构中较为凸显，这一设定也得到了当时很多国家的印证，其中最具有代表性的是日本。20世纪90年代的日本，作为世界上第二大经济体，经济发展极其富裕，曾有"一亿总中流"的称号。当时日本社会阶层占比中，中产阶层的比重高达90%以上。其二，认为中产阶层的地位具有持续性和稳定性特征。由上述两个默认性假定顺理成章地得出了欧美等发达国家的中产阶层规模会保持持续、稳定性增长。然而，20世纪90年代以来，全球连续发生的几波经济危机对以传统的职业取向作为定义中产阶层概念的标准产生了较大的冲击，经济危机不仅动摇了中产阶层的稳定性且使得中产阶层发展出现了萎缩现象。最早出现的颇

---

① ［美］C. 莱特・米尔斯：《白领：美国中产阶级》，周晓虹译，南京大学出版社2006年版，第69—88页。

② Dennis Gilbert, *The American Class Structure: In An Age of Growing Inequality*, Belmont, C.A.: Wadsworth, 2002, pp.123-129; William Thompson, Joseph Hickey, *Society in Focus*, Boston, M.A.: Pearson, 2005, pp.123-221.

具影响的经济危机是90年代日本泡沫经济破碎后出现的“中流崩溃论”，以日本为代表的中产阶层生存状况出现了严重的恶化；随后2008年的全球金融危机使得包括美国、英国、法国在内的很多西方发达国家的中产阶层同样面临前所未有的经济风险，以往稳定、安逸的生活状态被打破。不难理解，当整个社会的经济严重受创，个体随时可能面临失业等风险时，收入和财产等经济性因素即成为保障家庭生存状态的关键，经济性因素所表现出的现实意义取代了之前的职业指标，成为与社会身份地位相关联的重要指标。实际上，有关这一点，大家的体会也很深刻。比如在20世纪七八十年代，一个人如果接受过良好教育，特别是高等教育，会比较轻松地在劳动力市场中谋求到一份收入令人满意的白领工作，这份工作基本可以确保他过上较为稳定的中产生活；但今天只靠文凭、白领工作并不能给一个人带来生活的稳定，也不能确保其中产阶层地位没有下滑的危险与可能，与之相对，个人所拥有的收入水平、经济性财产因素则变得更为关键。

由此可见，仅仅从职业角度来定义中产阶级，很难准确地反映出中产阶级的衰退和危机，在这种情况下，一些经济学家认为以收入为指标，用“中等收入群体”的概念更能反映中产阶层比重的下降和可能面临的危机。[①]社会学研究领域也逐渐意识到这一问题，并发生了类似的转变。如在社会流动研究中，传统的社会学主要是以父代与子代的职业变化作为判断世代间阶层地位变化的依据，但这种以职业作为测量地位流动方向的指标显然对经济发展状况及经济波动带来的影响关照不足，因此越来越多的研究者将收入水平作为判断人们社会地位流动的显著性指标，以此反映那些职业地位可能没有变化，但收入水平发生变化的新社会趋势。

二、中等收入群体概念界定的两种取向

虽然收入标准是判定中产阶层群体的重要指标，但并没有形成一个类似

① 李春玲：《中等收入群体概念的兴起及其对中国社会发展的意义》，《中共中央党校学报》2017年第2期。

国际贫困线那样的统一性标准，采取怎样的收入标准进行分类一直存有争议。目前国际上较为流行的模式主要有"绝对标准模式"和"相对标准模式"两种，这两种模式各具有不同的目的，因此使用范围也不尽相同。

（一）绝对标准模式

绝对标准模式主要是基于维持相应生活水平所需要的收入对中等收入群体的收入进行上限与下限的设定，即根据维持一定的生活水平或消费水平，明确地提出收入标准，根据这一标准划分中等收入群体。[①] 这种模式可以对达到某种生活水平人数与比例的基本状况进行描述，也可以反映后续发展趋势，多用于发展中国家、中低收入国家，或者用于国际比较和分析中等收入群体的发展趋势。[②]

在中等收入群体绝对标准的研究中，有三项研究影响力较大，受到了广泛关注。其一，2002 年世界银行学家布兰科 · 米兰诺维克（Branko Milanovic）和什洛莫 · 伊茨（Shlomo Yitzhaki）以巴西和意大利年平均收入作为全球中等收入群体标准的上限和下限，同时以世界银行 2000 年购买力平价（PPP）转换，将日均收入介于 10—50 美元的人划分为中等收入群体。[③] 其二，经济合作与发展组织经济学家霍米 · 卡哈罗斯（Homi Kharas）在参考了欧洲发达国家和意大利的平均贫困线后，于 2010 年经济合作与发展组织研究报告中提出，按照购买能力计算，日均收入介于 10—100 美元可以维持中产阶层的消费模式和生活方式，因此将这一日均标准设定为中等收入群体。[④] 按照卡哈罗斯的计算方法，2009 年全球将有 18 亿人口达到中等收入群体，其中欧洲有 6.64 亿人、占比 36.89%，亚洲 5.25 亿人、占比 29.17%，北美 3.38 亿人、占比 18.77%，同时指出中国和印度将成为未来中等收入群体增长最快的

---

① 李春玲：《中等收入群体概念的兴起及其对中国社会发展的意义》，《中共中央党校学报》2017 年第 2 期。

② 李培林：《中国跨越"双重中等收入陷阱"的路径选择》，《劳动经济研究》2017 年第 1 期。

③ Milanovic, Branko & Shlomo Yitzhaki, "Decomposing World Income Distribution: Does the World Have a Middle Class？", *Review of Income and Wealth*, 2002, 48（2）, pp.155-178.

④ 李春玲：《中等收入群体概念的兴起及其对中国社会发展的意义》，《中共中央党校学报》2017 年第 2 期。

国家。[①] 其三，2015 年美国皮尤研究中心在其报告中指出，按照购买力平价计算，中等收入群体的标准为每人每天 10—20 美元，按此标准 2011 年 13% 的全球人口为中等收入群体；该报告还预测在 2001—2010 的十年中，中国的中等收入群体比例会从 3% 上升到 18%，印度将从 1% 增长到 3%。[②] 中国国家统计局以 2015 年家庭年可支配收入 9 万—45 万元人民币为标准，测算出我国中等收入家庭占比为 24.3%，这也是一些媒体报道中提到的 3 亿多人达到了中等收入群体的重要依据。[③]

上述对中等收入群体绝对标准进行的测算，尽管方法各有些许差异，但都不乏存在很多共同之处：这些研究者都是经济学家，测算建立在全球化视野下对收入变化和消费市场进行考量；购买力的标准较为一致，都是按照 10 元 / 人 / 天作为中等收入群体的下限；在相关研究中，中等收入群体与中产阶层的含义没有加以区分。显然，这种对中等收入群体的界定方式有其明显的优势，不仅操作简单且能清晰地反映在发展中的经济体内中等收入群体的成长状态。同时，也存在显而易见的一些缺陷：一方面，它更多地适用于对全球发展中国家的中等收入群体进行现状和变化趋势的描述；另一方面，缺乏对某一国家或地区内部的收入分配结构进行动态分析，即对于某地区的贫富变化这一标准难以洞察。

（二）相对标准模式

与绝对标准模式不同，相对标准模式是根据收入分布的中位数确定中等收入群体的收入标准。其中沃夫森（Michael Wolfson）、金肯斯（Stephen Jenkins）和樊可姆（Philippe van Kerm）等人通过对收入不平等的测量指标进行梳理，提出将收入处于中位值 75%—150% 的人群或家庭定义为“中等收入者”；[④] 伯兹

① Kharas，Homi，“The Emerging Middle Class in Developing Countries”，*OECD Development Center Working Paper*，2010，285.

② 李培林：《中国跨越“双重中等收入陷阱”的路径选择》，《劳动经济研究》2017 年第 1 期。

③ 同上。

④ Wolfson，Michael，“When Inequalities Diverge”，*American Economic Review*，1994，84（2），pp.353-358.

奥（Nancy Birdsall）、格莱哈姆（Carol Graham）和佩蒂纳托（Stefano Pettinato）则以收入中位值的50%—125%作为界定中等收入群体的标准。① 德国经济科学研究所2016年的报告将收入中位数的67%—200%设定为中等收入群体的收入标准。根据统计结果，美国和德国在过去的30年中，中等收入群体的比重呈下降趋势，其中美国从1971年的61%、1981年的59%下降到2015年的50%，德国则从1983年的69%下降到2013年的61%。②

由于收入中位线会随着年份的不同呈现出一定波动，中等收入群体的标准也会有一定波动。此种模式主要反映的是收入不平等的变化趋势，因此适用于发达国家和高收入国家或国内收入分配结构的分析和社会政策的制定。

（三）两种模式对中国中等收入群体的测算

中国社会学者李培林教授在与俄罗斯科学院院士戈尔什克夫（M. K. Gorshkov）合作的研究项目中，按照不同的模式标准对中国中等收入群体比例的变化进行了测算，测算结果显示在1989—2015年期间，如果按照“绝对标准模式”③，中国的中等收入群体比例则是由0%上升至20%；如果按照“相对标准模式”，即收入中位数75%—200%定义为中等收入群体，则这26年来中国的中等收入群体比例一直徘徊在37%—50%之间，变化浮动相对较小，且所表现出来的趋势也与收入差距的变化趋势总体一致。④

由此可见，对中等收入群体的比例与发展趋势进行判断与推测时，中等收入群体的界定标准至关重要：在绝对标准定义下中等收入群体的比例与总人

① Birdsall, Nancy, Carol Graham, Stefano Pettinato, “Stuck in the Tunnel: Is Globalization Muddling the Middle Class ?”, *Center on Social and Economic Dynamics Working Paper*, 2000（14）, pp.121-124.

② Markus M. Grabka, Jan Goebel, “Carsten Schröder and Jürgen Schupp, Shrinking Share of Middle-Income Group in Germany and the US”, *DIW Economic Bulletin*, 2016（18）, pp.199-211.

③ 注：即以世界银行关于中等收入群体每天10—100美元的标准进行计算，中国的中等收入群体比重由0%上升至44%，或以国家统计局有关中等收入家庭年可支配收入9万—45万元人民币计算。

④ 李培林：《中国跨越“双重中等收入陷阱”的路径选择》，《劳动经济研究》2017年第1期。

数会随着该国家或地区的经济发展和人均收入水平持续增长而增长；与之相对，在相对标准定义下，当一个国家或地区的收入结构变化不大时，中等收入群体的比例也不会有明显的变化。

三、跨越“双重中等收入陷阱”，实现共同富裕

根据2011年7月世界银行最新调整的标准，中国人均GDP超过了4200美元，正式迈上了“上中等收入”新台阶，这也是继2001年从“低收入”进入“下中等收入”行列之后的一次历史性跨越。[①] 正如相关学者指出的那样，在此时期，中国社会同时具有成长与改进的双重特征：不仅越来越多的人要实现脱贫致富，同时整个社会还需在这一过程中追求公平合理的收入分配格局。因此，在新的经济发展阶段，如何面对全球化经济发展挑战，如何成功跨越“中等收入陷阱”，如何继续保持良好的经济发展态势便成为关乎中国未来发展前途的关键性问题。

中国社会学家李培林教授结合中等收入群体在国家发展中的作用，在“中等收入陷阱”的基础上提出“双重中等收入陷阱”的假设。该假设“一方面指一个发展中经济体难以成功跨越中等收入发展阶段，在进入高收入经济体门槛前长期徘徊不前；另一方面指难以有效预防社会的两极分化，中等收入群体的规模和比例发展停滞，无法建成一个中等收入群体占主体的橄榄型社会”[②]。依照李培林的观点，当前要想顺利跨越“双重中等收入陷阱”，主要涉及两方面问题：一是如何解决人均GDP水平没有伴随总GDP的提升而得到显著提高的问题，二是如何解决中等收入水平群体比例长期停滞甚至下降的问题。事实证明，这样的担心确实存在一定的现实依据。数据表明，中国的经济自改革开放以来很快进入快车道，发展十分迅速，从1978年全国人均GDP尚不足200美元，到2000年人均GDP已经超过了800美元，20多年间，人均GDP增长了600多美元，这已经是了不起的成绩。随后，更是由2000年的人

① 邹静娴：《后中等收入经济体的开放》，《国际经济评论》2018年第2期。

② 李培林：《中国跨越“双重中等收入陷阱”的路径选择》，《劳动经济研究》2017年第1期。

均 GDP 800 多美元增加到了 2015 年人均 GDP 8000 美元，短短的 15 年间，中国的人均 GDP 就已经增加了 7000 多美元，这更是令世人感到惊讶的成绩！然而，在快速发展的经济背后，城乡差距、区域间发展不协调以及社会基尼系数持续上升等问题日益突出。纵观全球，我们也会发现，任何一个国家在提高经济发展的过程中拉大收入差距的速度往往高于缩小收入差距的速度，后者往往是一个相对漫长的过程。在此背景下，该如何跨越双重中等收入陷阱，实现共同富裕便成为一个十分重要的时代课题。

第二节　中等收入群体社会特征及其总体状况

虽然近年来中等收入群体逐渐成为学术研究与政策制定的热点，但是这一概念与社会学话语体系中的社会阶层概念之间有着怎样的联系，二者存在怎样的本质区别与逻辑关系，一直是困扰政界与学界的一个问题。因此，厘清中等收入群体是建立在经济资源基础之上的等级位置和中产阶层是建立在社会关系为基础的等级位置这一社会基础性差异，将有助于我们从理论上全面了解当代中国社会的分层结构，从现实中更好地理解中国中等收入群体当前的发展状况以及在“十四五”期间和未来中长期发展过程中面临的发展困境。

一、中国中间阶层与中等收入群体社会特征差异

（一）中间阶层与中等收入群体辨析

中间阶层（middle classes，中文也常译作“中产阶层”或“中产阶级”）和中等收入群体（the middle income group）这两个概念都是舶来品，改革开放以来作为学术用语被我国的社会科学界广泛应用并日益成为公众热议的公共话题之一，已进入政府政策的话语体系中。[①] 然而迄今为止，包括一些学者在内，

① 李炜：《中间阶层与中等收入群体辨析》，《华中科技大学学报（社会科学版）》2020 年第 6 期。

对这两个概念之间的区别并没有十分明晰的认识。到底“中产阶层”与“中等收入者”是否属于同类群体？理论界提出的“以中间阶层占主流的‘橄榄型’社会”和“以中等收入者占多数的‘橄榄型’分配格局”是否属于同一社会结构？随着小康社会的建成，“十四五”期间壮大中等收入群体已经成为未来实现共同富裕的必由之路。因此，厘清两者间的联系是非常必要的，因为如果这两个群体在社会结构中所处的位置不同，那么就可能存在某一个群体的扩大会影响到另一个群体的增长。在具体探讨中国中等收入群体发展状况之前，需要先对这两个存在一定差异的概念进行必要的厘清。

1. 中间阶层

1745 年，英国人詹姆斯·布拉德肖（James Bradshaw）在其撰写的一本小册子中首次提到了“中间阶层”一词，指的是当时所处的社会中新出现的资产阶级，他们不是贵族也不是农民，而是处于这二者之间的某些社会群体，如平民或市民（town-dwellers）。那么到底社会中间位置该如何理解呢？不同的历史阶段对其理解不尽相同，如社会冲突论的代表人物马克思及其同时代的马克思主义者主要从生产资料的占有角度出发，认为在资本主义社会中，资本家作为统治阶级是社会的上层阶级，工人作为受压迫者是社会的下层阶级，其他社会人群如小业主、知识分子和农民等一起构成中间阶级，后来包括列宁和毛泽东在内的一些革命家也认同类似的观点。随着企业管理革命的发生，20 世纪三四十年代西方资本主义国家出现了大量的以管理技能和专业知识见长，利用人力资本作为生存技能的群体，他们的经济社会地位往往处于资本家和工人之间，这也是美国社会学家莱特·米尔斯（Wright Mills）所谓的“白领”阶层逐渐成为“新中间（产）阶级”。

中国的中间阶层主要源于 20 世纪 80 年代改革开放之后涌现出来的私营企业主、个体工商户以及企业经理人、专业技术人员、办事员等大量的白领群体。[①] 2001 年，江泽民同志在《庆祝中国共产党成立八十周年大会上的讲话》

① 张宛丽、李炜、高鸽：《现阶段中国社会新中间阶层的构成特征》，《江苏社会科学》2004 年第 6 期。

中深刻洞察到中国社会阶层所发生的变化，并对部分中间阶层的地位状况变化给予了高度关注。与此同时，学界关注社会结构的研究者们对中间阶层所具有的社会功能也予以充分肯定，认为中间阶层对整个社会的民主化发展、社会制度进一步优化、经济增长等方面都具有十分重要的推动作用。在推动民主化发展中，尤以美国社会学家李普塞特和塞缪尔·亨廷顿的观点最为突出。李普塞特认为，经济发展水平、民主政治建设与一个国家的富裕水平、富裕程度高度相关；① 亨廷顿则通过对一些发展中国家的现代化进程进行考察后指出，中产阶层几乎是所有国家最为积极的民主化进程倡导者。② 在促进社会制度优化方面，有学者通过对 128 个国家历史数据进行分析后发现，中产阶层的扩大有助于对公共健康、大众教育等方面社会政策的改善。③ 在促进经济发展中，中产阶层通常被认为具有创新能力、注重资本和投资消费。国内的相关学者通过研究指出，中国的中间阶层往往较为理性和保守，他们在社会分层结构中具有“稳定器”的作用。④ 学者们的真知灼见共同形成了一个具有学术界普遍性的认知，即由一个庞大的中间阶层占多数的“橄榄型”社会将成为现代社会的基本社会结构形态。⑤

2. 中等收入群体

与从社会学视角提出中产阶层概念不同，如前文所述，中等收入群体这一概念实际上是从经济学视角根据反映经济状况的指标对社会成员进行阶层划分，这些指标包括财产、收入、消费水平等。目前对中等收入的划分指标包括绝对收入指标和相对收入指标两种。

---

① Lipset, Seymour Martin, “Some Social Requisites of Democracy: Economic Development and Political Legitimacy”, *American Political Science Review*, 1959(53), pp.69–105.

② ［美］塞缪尔·亨廷顿:《变化社会中的政治秩序》，王冠华等译，生活·读书·新知三联书店 1989 年版，第 264—265 页。

③ N. Loayza, J. Rigolini, G. Llorente, “Do Middle Classes Bring Institutional Reforms?”, *Economic Letters*, 2012(116), pp.440–444.

④ 李强:《关于中产阶级和中间阶层》，《中国人民大学学报》2001 年第 2 期。

⑤ 陆学艺主编:《当代中国社会阶层研究报告》，社会科学文献出版社 2002 年版，第 61—62 页。

进入21世纪之后，中国中等收入群体这一学术概念才被纳入我国政府词汇中。最早出现于2002年党的十六大报告中的“以共同富裕为目标，扩大中等收入者比重”，随后在中央历次相关报告中也有类似思想被陈述。如2013年党的十八届三中全会在关于全面深化改革中强调“增加低收入者收入，扩大中高收入者比重，努力缩小城乡、区域、行业收入分配差距，逐步形成橄榄型分配格局”①；2016年，习近平总书记在中央财经领导小组会议中明确提出“扩大中等收入群体”的战略。由此可见，正如社会学家郑功成所言，“让大多数人成为中等收入群体中的一员，是现代社会健康发展的一个非常重要的标志。形成高收入者与低收入者占少数、中等收入者占多数的‘两头小、中间大’的橄榄型或纺锤型社会格局，不仅是学术界公认的合理社会治理格局，也是国家发展规划中已明确的追求目标”②。

3. 中间阶层与中等收入群体之间关系

从学科视角看，社会学主要是从社会结构的维度对社会中间阶层进行定义，虽然对于这种社会结构的判断不同学者的观点并不一致，但基本上社会学视角下的中间阶层指的是某个群体在整个阶层架构中所处的位置与特征、职业地位和人力资本常被作为划分的基本标准。早期学界往往将职业地位与收入相等同，认为如果某个群体所处的职业地位处于中间位置，那么该群体的收入必然位于中间位置。例如，清华大学社会学教授李强在2002年发表的论文中认为“中产阶级或中间阶层是指生活水平、财产地位处于中等层次的社会群体”③。同年，中国社会科学院社会学所发布的《当代中国社会阶层研究报告》中也提出与之相似的观点，均认为中等收入群体与中产阶层在成员构成上，具有较强的重叠性。④

随着我国居民财富来源的多元化，一些学者开始对中间阶层等同于中等

① 《中共中央关于全面深化改革若干重大问题的决定》，《人民日报》2013年11月16日。

② 郑功成：《扩大中等收入群体的要点与路径》，《光明日报》2016年6月29日。

③ 李强：《关于中产阶级和中间阶层》，《中国人民大学学报》2001年第2期。

④ 陆学艺主编：《当代中国社会阶层研究报告》，社会科学文献出版社2002年版，第61—62页。

收入群体这一观点产生不同意见。例如，上海大学社会学系教授在《社会学家茶座》2007 年第 3 期中发表的《中等收入群体≠中产阶层》一文中，强调中等收入群体与中产阶层的差别，提出收入水平是中等收入群体的关键性甚至是唯一指标，而与中产阶层概念相关的居民教育水平、职业种类、价值观、社会地位等指标由于不具有阶级意义，因此不被作为划分是否是中等收入者的标准。① 中国人民大学社会学教授李路路则明确表明，中等收入阶层与中产阶层看似相似，但核心概念完全不同，二者是在基于完全不同的分析视角下得出的意涵不同的概念。② 与此同时，中国社会科学院社会学所研究员李春玲则从经济学和社会学的学科差异等研究取向对中等收入阶层和中产阶层进行了细致阐述，指出经济学与社会学对"社会中间阶层"这一概念的关注中心不同，社会学侧重于社会结构变迁，经济学则更多关注经济不平等。③

（二）基于四维度的社会特征辨析

通过梳理上述学界有关中产阶层与中等收入群体的研究发展脉络，我们不难看出越来越多的学者认为中间阶层与中等收入群体之间是存在较大差异的，这种差异主要体现在对群体的社会功能区分上。下面将以中国社会科学院社会学所李炜研究员发表在《华中科技大学学报（社会科学版）》2020 年第 6 期的论文《中间阶层与中等收入群体辨析》的观点为依据，从社会人口属性、市场能力、社会保障、社会地位主观认同四个维度对收入阶层中的中等收入群体与社会阶层中的中间阶层进行社会特征上的辨析。

1. 样本介绍

李炜研究员采用的分析数据是由中国社会科学院社会学所自 2005 年发起的一项持续性全国抽样调查项目——"中国社会状况综合调查（CSS）"④ 2019 年数据。在该项研究中，李炜指出如果以职业作为划分社会阶层的基本标准，则根据国家职业标准可以将调查样本划分为管理者、白领、小资产者、蓝领

---

① 仇立平：《中等收入群体≠中产阶级》，《社会学家茶座》2007 年第 3 期。

② 李路路：《中产阶层不等于中等收入阶层》，《人民论坛》2016 年第 6 期。

③ 李强、王昊：《我国中产阶层的规模、结构问题与发展对策》，《社会》2017 年第 3 期。

④ 该项目覆盖全国 31 个省市自治区，涉及样本量为 10283 人。

和农业劳动者五个群体，其中管理者和白领、小资产者分别代表了“新/旧中间阶层”；若按个人收入水平来划分，则按平均收入水平 0.75 倍以上，但在平均收入水平 2 倍以下者，可视为中等收入群体。从样本数据构成结构看，以职业作为划分阶层标准时，中间阶层占比为 37.6%；以个人年收入作为划分依据时，中等收入者占 39.0%。如果将职业标准与收入标准进行交互分析，那么白领中九成为中高收入者，八成左右的小资产者为中高收入者，七成左右的管理者为高收入者，近半数的蓝领为中等收入者，低收入者主要集中在农民群体。由此可见，社会阶层中的中间阶层与收入阶层中的中等收入群体之间存在一定的交集，但不能直接画等号；从群体规律看，白领往往也是高收入阶层人士，小资产者则兼属中等收入和高收入群体。

2. 社会人口属性比较

首先，从户籍上看，社会阶层中的管理者和白领以非农户口为主，小资产者和蓝领以农业户口为主，与之相对在收入阶层中，中等收入群体的农业户籍占比与之相近。其次，从居住地看，社会阶层中的绝大多数群体住在城市，且呈现出一定的职业类聚，如管理者和白领多聚集在主城区，小资产者分散在主城区、村庄、镇中心，这一分布也与收入阶层中的中等收入群体分布相类似。中等收入群体的构成伴随着改革开放四十多年来的城市化发展，具有农村户籍但却从事非农产业的人口也是未来最有可能进入中等收入群体的人群。

由此可见，现阶段我国中等收入群体与社会阶层中的中间阶层并不一致，而是基本与社会阶层中的蓝领重合度较高。虽然有部分表现为与小资产者重叠，但这部分人有一半左右都是在城市化进程中由传统农民转变来的，也就是我们常说的“新市民”群体。

3. 市场能力

“市场能力”源自德国社会学家马克斯·韦伯（Max Weber）的社会分层理论，指的是个人在劳动力市场中参与市场交换的能力，也可以理解为个体在劳动力市场中交换稀缺资源的价值量。一般来说，个体所拥有的知识、技能等人力资本是影响和决定个体劳动力市场价值高低的关键性因素，其对获得较高的社会地位，得到较高的薪金报酬等均发挥着重要的作用。在社会阶层中，管理者和白领往往具有较高的文化程度，绝大多数接受过高等教育，小资产者和蓝领工人的受教育程度相对较低，农民的受教育水平最低。在收入阶层中，受教育程度越高者收入往往也越高，低收入者与社会阶层中的农民文化程度相近，中等收入者与小资产者和蓝领相当。当对这几类人群进行多重对应分析后可知，中等收入群体的人力资本与蓝领和小资产者高度重合，基本属于高中教育水平的层次。

在专业技能方面，管理者和白领阶层的工作性质决定了该群体需要拥有较高的专业技能，蓝领和小资产者对专业技能的要求次之；在收入阶层中，中等收入群体的工作对专业技能的要求不算很高。在进行多重对应分析后可以进一步得知，管理者、白领和高收入者都需要较高的专业技能，而中小资产者、蓝领和中等收入者的专业技能要求则相对较低。

由此可见，中等收入群体和社会阶层中的“旧中间阶层”无论是受教育水平还是工作技能，都与中间阶层中的白领群体有较大差异。

4. 社会保障

社会保障作为工业化的产物，责任主体是国家，其本质在于追求公平。风险社会下，人们面临着较以往更加多的社会风险，这些风险有些是可以预测的，有些是难以预测的。在一定程度上，社会保障就是政府通过国民收入再分配的方式，为社会成员提供必要的应对风险的保护体系。虽然从广义上说，生活在社会中的人们面对的是相类似的社会风险，但是不能否定的是不同阶层的群体所享有的是相异的社会保障支持，在异质性支持的背后往往是不同的社会地位。在社会阶层中，管理者与白领的社会保障明显高于其他群体，蓝领和小资产者在社会保障体系中的待遇相对较差，特别是小资产者由于没有在单位体系中，因此享有率甚至不如蓝领。收入阶层中的中等收入群体与社会阶层中的蓝领较为相似。

5. 社会地位主观认同

社会地位认同一般包括主观认同和客观认同两个方面，其中主观认同指的是个体对自身社会地位的一种认知与判断。调查数据显示，社会阶层中的管理者和白领群体的主观认同高于小资产者、蓝领和农民，在收入阶层中低收入者和中等收入群体的主观认同低于高收入群体，中等收入群体的主观认同介于小资产者和蓝领之间，较白领低。多重对应分析显示，管理者、白领和高收入者在主观地位认同上以中和中上为主，蓝领、中等收入者则与中下及下的主观认同相关联，小资产者居于中和中下之间，农民和低收入群体的上层认同较平均水平略高。

综上可知，中国当前的中等收入群体和社会中间阶层虽然有部分重合之处，但依旧存在很多方面的差异：中等收入群体主要由居住在城镇的非农从业者构成，而社会阶层中的蓝领和小资产者多数原是农业人口；此外，社会阶层中的新中间阶层的社会境遇明显高于中间阶层，就实际情况看，中间阶层往往存在着两极分化情况。如果简单地将中间阶层与中等收入阶层归为一类，那么将混淆中间阶层的社会属性与社会功能。需要特别注意的是，目前我国收入水平处于高或中高水平者多为处于社会阶层中间位置的群体，且数量明显多于中等收入群体。因此，需要认清中间阶层和中等收入群体之间存在的些许差异，明确无论是扩大中间阶层还是扩大中等收入群体都可能会产生一定的社会矛盾，因为效率与公平之间本身就存在着一定的悖论。显然，当前中国政府所提倡的“扩大中等收入群体”，从本质上看应是兼顾效率与公平的政策组合。因此，在实际的政策制定与实施过程中，一方面，需要对中等收入群体的收入标准设置合理的界限范围，同时鼓励社会成员通过提升自身综合素质和技能，提高其在劳动力市场中的竞争能力，通过劳动价值的提高进入理想的中等收入群体行列；另一方面，要缩小现实中特别是城市底层收入者的规模，通过收入再分配来调节中低收入者的收入水平，避免社会财富集中在少数人手中，以免造成财富分配状况的两极化。

二、我国中等收入群体的发展状况

（一）我国中等收入群体规模快速扩张

近年来，中国以前所未有的发展速度在经济与社会领域取得长足发展，这为中等收入群体成长提供了较好的宏观社会条件，中等收入群体从规模上看较 20 世纪末日益壮大。

中国社会科学院社会学研究所的李春玲研究员运用世界银行经济学家布兰科·米兰诺维奇（Branko Milanovic）和什洛莫·伊茨哈克（Shlomo Yitzhak）、经济合作与发展组织经济学家霍米·卡哈罗斯（Homi Kharas）以及美国皮尤研究中心（Pew Research Center）等提出的全球中等收入群体定义标准——日人均收入在10—100美元区间为中等收入群体，通过采用中国社会科学院中国社会状况综合调查数据对2001、2008、2013、2019年我国18—69岁的成年人中等收入者比重进行估算，发现我国中等收入群体规模持续扩大，人数快速增加。数据显示，2001年我国中等收入者占比为2.5%，2008年上升为8.2%，2013年持续上升到17.1%，2019年这一数字达到33.9%，即约占1/3的人口可以算为中等收入群体。① 与此同时，数据还显示经济困难的群体比重下降明显，如2001年经济困难者占比高达62.2%，2019年下降了47.9个百分点，只有14.3%。上述数据均显示，我国已经进入中等收入群体不断壮大，低收入群体明显缩小的新阶段。

（二）我国中等收入群体发展水平仍处于初级阶段

21世纪初的前20年，我国中等收入群体取得了令人瞩目的发展成就；但值得注意的是，在快速增长的同时也存在着发展不充分、发展不均衡、发展不合理等问题，距离实现全体人民共同富裕的目标尚有很大距离。其中突出表现在中等收入群体比重偏低、内部层级结构不合理、地区发展不均衡三个方面。

1. 中等收入群体比重有待提高

我国中等收入群体的比重整体依旧处于较低水平。数据显示，2019年，我国近1/3的成年人口达到了中等收入水平，这一占比远低于发达国家的相应比例；2020年，经过八年持续奋斗，我国完成了新时代脱贫攻坚的艰巨任务，贫困人口大量减少，但依旧存在相对贫困的问题，如还有14.3%的经济困难群体；与此同时，我国尚存在庞大的低收入群体，大约占半数（50.3%）的成年人口还处于低收入阶段。庞大的低收入群体和一定规模的相对贫困人口都对

---

① 李春玲：《迈向共同富裕阶段：我国中等收入群体成长和政策设计》，《北京工业大学学报》2022年第2期。

我国壮大中等收入群体具有较强的制约效应。因此，只有采取有效措施，持续性提升该部分人群的收入水平，才能真正确保中等收入群体不断发展壮大，实现共同富裕。

2. 中等收入群体内部的层级结构有待优化

虽然目前有 1/3 的成年人口按照国际标准被列为中等收入群体，但需要注意的是这部分人群多数处于中低收入水平，即在中等收入群体内部的中间收入群体和中高收入群体占比较小，增长速度缓慢。有学者通过对我国 2001—2019 年中等收入群体的相关数据进行分析后发现，如果按照米兰诺维奇和伊茨哈克等学者对中等收入群体的细分，2019 年中低收入群体为我国中等收入群体的主要构成部分，中间收入者在整个中等收入群体的比重尚不足 25%。与此同时，我国中等收入群体在规模上的高速增长主要体现在中等收入群体中的低端部分，如中低收入群体从 2001 年的 1.8% 增长到 2019 年的 23.4%，与之相对，中等收入群体的中间部分和上层部分在这 18 年中却分别只从 0.6% 上升到 7.9% 和从 0.1% 上升到 2.6%。上述数据进一步说明，我国当前的中等收入群体内部层级构成还有待进一步优化，很多迈入中等收入门槛的中低收入者在经济不确定的情况下依旧存在回落到低收入群体的风险。

3. 中等收入群体地区间有待均衡

中国地域幅员辽阔，城乡之间、地域之间存在着较大的经济社会发展差距，巨大的城乡差异以及不同发展水平的地区间、城市间差距同样体现在中等收入群体的发展分布上。根据数据显示，我国城镇地区的中等收入者比重为 45.5%, 远高于农村地区的 17.9%，一线城市的中等收入者比重接近欧美等发达国家，达到了 73.1%，而在广大的农村地区中等收入者比重还停留在贫困国家的水平上，超过 80% 的农村居民家庭人均收入没有达到中等收入水平标准线。中、东、西地区之间同样表现出较为显著的地区性差异，其中东部地区的中等收入者比重最高，达到 42.2%，西部最低，中等收入者比重只有 15.2%，而经济困难者和低收入者的比重都明显高于东部地区。

由此可见，我国中等收入群体整体发展水平还处于一个初级发展阶段，需进一步提升中等收入者的比重，调整其内部结构，协调区域间均衡发展，唯此才能有效促进我国中等收入群体持续、健康发展，促进全体人民共同富裕。

三、培育中等收入群体面临的风险与挑战

在当前全球经济增速下降、世界不平等程度进一步加剧、就业缺口增大、工资上涨阻力加强等社会大背景下，中等收入群体也将面临增长速度放缓、发展质量下降的双重危机。

（一）世界不平等加剧，全球中等收入群体呈萎缩态势

根据世界不平等报告的数据显示，西方发达国家中产阶层人数持续缩小。以美国为例，其中产阶层占比从 1971 年的 61% 下降至 2016 年的 52%，其他欧洲国家如德国也从 1991 年的 78% 下降了 6 个百分点至 2010 年的 72%，西班牙从 1991 年的 69% 下降到 2010 年的 64%。[①] 实际上，受 2008 年全球金融危机的影响，世界范围内的经济受到了严重的打击，内生增长动力不足的现象导致发达国家纷纷采取了信用扩张式的经济政策，这使得资产价格急速上升的同时，社会资源分配也更向资本要素方向倾斜，而主要以劳动报酬为主的中产阶层往往受到较大的挤压。

中国同样面临着类似的问题。目前，中国的中层收入群体财产性收入占比基本在 10% 以下，其分享由社会经济发展带来的资本红利的能力与基础相对较为薄弱。而在新冠肺炎疫情的持续蔓延背景下，世界经济整体下行，国际经济政治环境更为复杂多变，国家为进一步扩大内需，挖掘国内市场潜力，需要实施一定的经济刺激政策，那么在注入流动性与信用扩张的同时，如何确保中等收入群体的公平分配将成为未来发展中面临的重要挑战。

（二）就业缺口增大，冲击中等收入群体增长基础

全国中等收入群体主要聚集在大中城市，因此城镇的新增就业成为中等收入群体增加的主要来源。然而，据相关研究，在当前产业结构调整、人口老龄化严重的宏观社会背景下，全国城市特别是大中型城市将面临较大的就业压力，就业缺口势必对中等收入群体稳定性增长造成一定冲击。从供给端看，有

① 数据来源：美国皮尤研究中心（PEW）数据网，https://wisburg.com/themes/46。

关学者根据相关数据进行了分阶段脱离教育人口预测法估算，结果显示我国平均每年新增劳动力 1500 万左右，转移农村富余劳动力 200 万左右，二者共计新增劳动力 1700 万。[①] 然而当我们从需求端看时，情况将不那么乐观。根据相关学者的测算，GDP 每增长 1 个百分点，可以带来城镇新增就业 210 万；假设在一定期间国家 GDP 平均增速为 5%，那么五年将有 1100 万城镇新增人口的就业问题得到解决，这与前面估算的供给 1700 万相比依旧存在高达 600 万的劳动力缺口。

（三）工资增长空间有限，不利于中等收入群体增长

推动我国中等收入群体不断壮大的主要动力之一是工资收入持续性增长，但随着人口老龄化程度越来越严峻，在人口红利不能继续维持的情况下，未来劳动力成本将随之提高，工资收入的增长空间收窄、增长动力减缓。相关数据显示，2018 年我国城镇单位就业人员的平均月工资较 2010 年增长了近 125%，约为欧美等发达国家的 1/3，与俄罗斯等东欧国家较为接近，是越南、泰国等东南亚国家的 3 倍以上。[②] 显然，中国的劳动力成本已经不再是过去依靠劳动密集型产业维持的低水平状态，劳动力成本的提高使得我国在全球市场竞争中的比较优势也受到来自越南等东南亚国家的威胁；为了维持原有市场占有率，在竞争中保持实力，一些企业不断通过降低薪酬、产业转移等方式控制和降低劳动成本，这些都将导致全民在工资收入上增幅减缓。智联招聘大数据显示，工资收入增幅减缓的趋势有可能将持续性蔓延。如 2019 年，作为中等收入群体主力军的白领加薪者只占总群体的 20.8%，61.8% 的人维持薪水不变，还有 17.4% 的人工资不升反降。

（四）抗风险能力脆弱，社会边缘群体收入滑落风险大

中国四十多年的经济发展虽然已经初具规模，但就整个社会发展阶段来说，依旧处于社会主义初级阶段，中国的中等收入群体产生与发展较晚，基本上是改革开放之后才逐渐产生和发展起来的。由于发展阶段较晚，自身发展尚

---

① 肖若石：《“十四五”期间培育和发展中等收入群体若干问题研究》，《价格理论与实践》2021 年第 7 期。

② 同上。

不成熟，中等收入群体具有较为明显的规模小、底子薄、依赖性高等特点，十分容易受到整个社会经济环境的影响。当前我国中等收入群体主要以产业工人和个体经营户为主，二者占比高达50%以上。然而，这部分群体的就业与那些专业技术群体相比，实际上处于相对不稳定状态，其抗击风险能力较弱，一旦整个社会的经济运行态势不好或遇到经济大幅度波动等外部冲击，就很容易导致收入阶层滑落。需要指出的是，经济全球化在为中等收入群体带来机遇的同时，也给其自身发展带来了不可预计的风险与挑战。发生在2008年的全球性经济危机几乎波及全球所有国家，其扩散程度与影响力都是巨大的，不仅令西方发达国家中等收入群体的经济地位受到严重影响，中国也表现出较强的脆弱性，并呈现出一定的发展困境和发展萎缩态势。

近年来最为明显的是新冠肺炎疫情对该群体的影响。据国家统计局数据，2020年我国第一季度约有5000万农民工和4000万个体经营户的就业受到一定冲击。而根据北京师范大学中国收入分配研究院团队提供的中国居民收入调查（CHIP）数据，以及北京大学中国社会科学调查中心实施的中国家庭跟踪调查数据（CFPS），我国农民工城镇参保率尚不足30%。由此可见，这部分中低收入群体绝大多数都缺乏城镇社会保障，在经济整体大环境下势必面临较大的生存风险。与此同时，科技的发展也将给劳动力市场用工带来一定影响。随着人工智能的快速发展，以及其替换人工的生产结构步伐进一步加快，有学者预测在未来的智能化车间中，普通劳动力的需求将下降七成左右；最具有劳动力吸附能力的服务业也会随着物联网、无人机驾驶等技术的影响而出现以机器代替人的现象。这些被机器替代的劳动力往往是处于收入基准线边缘的弱势群体，本身就存在受教育程度较低、知识更新能力较差等问题，难以达到新型行业对劳动从业者的要求，容易被固化在低收入群体之中。因此，在当前经济发展进入新常态、改革进入深水区的时代背景下，任何国际国内环境的变化以及随之而来的社会经济的波动都会对现有的中等收入群体产生明显作用。①

① 杨宜勇、吴香雪：《中等收入群体：功能定位、现实困境与培育路径》，《国家行政学院学报》2016年第6期。

第三节　社会学视角下实现共同富裕的途径探索

一、精准扶贫为共同富裕奠定物质基础

改革开放四十多年来，中国经济一方面得以飞速发展，另一方面也造成了越来越大的贫富差距，新时代在小康水平不断提高的基础上，整个社会处于物质绝对贫困的群体比例已经较改革开放之前缩小了很多，在全面建成小康阶段任务的迫切需求下，扶贫攻坚即成为具有特殊意义的一项民生工程。国家要想在未来实现共同富裕的伟大目标，就必须打好扶贫攻坚战，只有补齐经济社会发展中的短板，共同富裕的目标才能得以实现。

（一）精准扶贫取得的主要成绩

自习近平总书记2013年考查湖南湘西土家族苗族自治州时首次提出“精准扶贫”重要理念，并于次年1月中办详细规制了精准扶贫工作模式的顶层设计，推动“精准扶贫”思想落地，到2020年11月我国832个国家级贫困县全部脱贫摘帽，脱贫攻坚工作取得了决定性胜利和历史性成就。

首先，农村贫困人口全部脱贫。据国家统计局公布数据，2013—2020年，全国农村贫困人口累计减少9899万人，年均减贫1237万人，贫困发生率年均下降1.3个百分点。国家脱贫攻坚普查结果显示，中西部22省（自治区、直辖市）建档立卡户全面实现不愁吃、不愁穿，义务教育、基本医疗、住房安全有保障，饮水安全也有保障，脱贫攻坚战取得了全面胜利。

其次，区域性整体贫困得到解决，区域整体减贫效果显著。从地区上看，中国一半以上的农村减贫人口来自西部，2013—2020年，西部地区农村贫困人口累计减少5086万人，减贫人口占全国减贫人口的51.4%，年均减少636万人；中部地区农村贫困人口累计减少3446万人，减贫人口占全国减贫人口的34.8%，年均减少431万人；东部地区农村贫困人口累计减少1367万人，减贫人口占全国减贫人口的13.8%，年均减少171万人。从不同贫困区域看，2013—2020年，贫困地区农村贫困人口累计减少6039万人，年均减贫755万

人，减贫规模占全国农村减贫总规模的 61.0%；集中连片特困地区农村贫困人口累计减少 5067 万人，年均减贫 633 万人；国家扶贫开发工作重点县农村贫困人口累计减少 5105 万人，年均减贫 638 万人。

第三，贫困地区农村居民收入增长显著。2020 年贫困地区农村居民人均可支配收入 12588 元，2013—2020 年年均增长 11.6%，比全国农村年均增速快 2.3 个百分点；扣除价格因素，年均实际增长 9.2%，比全国农村年均实际增速快 2.2 个百分点。

第四，贫困地区农村居民收入结构持续优化。2020 年贫困地区农村居民人均工资性收入 4444 元，2014—2020 年年均增长 12.7%，占可支配收入的比重为 35.3%，比 2013 年提高 3.7 个百分点。经营净收入稳定增长，非农经营收入占比提高。2020 年贫困地区农村居民人均经营净收入 4391 元，2014—2020 年年均增长 6.7%，占可支配收入的比重为 34.9%。其中，人均二三产经营净收入 1192 元，年均增长 12.8%，占可支配收入的比重比 2013 年提高 1.0 个百分点。财产、转移净收入快速增长，收入来源更加多元。2020 年贫困地区农村居民人均财产净收入、转移净收入分别达到 185 元和 3567 元，2014—2020 年年均分别增长 16.8%、15.4%，合计占可支配收入的比重为 29.8%，比 2013 年提高 7.3 个百分点。

第五，贫困地区农村居民消费水平明显提高。2013—2020 年贫困地区农村居民人均消费支出年均增长 10.9%，扣除价格因素，年均实际增长 8.6%。2020 年，贫困地区农村居民人均消费支出是全国农村平均水平的 78.5%，比 2012 年提高了 8.0 个百分点。分结构看，吃、穿等基本生活消费支出占比缩小，恩格尔系数进一步下降。2020 年，贫困地区农村居民人均食品烟酒支出为 3632 元，2014—2020 年年均增长 8.4%，占消费支出比重（恩格尔系数）为 33.8%，比 2013 年下降 4.4 个百分点；人均衣着支出 588 元，2014—2020 年年均增长 8.4%，占消费支出比重为 5.5%，比 2013 年下降 0.7 个百分点。交通通信、教育文化娱乐和医疗保健等发展改善型消费支出较快增长，2020 年人均支出分别达到 1261 元、1128 元和 1061 元，2014—2020 年年均分别增长 13.7%、12.3% 和 13.8%；占消费支出比重分别为 11.7%、10.5% 和 9.9%，分别比 2013 年提升 2.2 个、1.2 个和 1.9 个百分点。[①]

（二）共同富裕道路上贫困治理体系转变趋势

消除了绝对贫困，中国在推进共同富裕的道路上也进入了一个新的历史阶段，即减贫工作的重点从之前的绝对贫困治理迈向了相对贫困治理，与之相对在贫困治理体系中也需要在目标、理念、任务、模式上进行调整。

首先，追求美好生活成为贫困治理的目标。迄今为止，虽然学者们对于贫困概念进行了大量分析，给予了多种多样的定义，但由于政治、经济、文化、生态等方面的差异性，各国在贫困现象以及贫困问题上也表现出一定的复杂性和多面性特点。贫困的治理目标由解决温饱、满足生存需求的低层次脱贫转变为对物质文化生活更高追求的满足发展性需求。可以说，共同富裕道路上进行的贫困治理就是为全体人民群众追求美好生活提供制度保障和优质服务[②]。

其次，由扶贫开发向发展保障转变的贫困治理理念。早期的扶贫工作其贫困治理理念主要以被动的救济为主要手段的物质输入型，随着整个国家经济社会的发展，扶贫开发政策也几经调整，开发模式不断得到完善，强调扶贫开发注重扶贫扶志扶智相结合成为精准扶贫阶段扶贫开发的新策略。由此常态化减贫的贫困治理理念也由“扶贫开发”转向“发展保障”。

第三，满足公共服务需求成为贫困治理主要任务。不同阶段贫困治理面临的任务有所不同，但其根本都在于解决贫困人口基本生存问题。精准扶贫在物质文化生活层面上，主要目标是围绕“两不愁”和“三保障”，随着脱贫攻坚的全面胜利，未来脱贫人口也将追求更高质量、更具品质的美好生活。面对这样的新追求与新需求，政府需进一步加大如基础设施、文化教育、技能培训、社会保障等方面的公共服务方面的投入，构建和完善覆盖面广、均等化、智能化的公共服务体系，提高公共服务能力。

第四，福利治理成为贫困治理新模式。我国实施的精准扶贫政策主要围绕“四个问题”（扶持谁、谁来扶、如何扶、如何退）进行扶贫开发模式改革，

---

① 以上数据来自国家统计局。

② 莫光辉：《共同富裕实现机制中的常态化减贫机制》，《社会科学战线》2022 年第 10 期。

并在从“大水漫灌”向“精准滴灌”转向中实现了贫困人口的精准脱贫。在共同富裕实现进程中，需要不断增强福利制度的公平性、可持续性和共享性，不断提升人民群众抗击社会风险的能力，防止出现规模性返贫。

（三）构建常态化减贫机制助力共同富裕

在推进共同富裕的历史阶段，需从政策、法制、主题、福利等方面构建常态化减贫机制。

首先，建立政策优化延续性机制。一是，精准扶贫政策的优化延续。党中央提出要保持脱贫攻坚政策稳定，过渡期内要严格落实摘帽不摘责任、摘帽不摘政策、摘帽不摘帮扶、摘帽不摘监管的要求，巩固拓展脱贫攻坚成果①。要达到这样的目标就需要全国各地对脱贫人口进行动态性检测，特别是对那些存在可能返贫的脱贫人口和边缘型人口进行动态检测，并采取有效措施防止出现规模性返贫。二是，将脱贫攻坚与乡村振兴战略有效结合。中共中央、国务院印发的《乡村振兴战略规划（2018—2022年）》明确指出，打好精准扶贫攻坚战是实施乡村振兴战略的优先任务。推动脱贫攻坚与乡村振兴有机结合、相互促进需要将精准扶贫实施过程中的经验、措施延伸到乡村振兴战略中，不断完善乡村振兴战略的组织保障机制。三是，积极关注易地扶贫搬迁人民群众的后续发展。在全国精准扶贫战略的实施过程中，有将近一千万建档立卡的贫困人口被搬迁到不同的安置点。在共同富裕实现的后续过程中，需要将创新扶贫安置点的社区管理、完善公共服务和社区治理体系、发展产业经济，促进安置点产业发展与群众创业等作为工作目标，让搬迁群众搬得出、稳得住、能致富。

其次，构建常态化减贫的法制运行机制。一方面，需加快减贫立法进程。目前我国在国家层面的减贫法律法规方面尚属空白，这将导致贫困治理法制环境缺位，严重影响扶贫开发进程中系列工作的权威性、规范性、稳定性和持续性。因此，在今后的常态化减贫工作中，需加快减贫立法进程，形成具有中国特色的贫困治理法律体系，通过法律约束强化多元主体参与减贫参与的社会责任意识。另一方面，将减贫政策与减贫法制协同推进。《中共中央国务院关于

① 莫光辉：《共同富裕实现机制中的常态化减贫机制》，《社会科学战线》2022年第10期。

打赢脱贫攻坚战的决定》《“十三五”脱贫攻坚规划》等文件的颁布为精准扶贫确立了政策实施支撑体系，为打赢脱贫攻坚战奠定了制度性保障，也为今后实现常态化减贫提供了宝贵的经验。在后面共同富裕道路中，还需进一步协同推进常态化减贫政策与减贫法制建设，为减贫政策实施提供必要的法治保障。

第三，形成常态化减贫的主体责任机制。一方面，需要加强对贫困人口思想观念的转变，杜绝“等、靠、要”等消极思想，通过精准扶贫“扶智扶志性的”的熏陶，帮助贫困个体摆脱思想上依靠他人、被动等待援助的错误思想，培育其自觉自强和主动自信的减贫意识。另一方面，加强对相对贫困人口实现自我能力的培育。贫困的因素很多，其中个人资源禀赋、技术技能、受教育程度等是影响个人贫困的重要因素，因此在常态化减贫过程中，需通过文化教育、技能培训等引导方式，增强相对贫困人口摆脱贫困的自我赋能的能力。

第四，搭建常态化减贫的福利保障机制。首先需进一步完善我国现有的社会保障体系。充分发挥政府撬动资金的作用，吸引金融资本和社会资本的投入，在构建综合性社会保障体系的同时，需针对老年群体、残疾人群体等特殊群体建立兜底性质的社会保障政策，为共同富裕路途中常态化减贫提供社会福利制度保障。其次，应逐步扩大高质量福利供给，通过建立相对贫困人口福利需求数据库，构建与相对贫困人口福利需求和能力提升相匹配的保障体系，促进社会的公正与福利效应。

二、发展与壮大中等收入群体进入新阶段

2020 年 10 月 29 日，党的十九届五中全会通过的《中共中央关于制定国民经济和社会发展第十四个五年规划和二〇三五年远景目标的建议》中明确指出：“‘十四五’时期是我国全面建成小康社会、实现第一百个百年奋斗目标之后，乘势而上开启全面建成社会主义现代化国家新征程、向第二个百年奋斗目标进军的第一个五年。”[①] 承此，我国中等收入群体发展也将进入一个新的发展

① 《中共中央关于制定国民经济和社会发展第十四个五年规划和二〇三五年远景目标的建议》，2020 年 11 月 3 日，见 http://www.gov.cn/zhengce/2020-11/03/content_5556991.htm。

阶段。

（一）中等收入群体新的定义标准

为更好地满足我国经济社会发展的要求，进一步促进全体人民迈向共同富裕，对中等收入群体需提出与现代化发展更具契合度的标准。对于中等收入群体的判定标准，学界有不同的看法。如李培林等将中等收入基线设定为“城市户籍人口的平均收入”，并将“城市户籍人口平均线以上到平均线2.5倍”的群体设定为中等收入群；[①] 国家发改委2005年提出的在收入低限的界定上同样也是以城市居民的收入水平为参考，并以2020年城镇居民人均收入的推算值为中等收入低限，将上下限之间3倍左右的差距确定中等收入上限；[②] 李强将城市人均收入的60%—70%作为中等收入基准线的底线，上下限之间保持在2.5—4倍之间。[③] 整体来看，上述各种对于中等收入群体界定的标准提出时间较早，基本都是建立在2002年米兰诺维奇和伊茨哈克等人基于当时全球人口收入水平与世界收入分配状况提出的全球中等收入群体定义标准之上，将“日人均10—100国际美元”作为中等收入参考性标准，并相应作出一些调整。这些标准的提出主要是为了契合中国当时作为世界上最大的发展中国家，正在经历从低收入国家向中等收入国家发展过渡时期的经济社会发展状况，在当时是具有科学性的；但随着中国逐渐进入新发展阶段，尤其是消除贫困、全方位创建小康社会的第二个百年目标，“中等收入”规范一定要和我国目前的基本国情与未来高质量社会发展目标紧密结合，从而进行目标升级。

基于上述考虑，本书认同李春玲的观点，采用“相对标准方法”定义中等收入群体。[④] 由于不同年份收入的中位数并不固定，因此“中等收入群体”

---

① 李培林、张翼：《中国中产阶级的规模、认同和社会态度》，《社会》2008年第2期。

② 国家发改委宏观经济研究院课题组：《中等收入者的定义和划分标准》，《经济学研究参考》2005年第5期。

③ 李强：《当代中国社会分层》，生活·读书·新知三联书店2019年版，第283页。

④ 根据收入分布的中位数来确定“中等收入群体”的收入标准，采取此种方法的绝大部分学者认同将中等收入群体的收入下限设定为收入中位数的50%、67%或75%，而收入上限则为收入中位数的1.5倍或2倍。

收入标准的上限与下限也会随着年份的不同而有所不同。[①] 与米兰诺维奇等人采用“绝对标准方法”定义的中等收入群体侧重于对达到某种生活水平或收入水平的人数、比例进行描绘，以反映经济可能增长态势不同，“相对标准方法”定义的中等收入群体侧重于反映某个国家或地区收入不平等的变化趋势。显然，中等收入者人数增多则表明群体间收入差异在缩小，中等收入者的数量下降则说明群体间收入差距扩大。根据国际经验，“绝对标准方法”往往适用于更加注重经济发展总量的成长型社会，而“相对标准方法”则适用于注重关注控制收入差距的改进型社会。一言以蔽之，“相对标准方法”测算中等收入群体的标准将更加符合我国在全面建成小康社会，但还需进一步追求更加公平社会的新的时代需要。

（二）中等收入群体新的发展目标

新的发展阶段实现高质量发展需要我们不仅关注经济的快速发展、收入的持续性增长，更要关注群体性公平。只有这样，才可能实现建设共同富裕的社会主义现代化强国目标。因此，壮大中等收入群体的意义所在就绝非仅仅是定义上的绝对中等收入群体，而是更具公平意涵的“相对中等收入群体”。进入新世纪的二十多年来，中国的快速经济建设已经使得绝对意义上的中等收入群体增长显著。然而，经济发展并不一定带来社会公平，群体间、地域性的收入差异依旧是我们当前面临的一个现实问题。与此同时，由于经济结构、分配机制等因素的影响，我国收入差距问题日益严峻，虽然整体收入达到了一定水平，但从相对定义标准看中等收入群体，其占比依旧较低，且增长速度较缓慢，增长态势不明显[②]，因此提高相对标准定义的中等群体比重还将面临较大挑战。

① 李春玲：《迈向共同富裕阶段：我国中等收入群体成长和政策设计》，《北京工业大学学报》2022 年第 2 期。

② 龙莹：《中等收入群体比重变动的因素分解——基于收入极化指数的经验证据》，《统计研究》2015 年第 2 期。李春玲：《中国特色的中等收入群体概念界定——绝对标准模式与相对标准模式之比较》，《河北学刊》2017 年第 2 期。

针对我国现阶段城乡差异以及区域经济发展不均衡、不协调的现状，新阶段对于中等收入群体的发展目标需一方面继续保持经济发展与整体收入的中高速增长，另一方面以多重维度和层次标准壮大中等收入群体；不仅通过整个国家经济发展提升绝对标准下中等收入群体的比重，同时还需综合考虑城乡差异、地域差异等现实发展状况，设定不同的中等收入标准，让处于不同层级水平的人群都有目标、有动力、有希望，最终迈向共同富裕。所谓的多层次标准，指的是根据不同地域间存在的发展差异，分别设定相异的中等收入标准。如农村地区与普通城市地区的日人均标准不同（农村为 15—100 美元 / 日 / 人，城市为 30—150 美元 / 日 / 人），东部及沿海发达地区则考虑以相对标准定义中等收入群体。很明显，以不同的维度和水平来定义中等收入人群，更加符合中国国情，也有助于渐进式、层级式地逐步改善现存的不合理分配格局，确保不同类型、不同领域、不同范围的人民群众的经济收入水平都可以得到持续提高，进而达到整个社会的橄榄型结构。

三、促进中等收入群体成长的政策设计

我国已经实现全面建成小康社会的基本目标，那么在新的发展阶段该如何继续稳健地扩大中等收入群体，优化中等收入群体内部结构，使其更加均衡、更加平等？实现共同富裕这一伟大目标将成为未来很长一段时间内的工作重点。从这个角度看，“十四五”开局之年则具有非凡的意义，不仅对当前从初级阶段过渡到更高一级阶段具有重要的决定作用，而且对 2035 年基本实现社会主义现代化强国这一远景目标具有深远影响。虽然从整体上看经济的蓬勃发展有助于提高中等收入群体的比重，但是鉴于我国现阶段所处的发展阶段以及中等收入群体的基本发展水平，要扩大我国中等收入群体的整体比重，其政策的关键在于提“低”，而不是限“高”，同时防范现有的中等收入群体跌落为低收入群体。[①] 从“共同富裕”的政策制定上看，我国还处于一个探索实践、

① 杨修娜、万海远、李实：《我国中等收入群体比重及其特征》，《北京工商大学学报（社会科学版）》2018 年第 6 期。

总结规律、研究设计的阶段，尚未形成具有针对性的政策思路和具有操作性的具体措施。本书综合社会学界诸多学者有关“共同富裕”研究议题的相关理论观点，从宏观、中观、微观三个不同层面提出新发展阶段提高中等收入群体比重的政策方案。

（一）政策制定以“扩大”“促进”“培育”为主要出发点

在宏观层面上，我国已有的政策实施为经济的繁荣稳定发展奠定了一定基础，但要确保未来中等收入群体持续合理化壮大，还需进一步强化相关政策方针，具体包括如下七部分：

1. 经济层面进一步保持经济总量持续增长

扩大中等收入群体规模，优化其内部结构，关键在于中国经济继续稳定增长。近年来特别是进入到 21 世纪后的前 20 年，我国中等收入群体整体规模的迅速扩充，得益于中国共产党的有力领导和经济发展取得的整体成就。同样的道理，要使中等收入人群持续发展壮大，必须在“十四五”时期和今后一个时期内持续稳步发展，只有在社会生产力和物质文化资源极度丰富的社会背景下，中等收入群体的规模才能得以进一步壮大。

受国内国际经济发展格局影响，当前中国经济发展进入“新常态”，增长由高速度转向中高速度。与此同时，与之前相比，中国所面临的国际国内发展环境都发生了较大的变化，面临更多不可预期、不确定性因素，经济发展风险明显加强。特别是受新冠肺炎疫情影响，包括中国在内的全球经济都受到了不同程度的冲击，在整个宏观经济增长速度放缓、经济发展震荡期，中国要想持续保持健康发展，就必须进一步统一领导，坚定全面深化改革，走中国特色新型工业化、信息化、城镇化和农业现代化的发展之路。在此过程中，需充分发挥好政府与市场主体之间的关系，采取合适的财政政策和稳健的货币政策，确保经济运行长期稳定。同时还应减税降费，进一步减轻企业负担，深化财政改革，合理划分中央与地方之间的财政事权，加快改革完善现代金融体制，深化产权制度改革，保护中等收入群体的合法性财产，加强供给侧结构改革，增强持续增长动力，运用简政放权激发市场活力与内生动力，通过创新驱动，加快产业结构转型升级，促进东中西部因地制宜选择适合本土经济发展情况的产业结构。[①]进一步推动大数据、云计算、物联网等高新技术在产业链中的运用，在产品质量和服务水平上下功夫，积极开展绿色农业发展，坚持走产业发展的绿色之路；深挖国内消费需求增长点，为国内经济营造良好的消费环境，刺激经济增长，不断提高开放水平，形成以服务贸易为主的开放型格局，实现服务贸易规模倍增。[②]

2. 稳定扩大就业

已有的经验证明，稳定和扩大就业是促进中等收入群体发展的有效策略之一，稳定的就业有助于为中等收入群体提供必要的地位保障，失业率上升势必对中等收入群体的稳定发展具有较大的冲击作用。[③]从国际上看，就业率偏低的经济增长极易落入"中等收入陷阱"，导致贫富分化加剧，不利于培养坚实稳定的中等收入群体。中国劳动力年龄人口众多，就业矛盾问题也十分突出，劳动力供求总量矛盾和就业结构性矛盾并存，特别是近年来城镇就业压力加大、农村富余劳动力向非农产业转移速度加快同时出现，导致新成长劳动力就业与失业人员再就业问题相互交织。[④]在当前经济速度放缓、经济出现波动的特殊发展时期，尤其要注意就业问题，需进一步"强化就业优先政策"，通过优化产业结构等方式扩大现有的就业容量，提高劳动者素质，提升整体就业质量，想方设法保住民生就业。

3. 提高劳动报酬

在初次分配中提高劳动报酬在其中所占的比例。一直以来，我国实行的是按劳分配为主体、多种分配形式并存的分配制度，其中各种生产要素主要根据其在生产中的贡献大小进行分配。生产要素参与分配的机制不能与劳动者参

---

① 杨宜勇、吴香雪：《中等收入群体：功能定位、现实困境与培育路径》，《国家行政学院学报》2016 年第 6 期。

② 苏海南、王宏、常风林：《当代中国中产阶层的兴起》，浙江大学出版社 2015 年版，第 37—84 页。

③ 莫荣、曹佳：《就业视角下扩大中等收入群体的思考》，《中央社会主义学院学报》2020 年第 6 期。

④ 李培林、李强、马戎主编：《社会学与中国社会》，社会科学文献出版社 2008 年版，第 877 页。

与分配的机制相矛盾，多劳多得、少劳少得、不劳不得依旧是我们需要坚持的准则。对于劳动者特别是一线劳动者的报酬，应在原有基础上有所提高，逐渐扩大劳动者的收入水平，扩大中等收入群体中劳动者的比重。同时，还应制定相关政策对收入过高者进行有效调节，坚决取缔非法收入，促进共同富裕。在当前较为严重的不同群体间利益矛盾产生的效率与公平矛盾，必须通过规范收入与财富的分配，理顺收入分配的秩序，强化税收对二次分配的调控功能，通过加大政府转移支付力度，缓解地区间存在的较为严重的收入分配差距扩大趋势。健全工资合理增长机制，确保劳动报酬增长与劳动生产率提高同步，加大对低收入群体的扶持力度，抑制贫富分化，确保中等收入群体的持续壮大。①

4. 加快社会保障体系改革，全面提高公共服务质量

社会保障体系作为社会最为重要的社会经济制度之一，往往与社会保险、社会救助、社会福利和慈善事业密切相关，这一体系的完善与构建需覆盖全体城乡居民。具体而言，一方面，涉及城镇每一位居民切身利益的基本养老、基本医疗、生育保险等制度需通过改革使其更加完善，备受社会关注的事业单位养老制度改革、企业补充保险和商业保险等也需进一步推进和发展；与此同时，针对城乡二元体制，进城务工人员的社会保障问题有待采取切实有效的政策来积极推进，在社会福利事业的发展建设上，需进一步优化保障机制和社会救助体系，关注妇女儿童的基本权益，重视保护残障群体的正常需求与权益，大力支持社会慈善、社会捐赠及群体性互助等社会互助活动；针对新经济新业态发展下出现的劳动者社会保障尚不到位的情况，需从政策上高度重视，将这种新出现的灵活就业形态视为一种经济社会发展下的一种新趋势，不仅需要通过采取稳妥恰当的措施保障劳动者劳动权益，同时还应加强立法，为其建立包括养老保险、医疗保险在内的社会保险制度和适用性高的工作伤害保险管理平台。另一方面，需进一步加快农村社会保障体系建设，不仅要在扩大农村地区社会保障覆盖面上下功夫，更要在其所提供的保障水平上见真效。总之，通过

---

① 青连斌：《扎实推动共同富裕取得更为明显的实质性进展》，《中国党政干部论坛》2021年第2期。

完善的社会保障体系和高质量的公共服务水平确保中等收入群体的稳定，避免其可能因经济风险等造成的冲击，提升其获得感和满足感。

5. 促进教育公平，扩大中等收入群体

仅仅通过调整收入分配并不能从根本上遏制贫富分化，贫富分化看似是收入不平等问题，实则是机会不均衡的结果，特别是劳动者受教育机会不均等的结果。[①]作为决定个人职业和收入的核心要素，教育公平问题不解决，扩大中等收入群体的目标也难以实现。因此，在已有的收入调节政策基础上，还需通过推进教育资源的均等化，从促进教育公平这一源头来解决贫富分化的问题。目前我国教育资源存在着严重的分配不均衡问题，尤其表现在大量的优质教育资源过于集中在城市等经济发展较好的中心地区，农村和郊区对优质教育资源的占有率很小。与此同时，义务教育阶段实行的划片就近入学，客观上提高了学区房的市场价值，低收入群体难以接近优质的教育资源。因此，在未来经济政策制定中需进一步促进教育资源均衡化发展，取消弱势群体的入学门槛，开放教育资源，实现教育机会均等化。

6. 构建终身职业培训体系，提高劳动者人力资本

在现代社会的劳动力市场中，个体的职业发展、薪资水平往往与其受教育程度密切相关。在教育体系中，职业培训被视为提高劳动者就业能力、创业能力、转换职业能力以及提高劳动收入的主要途径。[②]因此，需根据新时代经济发展的现实状况和未来产业发展趋势，大力发展职业教育，加强对各类型的职业教育和相关技能培训，提升蓝领工人的技术水平和综合文化素养，打通其向上流动渠道，将那些处于较低受教育水平、较低职业劳动技能的劳动者通过科学合理的职业培训体系培养到中等收入群体行列，促进蓝领工人成为中等收入群体的重要构成部分。[③]如政府可通过购买服务等方式对人力资源开发的企

① 李培林、田丰：《中国劳动力市场人力资本对社会经济地位的影响》，《社会》2010年第1期。

② 吴青荣：《中国梦视阈下中等收入群体扩容之路》，《云南财经大学学报》2014年第6期。

③ 陈燕儿、蒋伏心：《新时代扩大中等收入群体的路径研究》，《江苏社会科学》2018年第1期。

业进行扶持，鼓励企业对农民工根据企业实际需要，按照行业、技术特点等进行细分培训，提高其人力资本。

7. 加快产业升级转型

很多国家的发展经验表明产业发展在从农业占优势的第一产业逐渐转向第二、三产业占优势的演进过程中，更容易催生出中等收入群体。其一，第二、三产业中更容易发生资本所有权和管理权分离的现象，从而创造出较多的中间岗位，如管理层、经理层、职员层白领的出现。其二，随着科技发展，以及自动化技术、人工智能、智能制造等科技产品的广泛运用，简单依靠体力劳动的工作大量被机器等替代，收入水平偏低的蓝领人员比例相对降低；与此同时，产业结构升级带来了技术和管理的复杂化，生产过程中将大量涌现出以专业知识和科技技能从事生产活动的中高级管理层和技术层。由于智力劳动较体力劳动而言更加复杂，对劳动者的要求也更高，因此反映在劳动力市场中的价值更高，从事管理和技术工作的人员收入也会整体偏高。

（二）结构调整以“扩中”“稳中”为主要角度

在新阶段扩大中等收入群体的相关政策中，收入结构调整是促进该群体进一步发展的必由之路。现阶段中国的收入结构不合理现象已经阻碍了中等收入群体的良性发展，突出表现在中等收入者比重偏低、中等收入群体内部结构不合理、地区间中等收入者发展不均衡三个方面。

1. 降低低收入群体规模，提高中等收入群体规模

目前我国还有近一半的成年人口处于低收入水平，甚至 1/7 的人口还处于经济困难状态。[①] 如果不能解决这两部分人收入过低的问题，中等收入群体的比重也难以提高。经过八年艰苦奋斗，我国在“十三五”期间取得了脱贫攻坚全面胜利，近 1 亿人、823 个贫困县脱掉了贫困的帽子，提前十年完成了联合国 2030 年可持续发展议程的减贫目标。[②]“十四五”乃至未来一段期间，需进

① 李春玲：《迈向共同富裕阶段：我国中等收入群体成长和政策设计》，《北京工业大学学报》2022 年第 2 期。

② 《中国脱贫攻坚创造历史伟业：8 年持续奋斗，1 亿人脱贫》，2021 年 2 月 23 日，见 https://www.thepaper.cn/newsDetail_forward_11433088。

一步促进脱贫人口向中等收入群体迈进，有效巩固已经取得的脱贫成果，坚决杜绝脱贫后又返贫的局面。

2. 调整中等收入群体内部结构，扩大中等收入群体的中间层

虽然目前中等收入群体的总体数量较以往有了大幅度增加，但处于中间位置的中等收入者只占不到25%，大约70%的中等收入者处于这个区间的底端。显然这样的群体结构不合理也不稳定，一些刚刚过了中等收入标准的人，很容易在经济波动中又回到原有的低收入状态。因此，只有调整当前中等收入群体的内部分配结构，才能确保中等收入底层人群能够扩充到中间层，这样才能使整体的中等收入人群保持稳定。

3. 缩小地区间收入差距，对乡村地区和中西部地区的中等收入群体成长需重点给予扶持

我国经济发展具有明显的城乡差异和地域间差异，因此需采取差异化的政策，有效扩充中等收入群体的比重。比如，在农村地区，首要的任务在于继续稳固已有的扶贫成果，杜绝"返贫"现象发生；在乡村振兴中，通过产业发展帮助更多的人彻底脱贫致富，跻身于中等收入阶层。在城镇地区，首要任务则需要提升中等收入内部中间收入群体和中高收入群体的比重，对于北上广等一线城市或超大城市，要将"调整结构"作为重中之重，让已经步入中等收入群体的人进一步提高收入水平，真正过上小康的生活。①

（三）具体措施以"特定""精准"为有效手段

就我国现有的实际发展水平看，全面小康社会建成之后，多数家庭的收入依旧达不到中等收入群体的要求，更多数量的家庭仍旧停留在较低的收入水平线上。如何帮助与促进低收入家庭实现收入提高，即成为发展与壮大中等收入群体的重中之重。在扩大中等收入群体方面，习近平总书记专门强调，"要抓住重点，精准施策，推动更多低收入人群迈入中等收入行列"②。因此，发展和壮大中等收入群体需有针对性地对"特定"人群实施"精准扩中"。

① 李春玲：《中等收入群体的构成特征与新时代"精准扩中"策略》，《统一战线学研究》2018年第2期。

② 习近平：《扎实推动共同富裕》，《求是》2021年第20期。

1. 进一步推进乡村振兴与以人为核心的新型城镇化战略

高质量的乡村振兴承载着促进社会公平正义和缩小区域、群体、城乡发展差距的使命，是让改革发展成果更多更公平惠及全体人民的重大战略举措。① 实现乡村振兴战略，关键在于补齐农业农村发展中存在的短板，通过发展农村地区的经济优势促进城乡之间、区域发展之间存在的差距，以发展为手段不断缩小不同群体之间生活水平的距离。② 目前我国农村地区还有 5.5 亿人口，虽然他们绝大多数已经在政策帮扶下摆脱了贫困，但是依旧处于低收入状态，未来需进一步提升农村人口整体收入水平，促使这部分人群能够作为中等收入群体的后备军。

其一，从国际经验看，实现现代化发展离不开提高城镇化率，其不仅是确保经济持续稳定健康发展的巨大引擎，也是扩大中等收入群体的关键性动力；城镇化率的提高有助于更多的人通过在城市落户共享城市文明的果实，进而有助于实现社会群体向上流动。从当前我国常住人口的城镇化率看，虽然国家统计局发布的《2021 年国民经济和社会发展统计公报》显示，2021 年末全国常住人口城镇化率达到 64.72%，但存在较为严重的“质量不高”问题，其中 2 亿左右的人口并没有真正在城镇落户。因此，还需进一步多举措推动城镇化发展，千方百计让更多的居民可以被城市所接纳，能够在城市中很好地活下去。其二，对于经济发展相对薄弱的中西部地区和小城镇加大支持力度，对于农村剩余劳动力可通过产业转移进行人口城镇化，同时加强水利、交通、通信等基础设施建设。③ 其三，住房问题是民生问题，提高城镇化率需进一步推动保障性住房建设，坚持“房住不炒”，确保房地产健康、平稳发展，鼓励各大城市地区探索如租购并举的住房新政策，采取诸如廉租房、公租房等灵活、有

---

① 黄承伟：《论乡村振兴与共同富裕的内在逻辑及理论议题》，《南京农业大学学报（社会科学版）》2021 年第 6 期。

② 黄承伟：《从脱贫攻坚到乡村振兴的历史性转移——基于理论视野和大历史观的认识与思考》，《华中农业大学学报（社会科学版）》2021 年第 4 期。

③ 杨宜勇、吴香雪：《中等收入群体：功能定位、现实困境与培育路径》，《国家行政学院学报》2016 年第 6 期。

效的住房政策，防止过高的房价成为阻碍城镇化进程的绊脚石。

2. 在稳定农民工就业的基础上，积极推进农民工市民化

从中等收入群体的类别看，农民工是其未来重要的构成部分。根据国家统计局发布的《2020 年农民工监测数据》显示，我国已有农民工数量约为 2.9 亿，占全国人口的 20% 左右，确保这部分人口就业稳定、收入增加将有助于其成为未来中等收入群体可靠的后备力量。然而，统计数字显示，2019 年我国户籍人口城镇化率仅为 44.4%，而与此相比，其常住人口城镇化率则达到了 60.6%。造成户籍城镇化率低于常住人口城镇化率的原因之一，就是当前我国农业转移人口市民化进程依旧较为缓慢，城市内部二元结构凸显，一些地区存在“只欢迎你来打工，但不欢迎你来落户”的现象；农民工群体虽然为社会的现代化建设作出了很大贡献，很多城市中最脏、最累的活基本都是由农民工群体承担的，但是在城乡二元结构下他们往往不能与城镇居民一样享受均等化公共服务，显然制度性的歧视也很大程度上抑制了该群体财富的积累。与此同时，城乡二元体制造成的弊端还具有代际传递效应。大量的“农二代”“留守儿童”等社会问题同样阻碍着农民工群体成为中等收入群体。因此，需在城镇化进程中有序推进农民工市民化，对现有户籍制度进行改革，推行因地制宜差异化城市落户政策，在有关教育、医疗、卫生等城镇基本的公共服务上为农民工群体提供与本地户籍人口等同的服务保障，对于那些暂时没有落户的农业转移人口，可以通过提高其居住证含金量等方式，确保外地务工人员依法享有居住地的义务教育、就业、医疗等基础公共服务，使其与城镇居民共享共建城市现代文明。

3. 促进高校毕业生就业公平、激励创业

就业是民生之本，同时也是人力资本发挥作用的重要基础。教育公平的终点论强调教育获得的结果公平，指的是受教育者在就业环节中可以得到公平性就业。从社会流动视角看，公平性就业有助于实现社会下层向社会上层流动，畅通的社会流动渠道也标志着一个社会具有打破阻碍社会阶层之间流动藩篱的制度属性。在具体政策执行上，一方面，需要从制度设计上确保就业的平等性。“规范招人用人制度，消除城乡、行业、身份、性别等一切影响平等就

业的制度保障和就业歧视”。在现有的招聘岗位上，政府机关、事业单位、国有企业等往往对待就业人士具有较强的吸引力。因此，这些机关单位在招考、招聘等方面的制度需进一步完善，特别是要尽可能消除一切人为性的就业歧视制度性漏洞，充分保障不同群体都可以通过公平性选拔获得实现向上流动的机会。另一方面，需激励青年人才自主创业。实际上就目前的行政事业单位、各类企业可容纳的就业量看，确实难以承载全部需要就业的人员，因此扩大中等收入群体的另一有效渠道就是鼓励有能力的就业人员自主创业。这些自主创业后形成的中小企业可以产生大量的中等收入群体和就业需求量，有助于更多的就业者成为中等收入群体的新生力量。[①] 因此，需“完善扶持创业的优惠政策，形成政府激励创业、社会支持创业、劳动者勇于创业的新机制”。

4. 进一步完善社会保障制度，提高现有养老保障水平

社会保障制度被称为确保民生安全的防护网和维持社会稳定的稳定器。社会保障制度的完善与否不仅关乎低收入群体的基本收入保障，而且有助于生活中遭遇意想不到冲击、因不可抗力造成巨大损失的中等收入家庭在特殊时期获得必要的帮助。从国际经验看，西方国家维持其中产阶层规模的一个重要举措就是较为完善的社会保障制度。例如，美国和澳大利亚受惠于政府的转移支付，使得中产阶层人数提高了 5 至 7 个百分点，丹麦、卢森堡和瑞典等国家更是在政府的转移支付中使得中产阶层人数超过 15%，在很多发达国家中，子女津贴就可以帮助有子女的中产阶层家庭比例提高 4 至 5 个百分点。[②] 虽然我国已有了多层次的社会保障制度，但仍有许多不健全之处，特别是对老年人的关照不足。根据 2022 年 9 月国家卫健委公布的数据显示，截至 2021 年底，全国 60 岁及以上老年人口达 2.67 亿，占总人口的 18.9%；65 岁及以上老年人口达 2 亿以上，占总人口的 14.2%。随着人口老龄化的到来，我国未来十年老年人口的数量将继续增长。据测算，预计“十四五”时期，60 岁及以上老年人口总量将突破 3 亿，占比将超过 20%，进入中度老龄化阶段。2035 年左右，

① 荆钊：《大力促进教育公平以扩大中等收入群体》，《中国成人教育》2015 年第 11 期。

② Pressman, S., “The Middle Class Throughout the World in the Mid-2000s”, *Journal of Economic Issues*, 2010, 44 (1): 243-262.

60岁及以上老年人口将突破4亿，在总人口中的占比将超过30%，进入重度老龄化阶段。如何提高国家整体的养老保障水平，确保中等收入者在其退休后依旧可以保持变化不大的生活品质，过上中等收入生活，事关中等收入者队伍的稳定。

5. 构建良好的营商环境，促进中小微民营企业和个体工商户发展

在我国经济体制结构中，中小微企业呈现较好的发展态势，各种经济政策也利好于中小微企业的发展，但是贷款难、赋税重也一直是制约和限制中小微企业发展的突出问题。因此，需要进一步加大有关创业信贷方面的支持力度，在扶持创业发展相关税收方面，可通过行政手段制定更具有具体性和针对性的优惠政策。很多实际调研数据显示，我国金融体系不健全是造成小微企业贷款难的关键性因素。在现有的金融体系中，国有大型商业银行占据了大量的资产，这些银行出于成本的考虑往往不愿意将贷款批给小微企业，小微企业在激烈的市场竞争中往往难以生存。基于此种情况，建议大力发展中小银行，中小银行的发展与壮大将有利于小微企业解决贷款难的问题。与此同时，小微企业往往面临着赋税负担重的困境。虽然目前政策已经对部分小微企业实行了暂免征收增值税、营业税、减半征收企业所得税等，但是这些税费优惠力度尚难以满足小微企业发展的需要，他们依旧面临着较大的赋税负担。因此，建议考虑建立为小微企业减税的长效机制，特别是改变现有的统一性税率，按照行业规模的不同制定不同的税率，帮助小微企业获得更大的市场生存空间。综上，通过为中小微民营企业和个体工商户营造一个良好的营商环境，稳定和提高中小微民营企业和个体工商户收入，将促进中等收入群体的中间层的发展。①

总之，要从国家经济社会宏观发展战略、收入分配结构调整以及对重点人群的精准对策等多维度、多层次出发扩大中等收入群体，力争在“十四五”时期确保中等收入群体的比重显著提高，群体内部各个不同收入群体的结构得到优化，在全体人民共同富裕之路上取得显著性进展与成效。在未来开启全面建设社会主义现代化国家新征程的新发展阶段，扩大中等收入群体是促进全体

---

① 詹成付:《多措并举，扩大中等收入群体》,《中国民政》2021年第3期。

人民共同富裕的有效途径，为达成 2035 年基本实现社会主义现代化远景目标提供坚实基础。①

四、深化社会治理助力共同富裕

共同富裕是社会主义的本质要求和根本特征，是高质量发展的目的，也是激发社会活力与社会创造力的重要手段。共同富裕不仅是经济问题，还是政治问题，同时更是社会问题，需要在高质量发展过程中有序推进。社会治理共同体作为实现经济社会高质量发展的重要抓手，是推进共同富裕的重要载体②。

（一）共同富裕与社会现代化治理价值要求相一致

自 1949 年新中国成立至今，让全体人民过上好日子一直是我党矢志不渝的奋斗目标，实现共同富裕也是中国共产党领导和社会主义制度的本质要求。从功能上看，高效的社会治理和良好的社会秩序是推进共同富裕的基础前提与兜底保障，在共同富裕的道路上社会治理具有“压舱石”的重要作用。

首先，实现共同富裕建立在提升社会治理能力这一社会因素之上。作为以实现人类全面进步和社会全面进步为目标的共同富裕，共享改革开放的成果，拥有幸福美好的生活是其基本价值和目标导向，构建共建共享共治的社会治理格局抑或是提升社会治理能力的必备环节。

其次，实现共同富裕需要社会治理现代化搭建的良好社会环境。实现全体人民共同富裕离不开高质量发展与社会治理现代化，其中积极推进社会治理现代化有助于降低社会运行成本、减少社会矛盾与冲突。

第三，实现共同富裕与推动社会治理现代化是社会发展的一体两面。通过高质量发展实现共同富裕需要通过社会融合促进人与要素在资源配置中的积极作用，需要推进不同群体间公共服务公平共享，需要为人民群众充分参与公共生活提供有效载体，这些内容同时也是社会治理现代化的重要内容。

---

① 李春玲：《迈向共同富裕阶段：我国中等收入群体成长和政策设计》，《北京工业大学学报》2022 年第 2 期。

② 刘琼莲：《中国社会治理共同体建设与扎实推动共同富裕》，《改革》2022 年第 8 期。

（二）社会治理共同体建设与全面推进共同富裕

第一，通过“共建”完善财富创造的激励机制。全面扎实推进共同富裕需要不断加强财富创造的制度建设与完善社会治理体系，使社会成员具有解决公共问题的资源、知识和技能，从而更好地参与到社会公共事务中。一是，社会治理需要智慧化。只有将算法、数据和治理模式有效地结合起来，通过数据自动流动化来解决社会治理体系中的复杂、不确定性问题，才能使各项资源配置得到进一步优化，释放出数据本身具有的价值。二是，社会治理需要法制化。2022 年 3 月出台的《关于加强科技伦理治理的意见》强调，“伦理治理体制机制，坚持促进创新与防范风险相统一、制度规范与自我约束相结合，强化底线思维和风险意识，实现科技创新高质量发展与高水平安全良性互动①”。在进行社会治理共同体建设中，需要充分利用好信息共享红利，优化政策互动机制，特别是在教育、医疗、就业等方面发挥法律作用，维系社会公平。三是，以社会治理社会化积累财富。在社会治理共同体建设中，只有不断推进政社互动模式创新，才能更好地促进多元主体积累财富②。这就需要，一方面积极引导多方主体凝聚内生力量，最大限度地激发社会成员的创造力，同时政府通过第三方购买吸引多元主体参与社会治理为财富合理化分配提供空间与机会；另一方面，强化政府与社区之间的互动的顶层设计，健全其互动制度规范化，优化组织间运行环节，加强培训提高社会层面自身建设力量。

第二，通过拓展多元主体共同参与公共服务与公共政策。在新的社会发展阶段，社会治理建设各个参与主体之间取长补短，同时通过党建引领，增强社会共识与社会效应。一是，积极发挥党组织建设资源和优势，推动社会、政府、市场等主体间有序链接的多元复合，促进达成共治、共建、共享的社会合作治理共识。在此过程中，需要一方面强化党建的思想引领性，提高多元主体共治能力，同时另一方面还需要注意顶层设计，构建国家、社会、社会组织等多重治理模式，完善主体间合作结构，激发社会自治活力，提升融合空间，拓

---

① 程利娜：中办国办印发《关于加强科技伦理治理的意见》，《人民日报》2022 年 3 月 21 日。

② 刘琼莲：《中国社会治理共同体建设与扎实推动共同富裕》，《改革》2022 年第 8 期。

展公众参与融合度，拓展与提升协商参与的路径与品质。二是，通过构建共生互嵌的社会治理模式，发挥放权赋能，构建协作式治理模式和平台。一方面依托“互联网 +”等网络信息技术，利用政务服务网等数字信息平台打造社会治理、公共服务和居家智能生活的数据化、可视化和智能化应用，提高人民生活的幸福指数与政务工作的便携度。另一方面，积极培育和引导社会成员参与现阶段拟定的有关共同富裕的指标与公共服务，在信息化发展中推动社会治理精细化、精准化，优化政府服务流程，同时提高公众参与社会治理的治理与积极性，全社会范围内促使社会治理助推共同富裕。

第三，健全全民共享制度体系，完善分配制度设计，处理好公平与效率之间的关系。社会治理共同体是一个意涵较为丰富的概念，其不仅包括经济领域的生产、分配、消费等高质量发展的利益共同体，且还涉及家庭、社区、农村等不同场域。因此需要运用多种分配方式，确保不同区域、不同阶层的人群共享改革开放释放出来的红利，最终实现全体人民共同富裕。一是，营造良好的营商环境，发挥各要素在资源分配方面的作用以及初次分配所具有的积极引导性作用。一直以来，我国的初次分配都较为重视效率和公平之间的平衡，其中对于公共服务尤其强调公益化、均等化。无独有偶，社会治理共同体建设中，同样面临着通过市场资源对资源进行优化配置的问题，如何在激励大家创造和获取财富的同时促进市场、政府、社会的高效运转是首先需要面临的一大难题。对此，应积极引导各类资本健康发展，为市场营造一个良好的营商环境，促进实体经济发展，社会治理创新中也要通过合理分工、共同合作，推动政策链与其他诸如创新链、人才链、资金链等有机融合，更好地扩大受益群体的覆盖范围。二是，以高质量发展进一步完善再分配制度，发挥其服务调节功能。再次分配中，公平是首要考虑的问题，特别是要完善社会保障制度，拓展包括基础设施、教育、养老、医疗等公共产品与公共服务范围和质量。在社会治理共同体建设中，实现与政府治理现代化建设之间的协调发展，通过调节市场、社会与政府之间的关系，进一步完善再分配制度和服务调节作用，确保在经济社会发展的高质量发展中推进共同富裕。一方面，全面贯彻新的发展理念，特别是区域发展中注意行业之间的发展平衡性与协调性，在社会发展中突出包容性，在发展中保障民生，逐渐形成人人共建的良好发展局面；另一方面，加强舆论引导，将创新财富与资源纳入精神财富调节范畴，提高教育、就业、信息、政策、机会等方面的服务与供给，在动态发展中促进全体人民迈向共同富裕。三是，优化协同高效原则，健全三次分配的保障功能。在三次分配中，需有社会机制主导资源分配，其中特别倡导企业、社会组织与个体分别履行相应的社会责任。在社会治理共同体建设中，可通过健全税收机制、探索多种激励形式和规范性约束机制等进一步完善三次分配制度。特别是在制度场域中，社会治理共同体需不断优化慈善机构在职能配置、机构整合以及管理体系中的联动与有序发展，形成明晰的权利边界、公开透明的审核机制等提高社会主体人人参与公共服务的积极性、主动性以及相应的能力与水平。

后　记

习近平总书记指出，共同富裕是社会主义的本质要求，是中国式现代化的重要特征。扎实推进共同富裕，事关党和国家事业继往开来，事关中国特色社会主义前途命运，事关中华民族伟大复兴的战略全局，对于持续推进和拓展中国式现代化具有非常重要的理论意义和实践价值。

2022 年，是我国全面建成小康社会后，开启全面建设社会主义现代化国家新征程的关键一年。习近平总书记关于共同富裕的重要论述，是习近平新时代中国特色社会主义思想的重要内容，为在新阶段促进共同富裕指明了前进方向、提供了根本遵循。为深刻把握促进共同富裕的基本精神和实践要求，深化研究阐释，在学懂弄通做实党的创新理论上不断取得新进展新成效，以实际行动迎接党的二十大胜利召开，湖北省社会科学院党组积极策划，组织了哲学、历史学、政治学、经济学、社会学等多学科的科研骨干组成课题组撰写了本书。其具体分工如下：院党组书记张忠家负责全书的组织协调工作及确定写作大纲，彭玮、梁静撰写第一章，贾继让撰写第二章，曾成撰写第三章，毛铖撰写第四章，彭玮撰写第五章，蔡玲撰写第六章。彭玮、曾成承担了全书的统稿工作。龚俊梅、陶斯妍、戴濛、王文静、唐嘉伟、周伶俐、鲍宇婷等在校硕士研究生参与了本书的资料收集、整理及部分工作。

在本书撰写过程中，院党组书记张忠家多次带领课题组成员召开专题研讨会，对本书进行了多次讨论和打磨。尤其令人感动的是，参与撰稿的同志们积极克服疫情及暑热的影响，辛勤写作，共同交流，圆满完成了撰写任务。

湖北省社会科学院《江汉论坛》杂志社原社长陈金清对全书进行了审稿，人民出版社编辑同志为本书的出版付出了辛勤的努力。

在此，对支持与帮助本书完稿和出版的各位领导、同事、朋友一并致以最诚挚的感谢！由于知识水平及时间所限，本书一定还存在不少错漏之处，欢迎读者朋友们不吝赐正！

本书编写组

2022 年 7 月 20 日于湖北省社会科学院

责任编辑：刘江波
装帧设计：九　五

图书在版编目（CIP）数据

多学科视野下的共同富裕 / 张忠家等著．—北京：人民出版社，2023.1
ISBN 978－7－01－025264－3

Ⅰ．①多…　Ⅱ．①张…　Ⅲ．①共同富裕—研究—中国　Ⅳ．① F124.7

中国版本图书馆 CIP 数据核字（2022）第 216789 号

多学科视野下的共同富裕

DUO XUEKE SHIYE XIA DE GONGTONG FUYU

张忠家 等 著

人民出版社 出版发行
（100706　北京市东城区隆福寺街 99 号）

天津鑫旭阳印刷有限公司印刷　新华书店经销

2023 年 1 月第 1 版　2023 年 1 月北京第 1 次印刷
开本：710 毫米 ×1000 毫米 1/16　印张：15
字数：260 千字

ISBN 978－7－01－025264－3　定价：88.00 元

邮购地址 100706　北京市东城区隆福寺街 99 号
人民东方图书销售中心　电话（010）65250042　65289539